全国体育院系专用教材

国际荷球联合会
中国荷球协会 　审定

HEQIU

荷 球

马襄城　著

郑州大学出版社

图书在版编目(CIP)数据

荷球／马襄城著. — 郑州：郑州大学出版社，2023.2(2024.8 重印)
ISBN 978-7-5645-8846-5

Ⅰ.①荷…　Ⅱ.①马…　Ⅲ.①球类运动 - 教材　Ⅳ.①G849.9

中国版本图书馆 CIP 数据核字(2022)第 111257 号

荷球
HEQIU

策划编辑	李勇军		封面设计	王　微
责任编辑	刘晓晓		版式设计	王　微
责任校对	孙精精		责任监制	李瑞卿

出版发行	郑州大学出版社		地　　址	郑州市大学路 40 号(450052)
出版人	卢纪富		网　　址	http://www.zzup.cn
经　销	全国新华书店		发行电话	0371-66966070
印　刷	河南瑞之光印刷股份有限公司			
开　本	787 mm×1 092 mm　1 / 16		彩　页	2
印　张	18.5		字　数	447 千字
版　次	2023 年 2 月第 1 版		印　次	2024 年 8 月第 3 次印刷

书　号	ISBN 978-7-5645-8846-5		定　价	58.00 元

马襄城,1962 年生于郑州,硕士生导师,郑州大学国际荷球发展研究中心主任,郑州大学体育学院(校本部)教授,河南省优秀教师,国家级荷球教练员,国际级荷球裁判。1985 年毕业于华中师范学院体育系,现担任国际荷球联合会教练教育委员会委员、亚洲荷球联合会副秘书长、中国荷球协会技术委员会主任、教育部中国大学生体育协会荷球分会副主席、中国荷球队主教练等职。

2005 年以来,在马襄城教授的带领下,郑州大学荷球运动开创了我国荷球教学、科研、群体竞赛、高层次人才培养、社会服务及国际合作与交流等领域多项历史先河,并填补了多项空白,创造了 43 项全国第一,其中多项世界第一。2014 年,马襄城教授被国家体育总局社会体育指导中心、中国荷球协会、教育部大学生体育协会荷球分会授予中国荷球运动发展十周年"突出贡献个人"奖和"中国优秀教练员"奖,2018 年荣获河南省"感动中原"年度教育人物。郑州大学荷球队先后两次被河南省人社厅、教育厅授予"先进集体"。马襄城教授先后 21 次担任"全国荷球教练员、裁判员培训班"的主讲讲师(共 25 期),为我国培养了千余名荷球教练员、裁判员及荷球爱好者。带领中国荷球队参加国际比赛 32 次,获2017 年第十届和 2022 年第十一届世界运动会荷球比赛第五名、2019 年第十一届世界荷球锦标赛第四名的历史最好成绩。2016—2019 年,郑州大学本源队连续四年蝉联全国荷球锦标赛(CKA)冠军,成为我国唯一蝉联冠军的球队。2019 年 10 月,受 TED x Zhengzhou 邀请,担任演讲嘉宾。

主持国家体育总局、河南省科委重点攻关课题及河南省教育厅、河南省体育局课题 10余项;发表中文核心期刊 CSSCI 论文多篇;主编《荷球高级训练教程》1 部;主持省级精品课程荷球运动(大学 MOOC)、精品视频课程 2 项;主持河南省本科一流线上线下混合课程荷球运动 1 项。

序 一

从多元角度对荷球运动进行概述是一项挑战。全球范围内，鲜有专家能够做到这一点，其原因主要是这项任务不仅需要体育学多领域的较深造诣，还需要有对荷球运动大量的知识积累。荷球运动真正的知识来源于运动实践，而不仅是研究荷球运动相关的著作。作为教练员、教师与荷球运动的普及者，马襄城教授在郑州大学，甚至是全中国都展示了其能够驾驭这项挑战的能力。

令人感到欣喜的是，马襄城教授付出多年心血，完成了这部著作。本书为中国广大荷球运动学习者提供了一个平台，在此我祝贺马教授取得了这一成就。

我认为本书将为今后荷球运动在中国的进一步发展发挥重要作用，同时成为高校选用的荷球教材。作为一项男女混合的团队运动，荷球是我们这个时代的运动。

国际荷球联合会主席

扬·弗朗索博士

序　二

　　2004 年,本人随同国际荷球联合会与荷兰荷球国家队球员联合组成的推广团队前往北京巡回各知名大学介绍荷球运动,点燃了中国荷球运动的火苗。在迈入 2020 年代的今日,我非常高兴并见证中国荷球代表队在主教练马襄城教授十多年来的勤奋耕耘之下,已冲上世界排名第四的顶尖地位。

　　知名教练通常醉心于教学训练上的人际互动以及比赛场上的竞争较量,但是若要将自身丰富的实务经验理论化,常是敬谢不敏,因为那总是吃力不讨好的工作。但是,马教授毕竟不同于一般的知名教练,在繁重的教学、训练与比赛的三重压力下,仍累积点点滴滴的宝贵时间与精力,完成《荷球》一书,是中国第一部体育大学使用的荷球专业教材,内容丰富,用词精准,包括荷球运动发展简史、荷球运动的文化特征、荷球教学、移动技术、传接球技术、投篮技术、抢篮下球技术、防守技术、荷球战术、荷球体能训练、荷球竞赛组织方法及裁判法等章节。

　　马教授开展郑州大学荷球运动,和中国荷球发展历史同步并进。不仅如此,他在学术上讲求"言之成理,言必有据",领导郑州大学荷球师生团队,开创了中国荷球科研与高层次人才培养之先河,并获学校支持,于 2017 年成立郑州大学国际荷球发展研究中心,是目前国际荷球联合会唯一承认的国际科研中心。此外,马教授功勋卓越,荣膺 2018 年河南省"感动中原"年度教育人物,是我万分景仰的前辈,却愿意屈就担任本联合会副秘书长,热心辅佐我推动业务,真诚待我如手足,令我感动万分,今日能获此机会为其让人引颈企盼的著作写序,本人深感荣幸。

　　不仅于大学师生,对于中小学体育专业人员,我都极力推荐此书。读者可将它放在随手可得之处,参考书中之法,按部就班地训练,定能有效提升荷球技、战术能力。最后,我真心希望荷球运动的推展在马教授领导之下,能够早日普及全国各地,甚至嘉惠世界各国,实现马教授推动中国与国际荷球发展的远大抱负。

国际荷球联合会副主席

亚洲荷球联合会主席

台北教育大学体育学系教授

黄英哲博士

序 三

我是伴随着荷球成长的,我深爱着这项特别的体育运动。120 年前,荷球起源于荷兰,这项运动是由当时美国的女子篮球演变而来的。荷球运动最为显著的特征是男女同时进行的团队协作。据我所知,目前这仍是世界上唯一的男女混合的集体运动项目。这项运动建立在团队配合的基础上。运动员不允许(在比赛中)持球走或运球,得分只能通过共同参与来完成,因此"合作"是这项运动强调的基本理念。

我为能够给马襄城教授所著的该书作序感到十分荣幸。18 年前,马襄城教授与荷球这项特别的体育运动结缘,并将这些年来全部的精力献给了荷球这项运动的发展。马襄城教授对荷球这项现代社会中重视男女公平竞技的参与均等化的运动的理解十分深刻,荷球就其作为运动项目的本质而言,由于其规则,为在公平竞技中实现这种目标提供了可能。

马教授对荷球运动的激情为郑州大学甚至全国的大学生体验男女混合的集体运动项目创造了现实。他在郑州大学国际荷球发展研究中心主任一职上的工作,是中国荷球运动普及与开展的重要标志性事件,在他的努力下,郑州大学国际荷球发展研究中心经过建设,已具备了荷球运动训练、比赛所需要的基本条件。

我相信,本著对于中国荷球的发展有着特殊的意义,可能对未来中国荷球的普及起到"里程碑"式的作用。马教授对于荷球的见解、热爱使他能够结合自身的经验撰写出这本较为系统地阐述荷球运动知识的著作。本著将帮助他的学生们更好地理解荷球运动的丰富内涵,并帮助他们成为更好的球员、教练员。

郑州大学客座教授

国际荷球联合会荣誉委员

荷兰皇家荷球协会荣誉委员

中国荷球队终身荣誉教练

宾·克兰姆

前　言

荷球运动是国际奥林匹克委员会、国际世界运动会协会等国际体育组织承认的世界唯一一项男女同场竞技的团队球类项目。2004年国家体育总局将其作为重点项目引入我国,并在全国部分高校推广。十几年来,荷球运动的特点和运动形式得到了社会及大、中、小学师生的喜爱,但目前我国还没有一部体育院系荷球专业的教材。

应荷球教学的需求,为了更好、更快地培养荷球专业人才,推动荷球教育事业的快速发展,笔者在总结国内外教学与训练经验的基础上,结合我国学校体育改革发展的实际需要,为高等学校体育专业荷球研究生、本科生,荷球教师、教练员及荷球爱好者编写了本教材。

本教材在编写过程中得到了国际荷球联合会主席扬·弗朗索博士,国际荷球联合会教练委员会原主席、荷兰国家荷球队原主教练宾·克兰姆,国际荷球联合会副主席、亚洲荷球联合会主席黄英哲博士,亚洲暨大洋洲荷球联合会原秘书长、中华台北荷球队主教练谢芳怡女士,亚洲荷球联合会副主席、中国香港合球总会主席郑伟明先生的大力支持和指导。国家体育总局社体中心领导,中心荷球项目原主管何懿先生、周卫中先生,亚洲荷球联合会秘书长、中国荷球协会(筹)主席郭麒麟先生,教育部大学生体育协会荷球分会秘书长、天津科技大学体育部主任黄津虹教授,我的好伙伴、国家荷球队教练、天津科技大学的刘黎明副教授及郑州大学体育学院(校本部)的领导、专家更是在百忙中对本教材的顺利出版给予了很大的帮助。

郑州大学体育学院(校本部)荷球方向的部分研究生,国家队队员彭博、黄华娜、倪洁静、李昊轩、蔡嘉祺、张昕、赵婧、张东杰、陈晓希、李昕、介程冉、肖飞、张慧、孙敬源、王晴、王曦、唐哲恒等同学参加了练习方法二维码视频演示、动作示范及部分修改工作。

本教材于2006年着手编写,并于次年完成初稿,但在繁重的教学和训练任务的双重压力下,笔者只能边教学、边训练、边竞赛、边总结。由于没有太多的参考书可以借鉴,加之水平、经验及对荷球运动的了解浅薄等原因,本教材今天才与大家见面。教材中难免会有这样那样的不足或错漏,恳请各位专家、学者及广大读者给予批评、指正。

目录 CONTENTS

第一章

荷球运动发展简史

本章主要介绍了荷球运动的起源及其在中国各个时期的发展历程。

第一节　荷球运动的起源

1902 年，荷兰中学体育教师尼克·布鲁克修森（Nico Broekhuysen，见图 1-1）到瑞典的纳斯镇参与夏季课程设计，当时该地区正在推广女子篮球运动。尼克意识到"体育运动多样化"的重要性，以打破在学校的体育课堂中由于性别和生理的差异，难以使男女生进行同场竞技的局面。为了实现男女平等与合作的观念以达到共同的目标，尼克基于两性之间互相尊重、彼此合作的理念，并结合时下流行的多种运动项目的规则，设计出这一新的团队球类项目——荷球（korfball，又称"合球"）。荷球的规则像篮球，球像足球（比 5 号足球重 30 克），场地及移动像手球。

图 1-1　尼克·布鲁克修森（1876—1958）

荷兰的一名教师格瑞斯（Grase）在当时最权威的运动报纸 De Gids 上发表的一篇文章中提到："若要提升学校的体育教育水平，必须设计一种有趣，便捷，全面性强，使男女同学可以一起进行的游戏。"

尼克·布鲁克修森回国后，经过与新社会学校（New School Society）董事会协商，在学校高年级课堂中开设了这个新的体育运动项目课程。

历史上第一部荷球规则于 1902 年由阿姆斯特丹体育协会（Amsterdam Association for Physical Education）以"荷球"为标题出版。

荷球诞生之后，荷兰相继出现了一些荷球俱乐部，如 Blauw-Wit L. Mendes、Maccabi with Willem Swalf 等。

1903 年 6 月 2 日，荷兰成立了世界上第一个荷球运动协会——荷兰皇家荷球协会（Koninklijk Nederlands Korfbalverbond，简称 KNKV，荷兰荷协），荷兰荷协的成立为荷球今后的发展起到了至关重要的作用。

1933 年 6 月 11 日，国际荷球联合会（International Korfball Federation，简称 IKF，国际荷联）在比利时安特卫普成立。其现址在荷兰乌得勒支市（Utrecht，见图 1-2）。

图 1-2　国际荷球联合会现址

荷球运动曾在 1920 年安特卫普奥运会和 1928 年阿姆斯特丹奥运会中被列为表演项目，并于 1923 年举行了第一场国际荷球比赛。

1978 年，国际荷联举办了第一届世界荷球锦标赛（每四年举办一届）。

1985 年，国际荷联被国际世界运动会协会（International World Games Association，简称 IWGA）认可，并将荷球列入世界运动会的正式比赛项目。

1993 年至今，国际荷联先后被国际奥林匹克委员会（International Olympic Committee，简称 IOC，国际奥委会）、国际单项体育联合会总会（Global Association of International Sports Federations，简称 GAISF）、国际运动总会联合会（Association of IOC Recognized International Sports Federations，简称 ARISF）认可。

1995 年，世界荷球锦标赛首次在欧洲以外的国家——印度举办，是荷球国际化发展的重要一步。

近 30 年来，国际荷联及荷兰荷协致力于将荷球推广到全世界，并为实现这一目标向所有推广的国家提供资金、器材及其他建设性帮助，如派遣教练员，邀请优秀运动员、教练员和裁判员到荷兰观摩及培训，积极推动荷球运动的发展进程。

荷球运动经历了一个多世纪的发展，由一项校园游戏逐步演变为真正的国际化体育运动项目，并成为目前世界上唯一一项男女同场竞技的团队球类项目，受到各国人民的关注和喜爱。荷球运动所强调的男女平等、团结合作的精神是非常值得称颂的。目前，国际荷联已有 69 个正式会员国家和地区，遍及欧洲、美洲、亚洲、非洲、大洋洲。

第二节　中国荷球运动发展简史

一、中国台湾荷球运动发展简史

1979 年，国际荷联技术委员会原主席阿德里·史旺先生（Mr. Adri Zwaanswijk）首次将荷球介绍到中国台湾，由于缺乏推广的人才及器材设备，荷球运动在中国台湾潜沉了五年之久。1984 年，台湾师范大学体育学系教授陈佑正与夫人黄淑维女士前往荷兰拜会史旺先生，将荷球运动的比赛规则、技术训练教材等引进中国台湾，并随即召集志同道合的人士共商发展大计。1985 年 5 月 26 日，中国台北合球协会成立。陈金树教授当选为中国台北合

球协会的主席、陈佑正教授担任秘书长。1988年1月，中国台湾正式加入国际荷联。目前，黄纬强先生为第十任中国台北合球协会主席，吴锡佳先生任秘书长。

协会工作：

①每年定期举办荷球联赛及锦标赛。

②协办全民运动会及中国台湾大专荷球锦标赛。

③运动员参加国际比赛的赛前集训。

④培养教练及裁判人才：每年至少主办教练及裁判培训班各1次。

⑤出席国际会议。

⑥邀访国外专家来访。

⑦致力于亚洲荷球运动的推广。选派国际讲师指导亚洲各个国家和地区荷球队的训练及教练员、裁判员培训，加强海峡两岸荷球运动的文化交流与往来。

二、中国香港荷球运动发展简史

1987年9月15日，中国香港成立了合球协会，并于1989年加入国际荷联。1999年7月，香港浸会大学教师郑伟明先生以社团非营利机构注册成立了中国香港合球总会（HongKong China Korfball Association，简称HKCKA）。中国香港荷球运动在郑伟明主席的带领下取得了飞跃式的发展。2003年11月，中国香港合球总会成为国际荷联的正式成员。目前，郭永亮先生担任协会会长，何仲浩先生担任副会长，郑伟明先生担任主席，罗善行先生担任副主席。

协会工作：

①管理与推动香港荷球运动的发展，制订学校及社区推广计划。

②组织及培养荷球教练员、裁判员及运动员。

③承办国际比赛、国际邀请赛。

④组织代表队参加国际比赛。

⑤举办投篮赛、青少年赛、单区赛、沙滩赛、学校沙滩赛等。

⑥致力于海峡两岸及香港、澳门的文化交流与合作。

三、中国澳门荷球运动发展简史

荷球于1996年由李思敏博士引入澳门，并在大学及中学中推广。2000年，李思敏博士招募在中国台湾攻读学士的学生回澳门组建了荷球队，并于2001年成立了中国澳门合球总会（Macau China Korfball Association，简称MCKA）。

四、中国大陆荷球运动发展简史

（一）中国大陆荷球运动发展的萌芽期

2004年3月22日，由国际荷联主席扬·弗朗索博士（Professor Dr. Jan C. Fransoo），

国际荷联教练委员会主席、原荷兰国家队主教练宾·克兰姆（Ben Crum）率领的荷兰国家荷球队 8 名队员，在国际荷联副主席黄英哲博士的陪同下访问中国。扬·弗朗索主席、宾·克兰姆先生与国家体育总局社会体育指导中心（以下简称体育总局社体中心）副主任雷军，北京亚特拉斯体育文化发展有限公司（以下简称北京亚特拉斯）总经理郭麒麟进行了会晤。此次荷球中国行先后在北京体育大学、首都体育学院、清华大学、北京市第八中学、北京市第二十二中学等 5 所学校进行了推广活动，并于 3 月 26 日在清华大学综合馆举行了中国大陆历史上第一次荷球表演赛。

2004 年 4 月，国际荷联授权北京亚特拉斯为荷球运动在中国的唯一推广单位。

2004 年 5 月，全国荷球培训班在北京举行，本次培训班由体育总局社体中心主办，北京亚特拉斯协办，北京体育大学承办。培训班由宾·克兰姆担任主讲讲师，钟淑芬老师担任翻译。培训班还分别在清华大学、北京体育大学和首都体育学院对参加推广活动的师生进行了培训。

2004 年 12 月，国际荷联主席扬·弗朗索博士与体育总局社体中心副主任雷军先生进行了会谈，并走访了北京大学和北京体育大学，向北京市第八中学赠送了荷球器材。活动期间，扬·弗朗索博士与北京亚特拉斯商讨了 2005 年荷球在中国的推广计划。中国香港队、中华台北队随后在首都师范大学附中、北京市第八中学、北京体育大学、首都体育学院进行了演示。

2005 年 4 月 6 日，荷兰国家荷球队在国家体育总局对外联络司、社体中心负责人的陪同下在清华大学、北京大学、北京体育大学、天津科技大学、天津工程师范学院对在校师生进行荷球培训及演示，并赠送了荷球器材。由体育总局社体中心主办、北京亚特拉斯协办的"全国第一期荷球教练员、裁判员培训班"在北京体育大学举办，培训班由宾·克兰姆担任主讲讲师、亚洲暨大洋洲荷球协会（简称亚大荷联）秘书长谢芳怡担任翻译。培训结束后，参加培训的几所高校相继成立了荷球代表队。

2005 年 8 月 16 日，郑州大学体育系马襄城副教授研制出我国第一套集图、文、声、像于一体，涵盖荷球运动发展史，比赛规则，裁判法，技、战术教学等内容的多媒体教学课件。申请并参加了教育部教育管理信息中心主办的全国多媒体课件大赛。该课件后来被体育总局社体中心、教育部大体协荷球分会指定为全国暨高校荷球教练员、裁判员培训班的教学课件。

2005 年 8 月 25 日，郑州大学马襄城副教授率先在郑州大学开设了普通大学生公共体育荷球选修课，共四个班。开创了中国高校荷球教育史上的先河。

2005 年 10 月 19 日至 20 日，由体育总局社体中心主办，北京亚特拉斯协办，天津科技大学承办的"全国第二期荷球教练员、裁判员培训班"在天津科技大学举办。本次培训聘请亚大荷联秘书长谢芳怡女士、亚大荷联主席郑伟明先生担任讲师。

2005 年 10 月 21 日至 22 日，由体育总局社体中心主办，北京亚特拉斯协办，天津科技大学承办的"首届全国荷球比赛"在天津科技大学举行，亚大荷联秘书长谢芳怡女士担任本届比赛的裁判长。来自北京大学、北京体育大学、天津科技大学、郑州大学、首都体育学院、天津工程师范学院、河北师范大学等 7 所学校的代表队参加了比赛。河

北师范大学、北京体育大学、天津科技大学获得前三名。

2005 年 10 月 23 日，亚大荷联授权天津科技大学成立"中国荷球培训基地"，天津科技大学成为我国第一个被亚大荷联授权成立中国荷球培训基地的高校。

2006 年 5 月 10 日至 13 日，由郑州大学团委、学生会、体育系主办，体育系承办的"2006 年郑州大学荷球联赛"在郑州大学新校区举行，共有 8 个院系的代表队参加了比赛（每年举办一届）。郑州大学成为我国首个举办校级荷球联赛的高校。

2006 年 6 月 5 日，由体育总局社体中心主办，北京亚特拉斯协办，河北师范大学承办的 2006 年"全国荷球春季赛"在河北师范大学体育馆举行。河北师范大学、北京体育大学分别获得冠、亚军，天津科技大学与郑州大学并列获得第三名。比赛期间，河北省中学骨干教师培训班邀请宾·克兰姆为培训班的教师进行了荷球知识讲座。

2006 年 6 月 16 日，郑州大学率先成立了国内首个荷球社团组织"郑州大学学生荷球俱乐部"。

2006 年 7 月 4 日至 10 日，由亚大荷联主办的"第七届亚洲暨大洋洲荷球锦标赛"在中国香港举行，中华台北队、澳大利亚队、印度队获得前三名。由河北师范大学的运动员组成的中国荷球队获得了第五名，这是中国荷球代表队首次参加国际荷球比赛。

2006 年 8 月 3 日，由郑州大学体育系马襄城副教授发起，体育总局社体中心在北京康城饭店召开"中国荷球协会"筹备会议，会议由北京亚特拉斯总经理郭麒麟主持。体育总局社体中心副主任雷军、项目主管何懿、郑州大学马襄城副教授、河北师范大学张聚民副教授、天津科技大学刘黎明副教授、北京大学张雅谦老师出席了会议。会议对中国荷球运动的发展现状进行了深入的分析与讨论，最终决定由郑州大学马襄城负责起草"中国荷球发展十年规划"，并负责起草"中国荷球协会章程""荷球运动员管理办法""荷球裁判员管理办法""荷球教练员管理办法""中国荷球协会专业委员会组织框架"等，由张聚民牵头组织编写荷球教材。本次会议为中国荷球的可持续发展指明了方向，是中国荷球运动发展史上的里程碑，因此，本次会议被称为"康城会议"。

（二）中国荷球运动的推广期

2006 年 10 月 14 日，由体育总局社体中心、河南省教育厅主办，北京亚特拉斯协办，河南省高校体育协会、郑州大学共同承办的"全国第三期荷球教练员、裁判员培训班"在郑州大学举办。本次培训由郑州大学马襄城副教授、河北师范大学张聚民副教授及天津科技大学刘黎明副教授担任讲师，郑州大学荷球队为本次培训班进行了演示。

2006 年 11 月 18 日，由体育总局社体中心主办，北京亚特拉斯协办，广东省体育委员会社体中心承办的"全国第四期荷球教练员、裁判员培训班"在广州体育学院举办。本次培训邀请宾·克兰姆、郑州大学马襄城副教授担任讲师，亚大荷联主席郑伟明先生担任翻译，中国香港队为本次培训班进行了演示。

2006 年 12 月 26 日至 29 日，由体育总局社体中心主办，北京亚特拉斯协办，河北省体育总会秘书处、河北师范大学承办的"第二届全国荷球比赛"在河北师范大学拉开帷幕，来自全国 6 所高校的代表队参加了比赛。河北师范大学、河南理工大学、天津科技大学获得前三名。

2007 年 4 月至 5 月，为了备战在新西兰举行的亚洲暨大洋洲青年荷球锦标赛，由郑州大学、天津科技大学、河南理工大学、广州大学、广东技术师范学院共 5 所高校的运动员组成的中国荷球青年集训队在郑州大学进行了两次集训和选拔。

2007 年 4 月 8 日至 11 日，由体育总局社体中心主办，北京亚特拉斯协办，广东省体育委员会社体中心、广州大学承办的"2007 年全国荷球春季赛暨国家队集训选拔赛"在广州大学落下帷幕，本次比赛邀请 8 支代表队参加了比赛。台北教育大学队、中国香港青年队、中国青年集训队分别获得了选拔赛的前三名，广州大学获得了全国荷球春季赛的冠军。

2007 年 4 月 14 日至 15 日，由体育总局社体中心、湖北省教育厅主办，北京亚特拉斯协办，华中师范大学承办的"全国第五期荷球教练员、裁判员培训班"在华中师范大学举办。本次培训邀请郑州大学马襄城副教授担任讲师。

2007 年 4 月 26 日，郑州大学初步完成荷球教学与竞赛场地建设。新增室外标准荷球场 4 个、室内比赛馆 1 个。标志着郑州大学荷球场地建设成为全国的标杆。

2007 年 5 月 1 日，国际荷联主席扬·弗朗索率代表团访问我国，国家体育总局局长助理、中国奥委会副主席晓敏女士会见了代表团一行。晓敏同志对荷球运动在中国的快速发展及国际荷联对中国的大力支持给予高度评价，并对国际荷联多次选派专家来华培训表示感谢。扬·弗朗索主席对中国政府重视和积极推动荷球运动在中国的发展表示赞赏，希望中国队能在世界的荷球竞技舞台上取得好成绩。

2007 年 5 月 14 日至 29 日，为了响应教育部、国家体育总局、共青团中央决定在全国范围内全面启动学校开展阳光体育运动的号召，由郑州大学团委主办，体育系承办的2007 年郑州大学"阳光体育运动"荷球联赛在新校区荷球场地举行，共有 25 个院系的代表队参加了比赛。

2007 年 6 月 25 日，中国荷球青年集训队赴上海大学进行了为期一周的集训，同期抵达的还有荷兰国家队。国际荷联教练委员会顾问宾·克兰姆先生指导中国青年队训练，并与荷兰队进行了三场热身赛，旨在帮助中国青年队提升实战经验。

2007 年 6 月 27 日，由体育总局社体中心主办，北京亚特拉斯协办，上海大学承办的"全国第六期荷球教练员、裁判员培训班"在上海大学举办。本次培训聘请宾·克兰姆先生，国家队教练、郑州大学马襄城副教授，中国香港国际荷球裁判赵飞先生担任讲师，荷兰国家队进行了演示。

2007 年 7 月 2 日，由亚大荷联主办的 2007 年"U23 亚洲暨大洋洲荷球锦标赛"在新西兰克赖斯特彻奇（基督城）举行。中华台北队、澳大利亚队、中国香港队获得了前三名。中国青年队获得第四名，并获得了 U23 世界锦标赛的参赛资格。中国青年队教练由郑州大学马襄城副教授，天津科技大学刘黎明副教授，河南理工大学王炳新老师，广州大学张怀钊老师，广东技术师范学院宋卫教授、张晓林副教授担任。

比赛期间，由郑州大学马襄城副教授牵头，北京亚特拉斯总经理郭麒麟，天津科技大学体育教学部主任黄津虹教授、刘黎明副教授，河南理工大学体育部主任马明教授、

王炳新老师，广东技术师范学院体育部主任宋卫教授、副主任张晓林等先后就成立"中国大学生荷球协会"（以下简称大荷协）进行了讨论，决定由天津科技大学体育教学部主任黄津虹负责牵头筹备大荷协的相关事宜。

2007年8月6日，中国大学生荷球协会预备会议在天津科技大学举行，会议决定由郑州大学副教授马襄城负责起草"大荷协章程"及"荷球分会专业委员会组织框架"等相关文件。教育部学生体育联合会联合秘书处（以下简称体育联合秘书处）秘书长杨立国同志前往天津并对本次预备会议做出指示。

2007年9月16日，亚大荷联授权郑州大学成立"中华荷球培训基地"。

2007年10月30日至11月11日，由国际荷联主办的"第八届世界荷球锦标赛"在捷克布尔诺举行。荷兰队、比利时队、中华台北队获得比赛的前三名，中国队获得了第十六名。中国队教练由郑州大学马襄城副教授、天津科技大学刘黎明副教授、河南理工大学王炳新老师担任。

2007年11月7日，国际荷联代表大会在捷克布尔诺召开。会议确定了2011年"第九届世界荷球锦标赛"的举办地点。中国绍兴代表团作为中国申办代表参加了会议。经过申办城市代表陈述、专家提问、专家评议、投票等多个环节，中国绍兴在三个申办城市中脱颖而出，获得了2011年第九届世界荷球锦标赛的举办权。本次会议中郭麒麟先生被任命为国际荷联发展与推广委员会委员。

2007年12月12日，由体育总局社体中心主办，北京亚特拉斯协办，天津科技大学承办的"全国第七期荷球教练员、裁判员培训班"在天津科技大学举办。本次培训邀请国际荷联裁判委员会主席富兰克、亚大荷联秘书长谢芳怡、郑州大学马襄城副教授担任主讲讲师。中国集训队进行了演示。其间，马襄城通过了国际Ⅱ级荷球裁判员的资格考试，成为我国第一位取得国际Ⅱ级荷球裁判员资格的学者，并负责我国荷球教练员、裁判员的培训工作及裁判员的管理工作。

2007年12月12日至15日，由体育总局社体中心主办，北京亚特拉斯协办，天津市教育委员会体卫艺处、天津科技大学承办的"第一届全国荷球公开赛"在天津科技大学举行。本次比赛共有来自全国高校的12支代表队参赛，天津科技大学、河南理工大学、广州大学获得了前三名。

2008年1月12日，第九届世界荷球锦标赛举办城市授旗仪式在绍兴市举行。国际荷联主席扬·弗朗索，国家体育总局局长助理、中国奥委会副主席晓敏，浙江省体育局，绍兴市委、市政府等单位领导出席了授旗仪式。

2008年5月1日至10日，为了备战在印度举行的第二届亚洲荷球锦标赛，中国国家集训队在郑州大学进行了为期十天的封闭训练，国家集训队队员由郑州大学、天津科技大学、广东技术师范学院组成。集训邀请宾·克兰姆、亚大荷联秘书长谢芳怡女士前来指导训练。

2008年5月4日至8日，由体育总局社体中心、河南省教育厅体卫艺处主办，河南省高校体协、北京亚特拉斯协办，河南省体育局社体中心、郑州大学联合承办的"全国第八期荷球教练员、裁判员培训班"在郑州大学举办。本次培训班邀请了宾·克兰姆、亚大荷联秘书长谢芳怡、郑州大学副教授马襄城担任讲师，中国集训队为培训班进行了演示。

2008 年 5 月 4 日至 13 日，2008 年郑州大学"阳光体育运动"第三届荷球联赛在新校区落下帷幕，共有 28 个院系参加了比赛。

2008 年 5 月 6 日，郑州大学确定 2009 年开始招收全日制体育教育训练学荷球方向硕士研究生，学制 3 年，由马襄城副教授担任导师。郑州大学成为世界第一个招收荷球方向硕士研究生的高校，填补了世界体育教育发展史上的一项空白，并成为世界荷球发展史上的里程碑。

2008 年 6 月 3 日至 7 日，由亚大荷联主办的"第二届亚洲荷球锦标赛"在印度斋浦尔举行，中华台北队、印度队、中国香港队分获前三名。由天津科技大学、广东技术师范学院、西南大学组成的中国队获得了第四名。中国队教练员由天津科技大学刘黎明副教授、广东技术师范学院张晓林副教授担任。

2008 年 7 月 3 日，国家体育总局体竞字〔2008〕65 号文件《关于将荷式篮球设立为我国试行开展的体育运动项目的批复》，正式将荷球设立为我国试行开展的体育运动项目，属于"大项"。日常业务管理工作由社会体育指导中心负责。

2008 年 7 月 31 日至 8 月 4 日，由体育总局社体中心主办，北京亚特拉斯协办，浙江省绍兴市体育局承办的"第二届全国荷球公开赛"在绍兴市举行，共有 9 支代表队参加了本次比赛。河南理工大学、天津科技大学、广州大学获乙组前三名。中华台北队、中国香港队受邀参加了甲组的比赛。

2008 年 7 月 31 日，由体育总局社体中心主办，绍兴市体育局承办的"全国第九期荷球教练员、裁判员培训班"在绍兴市举办。本次培训班邀请了亚大荷联秘书长谢芳怡、郑州大学副教授马襄城担任讲师。

2008 年 9 月 20 日至 23 日，由体育总局社体中心、河北省体育总会主办，河北省秦皇岛市体育局、北戴河区人民政府承办的"2008 全国荷球沙滩精英赛"在北戴河黑猫浴场拉开帷幕，来自全国的 6 支代表队参加了比赛，天津科技大学队、郑州大学队、秦皇岛市重点业余体校队获得前三名。

2008 年 11 月 2 日至 9 日，由国际荷联主办的"第五届 U23 世界荷球锦标赛"在中国台湾高雄市落下帷幕，本次比赛共有 12 个国家和地区的代表队参赛。荷兰队、中华台北队、比利时队获前三名，由天津科技大学、广州大学运动员组成的中国青年队获得了第十二名。中国青年队教练员由天津科技大学刘黎明副教授担任。

2008 年 12 月 5 日至 10 日，经中国大学生体育协会批准，由大荷协（筹）主办，河南省教育厅体卫艺处、北京亚特拉斯协办，郑州大学承办的"第一届全国大学生荷球锦标赛"在郑州大学新校区举行。来自全国 14 所高校的代表队参加了本届锦标赛。天津科技大学、郑州大学分别获得甲、乙组的冠军。

2008 年 12 月 9 日上午，大荷协筹备会在河南郑州市召开，会议由天津科技大学体育教学部主任黄津虹教授主持，国际荷联推广委员会委员（中国代表）郭麒麟先生及筹备委员会成员出席了会议。会议就协会的筹备情况和未来四年的发展规划进行了讨论。

2009 年 4 月 4 日，由体育总局社体中心主办，内蒙古自治区教育厅体卫艺处、内蒙古自治区体育局社体中心、北京亚特拉斯协办，内蒙古科技大学承办的"全国第十期荷球教练员、裁判员培训班暨首期高校荷球教练员、裁判员培训班"在内蒙古科技大学举办。本次培训班邀请宾·克兰姆先生、谢芳怡女士、马襄城副教授担任讲师。

2009 年 5 月 8 日，郑州大学确定 2010 年开始招收体育学专业硕士荷球方向研究生，学制 2 年（2017 年改为学制 3 年），由副教授马襄城担任导师。郑州大学填补了世界研究生教育史上的又一项空白。

2009 年 7 月 11 日至 13 日，由体育总局社体中心主办，绍兴市体育局社体中心承办的"国际荷球邀请赛"在绍兴文理学院体育馆举办。比利时、俄罗斯受邀参加了比赛。本次比赛中国队教练员由郑州大学马襄城副教授、天津科技大学刘黎明副教授、绍兴文理学院金一平副教授担任。

2009 年 12 月 10 日至 15 日，由体育总局社体中心主办，北京亚特拉斯协办，天津市体育局社体中心、天津科技大学承办的"2009 年全国荷球锦标赛"在天津科技大学举行，本次比赛共有 10 支代表队参加了比赛。河南理工大学、郑州大学、天津科技大学获得前三名。

2009 年 12 月 20 日，大荷协筹委会年会在西南大学召开。会议对本年度的竞赛及培训等工作进行了总结，并讨论了 2010 年的工作安排。

2010 年 4 月 3 日至 7 日，由亚大荷联主办，体育总局社体中心、中国荷球协会（Chinese Korfball Association，简称 CKA，中国荷协）筹委会承办，北京亚特拉斯协办的"第八届亚洲暨大洋洲荷球锦标赛"在中国湖南省株洲市举行。8 个国家和地区的代表队参加了本次比赛，中华台北队、中国队、中国香港队获得前三名。中国队由河南理工大学、郑州大学、天津科技大学联合组成。中国队教练员由河南理工大学原黎君老师、王炳新老师，郑州大学马襄城副教授担任。

2010 年 4 月 4 日至 6 日，由体育总局社体中心主办，北京亚特拉斯承办的"全国第十一期荷球教练员、裁判员培训班"在湖南省株洲市举办。本次培训班邀请国际荷联秘书长格雷姆·克拉夫特（Graham Crafter）、郑州大学副教授马襄城等担任讲师。

2010 年 6 月 20 日，经亚大荷联授权，郑州大学校科研〔2011〕1 号文件批准成立"郑州大学亚洲荷球发展研究中心"（以下简称荷球研究中心），填补了世界荷球研究领域的一项空白。该研究中心的工作重点是：推动亚洲荷球的学术研究；大、中、小学荷球教学、训练理论及实践研究；中国荷球队的选拔、集训；荷球运动的推广；国际间学术合作与交流；承办国际学术研讨会；等等。（荷球研究中心于 2017 年并入郑州大学荷球中心）

2010 年 6 月 22 日，郑州大学决定在体育系体育教育及社会体育两个专业开设荷球专业主干课程——荷球专项课（两年），填补了世界大学体育本科教育史上的一项空白。

2010 年 6 月 28 日至 7 月 8 日，宾·克兰姆先生及荷兰队一行 20 人访问中国。荷兰队先赴绍兴，与绍兴文理学院荷球队进行了交流。并于 7 月 3 日赴天津科技大学，与天津科技大学、郑州大学、西南大学代表队进行了为期 5 天的训练与交流活动。

2010 年 7 月 4 日至 6 日，由体育总局社体中心主办，绍兴市体育局承办的"全国第十二期荷球教练员、裁判员培训班"在绍兴文理学院举办。本次培训班邀请国际荷联宾·克兰姆、郑州大学马襄城副教授担任讲师。

2010 年 7 月 16 日，"隆海杯"全国沙滩荷球公开赛在山东青岛举行。天津科技大学、华中师范大学、郑州大学获前三名。

2010 年 8 月 27 日，体育总局社体中心、中国荷协（筹）公布《关于印发荷球专项技术人员技术等级标准（试行）》的通知。通知要求参照体育总局《体育运动项目立项管理办法》《体育竞赛裁判员管理办法》《运动员技术等级标准》等文件规定，体育总局社体中心、中国荷协（筹）制定《荷球运动员技术等级标准（试行）》《荷球裁判员技术等级标准（试行）》《荷球教练员技术等级标准（试行）》，从 2010 年 10 月 1 日开始试行。

2010 年 10 月 12 日至 16 日，由体育总局社体中心、中国荷协（筹）主办，北京亚特拉斯协办，绍兴市体育局、绍兴文理学院承办的"2010 年全国荷球锦标赛"在绍兴市体育馆举行。本次比赛共有 12 支队伍参加，绍兴文理学院、河南理工大学、郑州大学获得前三名。

2010 年 10 月 12 日至 14 日，由体育总局社体中心主办，绍兴市体育局承办的"全国第十三期荷球教练员、裁判员培训班"在绍兴文理学院举办。本次培训班邀请郑州大学马襄城副教授、香港国际级裁判李永雄先生担任讲师。

2010 年 11 月 1 日至 5 日，由中国大学生体育协会批准，大荷协（筹）、体育总局社体中心主办，陕西省教育厅、北京亚特拉斯协办，陕西科技大学承办的"2010 年全国大学生荷球锦标赛"在陕西科技大学体育馆举行。西南大学、天津科技大学、郑州大学分别获得甲组前三名。

2010 年 12 月 4 日，大荷协（筹）2010 年年会在陕西科技大学举行。会议总结了本年度的工作，讨论了 2011 年的工作计划等事宜。

2011 年 7 月 18 日至 22 日，由体育总局社体中心、中国荷协（筹）、大荷协（筹）主办，黑龙江省体育局社体中心、北京亚特拉斯协办，黑龙江八一农垦大学承办的"第三届全国荷球锦标赛暨全国大学生荷球锦标赛"在黑龙江八一农垦大学举行。天津科技大学、西南大学、河南理工大学获得前三名。

2011 年 8 月 1 日，由体育总局社体中心、中国荷协（筹）、大荷协（筹）主办，黑龙江八一农垦大学承办的"全国第十四期荷球教练员、裁判员培训班暨第三期高校荷球教练员、裁判员培训班"在黑龙江八一农垦大学举办。本次培训班邀请了郑州大学马襄城副教授、香港国际级裁判李永雄先生担任讲师。

2011 年 10 月 25 日至 11 月 5 日，由国际荷联主办，体育总局社体中心、浙江省体育局、绍兴市人民政府承办的"第九届世界荷球锦标赛"在浙江省绍兴市举行。来自中国、荷兰、德国、葡萄牙等 16 个国家和地区的代表队参加了比赛。荷兰队、比利时队、中华台北队获得前三名。由天津科技大学、西南大学、郑州大学、绍兴文理学院联合组成的中国队获得了第十一名。中国荷球队教练由天津科技大学刘黎明副教授、西南大学

姚磊老师、郑州大学马襄城副教授、绍兴文理学院金一平副教授担任。

2011年11月1日至4日，由国际荷联、体育总局社体中心主办，绍兴市体育局承办的"国际荷球教练员培训班暨全国第十五期荷球教练员、裁判员培训班"在绍兴文理学院举办。本次培训班邀请国际荷联教练委员会主席宾·克兰姆、国际荷联副主席黄英哲等担任讲师。

2011年11月8日至10日，"2011全国时尚体育'和谐杯'荷球赛"在青岛黄海学院举行。共有13支队伍参加了比赛。天津科技大学、郑州大学、西南大学获得了前三名。

2011年12月26日至28日，大荷协（筹）年会在上海大学召开。会议对本年度的竞赛及培训等工作进行了总结，与会代表分别就本校荷球教学、科研、运动队建设等情况做了介绍。

2012年5月12日至14日，由体育总局社体中心、中国荷协（筹）主办，河南省教育厅体卫艺处、河南省体育局社体中心、全国化工高校体育协作组、郑州大学体育系、北京亚特拉斯协办，荷球研究中心承办的"全国第十六期荷球教练员、裁判员培训班"在郑州大学举办。本次培训邀请郑州大学马襄城副教授、秦俭老师担任讲师，由郑州大学荷球队进行技、战术演示。

2012年6月28日至7月1日，由中国台北合球协会主办的"2012第三届'城市杯'国际荷球锦标赛"在台北教育大学举行。共有6个国家和地区的10支高校代表队参加了本次比赛。荷兰队、中华台北队、荷兰国家青年队获前三名，郑州大学荷球队参加了比赛，并获得了第六名。

2012年9月9日至14日，"第四届全国荷球锦标赛"在青岛黄海学院举行。来自全国的10支队伍参加了比赛。绍兴文理学院、郑州大学、河南理工大学获得了前三名。

2012年11月4日至8日，由体育总局社体中心、中国荷协（筹）主办，江苏省体育局社体中心、泰兴市人民政府承办，北京亚特拉斯协办的"2012年全国青少年荷球锦标赛"在江苏省泰兴市举行。来自山东、河南、辽宁等地的8支代表队参加了本次比赛。营口实验高级中学队、天津科大荷球俱乐部队、河南省青年队获得了前三名。

2012年12月28日至30日，大荷协（筹）2012年年会在海南师范大学召开。会议做了2012年年度总结，并决定2013年设甲组（普通生4人制半区赛）、乙组（体育院系及高水平队）的比赛。

2013年4月18日至22日，由国际荷联主办、荷兰皇家协会承办的2013年"第十八届U19世界杯"在荷兰吕伐登市举行。荷兰队、比利时队、中华台北队获得了前三名。由郑州大学、辽宁营口实验高级中学组成的中国青少年队获得了第十一名。中国青少年队教练员由辽宁营口实验高级中学张立科老师、营口市第九中学王锐老师担任。

2013年5月12日至14日，由体育总局社体中心、中国荷协（筹）主办，上海大学承办的"全国第十七期荷球教练员、裁判员培训班"在上海大学举办。本次培训班邀请郑州大学马襄城副教授、付振磊老师担任讲师。

2013年7月18日至22日，由大荷协（筹）主办，北京亚特拉斯协办，内蒙古科技大学承办的"全国大学生荷球锦标赛"在内蒙古科技大学举办。广州大学、黑龙江八一农垦大学、青岛黄海学院获得甲组（普通生组）前三名，天津科技大学、西南大学、河南理工大学获得乙组前三名。

2013 年 8 月 12 日，由亚荷联主办的"第一届亚洲大学荷球锦标赛"在台北教育大学举行。10 个国家和地区的高校代表队参加了本次比赛。台北教育大学、天津科技大学、台湾师范大学获得了精英组的前三名。

2013 年 10 月 11 日至 14 日，由国际荷联、体育总局社体中心、中国荷协（筹）主办，天津科技大学、天津市体育局共同承办的"第三届亚洲荷球锦标赛"在天津科技大学体育馆举行。来自马来西亚、日本、印度尼西亚、韩国等 7 个国家和地区的代表队参加了比赛。中华台北队、中国队、中国澳门队获得前三名。中国队由天津科技大学、郑州大学、西南大学、河南理工大学、绍兴文理学院共同组成，教练员由天津科技大学刘黎明副教授、郑州大学马襄城副教授、西南大学姚磊老师、河南理工大学原黎君老师、绍兴文理学院金一平副教授担任。

2013 年 10 月 12 日至 21 日，由国际荷联主办的"U23 世界荷球锦标赛"在西班牙加泰罗尼亚举行，共有 12 个国家和地区的代表队参加了比赛。荷兰队、比利时队、中华台北队获得前三名，由天津科技大学、郑州大学共同组成的中国青年队获得了第十一名。中国青年队教练员由天津科技大学刘黎明副教授、郑州大学马襄城副教授、营口实验高级中学张立科老师担任。

2013 年 10 月 25 日至 30 日，由体育总局社体中心、安徽省体育局、池州市人民政府主办，北京亚特拉斯协办，安徽省体育局社体中心和池州市教育局、体育局承办的"第三届绿色运动会暨第五届全国荷球锦标赛"在安徽省池州市体育馆举行。天津科技大学、郑州大学、绍兴文理学院获得 A 组前三名。营口实验高级中学、营口南楼中学、郑州市第五十三中学获得 B 组（中学生组）前三名。

2014 年 4 月 17 日至 23 日，由国际荷联主办、荷兰皇家荷球协会承办的"第十九届 U19 世界杯"在荷兰昌伐登市举行。来自 16 个国家和地区的代表队参加了本届比赛。荷兰队、比利时队、中华台北队获得了前三名。由郑州大学、辽宁营口实验高级中学、营口南楼中学组成的中国青少年队获得了第十名。中国青少年队教练员由辽宁营口实验高级中学张立科老师、营口南楼中学李先东老师担任。

2014 年 5 月 27 日至 31 日，由体育总局社体中心、中国荷协（筹）主办，郑州大学承办的"中国荷球发展十周年庆典系列活动暨 2014 年第六届全国荷球锦标赛"在郑州大学举行。来自全国的 17 所院校及特邀代表台北市万芳高级中学队参加了本届比赛。国际荷联宾·克兰姆先生、中国台北合球协会主席季力康、体育总局社体中心副主任刘北剑、体育总局社体中心项目主管何懿、河南省体育局副局长王鹏等领导出席了开幕式。台北市万芳高级中学、西南大学、天津科技大学获得 A 组前三名，内蒙古科技大学、营口实验高级中学、青岛黄海学院获得 B 组前三名。

2014 年 5 月 27 日至 28 日，由体育总局社体中心、中国荷协（筹）主办，郑州大学荷球中心承办的"中国荷球发展十周年庆典系列活动"暨"首届全国荷球教学与科研论

文研讨会"在郑州大学行政中心第四报告厅召开。研讨会共收到来自全国各高校的论文70 篇，会议分别进行了大会发言、分组发言、墙报交流及书面交流。宾·克兰姆先生、季力康博士分别做了专题讲座。

2014 年 5 月 27 日至 28 日，由体育总局社体中心、中国荷协（筹）主办，郑州大学承办的"全国第十八期荷球教练员、裁判员培训班"在郑州大学举办。本次培训班邀请宾·克兰姆先生、马襄城副教授担任讲师，郑州大学荷球队进行技、战术演示。

2014 年 5 月 30 日下午，由体育总局社体中心、中国荷协（筹）主办的"中国荷球运动发展十周年系列庆典活动暨中国荷球运动发展十周年表彰大会"在郑州大学体育系第一会议室举行。世界体育联合会副主席、国际荷联主席扬·弗朗索博士，国际荷联副主席、亚荷联主席黄英哲博士，国际荷联宾·克兰姆先生，体育总局社体中心副主任刘北剑女士，体育总局社体中心荷球项目主管何懿，亚荷联副主席郭麒麟先生及郑州大学体育系领导出席了大会，并对为中国荷球事业发展做出突出贡献的单位和个人进行了表彰：

授予：国际荷联"中国荷球发展十周年特别贡献奖"；

授予：亚荷联"中国荷球发展十周年特别贡献奖"；

授予：宾·克兰姆先生"中国国家荷球队终身荣誉教练员"称号；

授予：北京亚特拉斯体育文化发展有限公司、天津科技大学、郑州大学"中国荷球运动发展十周年突出贡献单位奖"；

授予：河南理工大学、绍兴文理学院、绍兴市体育局社体中心、广州大学、内蒙古科技大学、西南大学、营口实验高级中学、青岛市黄岛区体育中心"中国荷球运动发展十周年先进单位奖"；

授予：郭麒麟、刘黎明、马襄城中国荷球运动发展十周年"突出贡献个人"称号；

授予：刘黎明、马襄城、金一平、姚磊、张立科"中国优秀荷球教练员"称号；

批准秦俭、傅振磊、秦聪、马丁、林伟峰为"国家级荷球裁判员"。

2014 年 7 月 12 日至 14 日，由体育总局社体中心、中国荷协（筹）主办，郑州大学承办的"全国第十九期荷球教练员、裁判员培训班"在郑州大学举办。本次培训班邀请宾·克兰姆先生、马襄城副教授担任讲师，郑州大学荷球队进行技、战术演示。

2014 年 7 月 18 日至 24 日，由体育总局社体中心、大荷协（筹）主办的全国大学生荷球锦标赛暨第三届青少年荷球锦标赛在辽宁省辽阳二中举行。广州大学、昆明理工大学津桥学院、郑州轻工业学院获得大学甲组（普通生组）前三名；西南大学、郑州大学、天津科技大学获得大学乙组前三名；营口实验高级中学、营口市第九中学、重庆市经贸中等专业学校获得中学组前三名。比赛前进行了荷球裁判员培训，培训邀请郑州大学马襄城副教授、香港国际级裁判李永雄先生担任讲师。

（三）中国荷球运动的快速发展期

2015 年 2 月 26 日，根据郑州大学与台北教育大学签订的荷球"交换生协议"，郑州大学体育系本科生王曦、郭敏交换至台北教育大学体育系进行为期一个学期的学习。标志着我国高校荷球交流迈出了坚实的一步。

2015 年 4 月 1 日至 7 日，由国际荷联主办、荷兰皇家荷球协会承办的"第二十届 U19 世界杯"在荷兰吕伐登市举行，共有 16 个国家和地区的代表队参加了本届比赛，荷兰队、比利时队、中华台北队获得前三名。由青岛黄海学院、长安大学、青岛胶南职业教育中心、郑州大学联合组成的中国国家青少年荷球队获得了第十一名。中国青少年队教练员由青岛黄海学院彭博老师、长安大学刘浩老师、青岛胶南职业教育中心刘彤老师担任。比赛前，集训队在郑州大学"中国荷球培训基地"进行了为期半个月的封闭集训。

2015 年 4 月 16 日至 21 日，由国际荷联主办的"首届世界大学生荷球锦标赛"在英国诺维奇举行，中国队获得第五名。中国大学生荷球队由天津科技大学、郑州大学联合组成，教练员由天津科技大学刘黎明副教授担任。

2015 年 4 月 28 日上午，由体育总局社体中心主办、郑州大学承办的"2015 年全国荷球工作会议"在郑州大学体育系第一会议室召开，大荷协（筹）、北京亚特拉斯、郑州大学、天津科技大学等 12 家单位的代表参加了本次会议。大会分别就修订《荷球规则与裁判法》、编写荷球教材、中国荷球协会（筹）下设专业委员会、制定《中国荷球运动五年发展规划（2015—2019）》四项内容进行了讨论。

2015 年 5 月 6 日，中国大学生体育协会下发大体协〔2015〕54 号《对〈天津科技大学关于成立中国大学生体育协会荷球分会申请函〉的批复》，同意按照民政部、中国中学生体育协会等部门的相关规定，成立中国大学生体育协会荷球分会（以下简称大体协荷球分会，CUKA）。

2015 年 7 月 22 日至 25 日，由亚荷联主办的"首届 U19&U16 亚洲荷球锦标赛"在印度尼西亚雅加达举行。来自中国、马来西亚、新加坡等国家和地区的 16 支代表队参加了本次比赛，中华台北队、中国香港队、中国队（营口实验高级中学队代表）获得 U19（4 人制单柱）比赛前三名；中华台北队、中国队（重庆市经贸中等专业学校队代表）、中国香港队分别获得 U19（4 人制双柱）比赛前三名。由营口第九中学代表的中国队获得 U16（4 人制单柱、双柱）两个第三名。中国 U19 代表队教练由张立科老师、张瑞光老师担任；中国 U16 代表队教练由张立科老师担任。

2015 年 7 月 23 日至 27 日，由大体协荷球分会、体育总局社体中心、中国荷协（筹）主办，北京亚特拉斯、焦作市体育局协办，河南理工大学、焦作师范高等专科学校承办的"2015 年全国学生 CUKA 荷球锦标赛暨第七届全国荷球锦标赛"在河南理工大学举行。本届比赛设高校甲组、乙组（高水平）及中学暨青少年甲、乙组四个组别，全国 21 支队伍参加了比赛。青岛黄海学院、长安大学、郑州轻工业学院获得甲组（4 人制）前三名；天津科技大学、西南大学、郑州大学与河南理工大学（并列）获得高校乙组前三名。

2015 年 9 月初，郑州大学体育学院（校本部）荷球方向硕士研究生连雪瑾、蔡嘉祺赴台北教育大学进行为期一个学期的学习，师从台北教育大学体育学系教授黄英哲。

2015 年 9 月 12 日至 14 日，由体育总局社体中心、中国荷协（筹）主办，郑州大学

承办的"全国第二十期荷球教练员、裁判员培训班"在郑州大学荷球中心举办,本次培训班邀请马襄城副教授担任讲师,由郑州大学荷球队进行技、战术演示。

2015年10月30日至11月9日,由国际荷联主办、比利时荷球协会承办的"第十届世界荷球锦标赛"在比利时安特卫普举行。由郑州大学、天津科技大学联合组成的中国队获得了第七名(见图1-3)。中国队同时还取得了2017年在波兰举行的世界运动会(以下简称世运会)荷球项目的参赛资格,这是我国首次获得世运会的参赛资格。中国荷球队教练员由郑州大学马襄城副教授、天津科技大学刘黎明副教授担任。

图1-3 郑州大学参赛团队合影

2015年12月25日,郑州大学召开"郑州大学荷球先进事迹报告会"。中国工程院院士、郑州大学校长刘炯天,郑州大学副校长宋毛平等领导及学生代表出席报告会。中国荷球队教练马襄城、杰出校友彭博、中国荷球队队长赵婧、队员张东杰先后做了事迹报告,引起与会师生的热烈反响。

2016年2月17日,台北教育大学体育硕士研究生高祯佑交换至郑州大学体育学院(校本部)进行为期一个学期的学习,师从马襄城副教授。

2016年3月25至27日,由体育总局社体中心、中国荷协(筹)主办,郑州大学承办的"全国第二十一期荷球教练员、裁判员培训班"在泰安学院举办。本次培训班邀请马襄城副教授担任讲师,由郑州大学本源荷球队进行技、战术演示。

2016年4月15日,由大体协荷球分会、体育总局社体中心、中国荷协(筹)主办的"全国第二十二期荷球教练员、裁判员培训班暨全国学校荷球教练员、裁判员培训班"在天津科技大学举办。本次培训邀请国际荷联副主席、亚荷联主席、国际荷联精英级教练培训讲师黄英哲担任主讲讲师。

2016年5月16日至20日,体育总局社体中心、中国荷协(筹)主办,大体协荷球分会、绍兴市社体中心协办,绍兴市体育局、绍兴文理学院、北京亚特拉斯承办的"第八届全国荷球锦标赛"在浙江省绍兴市体育馆举办。来自全国的15支大学及高中代表队参赛。郑州大学、台北市万芳高级中学、天津科技大学获得乙组前三名。青岛黄海学院、长安大学、郑州轻工业学院获得甲组(4人制)前三名。

2016年7月9日至17日,由国际荷联主办、捷克承办的"第七届U23世界荷球锦标赛"(比赛结束后,U23比赛改为U21世界荷球锦标赛,每两年举办一届)在捷克奥洛穆茨大学体育馆举办。由郑州大学单独组成的中国青年队获得了世界第五名的历史最好成绩。中国青年队教练由郑州大学马襄城教授担任。

2016 年 8 月 26 日至 29 日，由亚荷联主办的"亚洲荷球锦标赛"在印度斋浦尔举行，中华台北队、印度队、中国队获得前三名。本届中国队由西南大学、青岛黄海学院、长安大学联合组成。教练员由西南大学姚磊老师、青岛黄海学院彭博老师、长安大学刘浩老师担任。

2016 年 9 月 21 日，河南省教育厅办公室下发《关于 2016 年度河南省高等学校精品视频公开课立项名单公示的通知》，全省 15 门课程入选。郑州大学马襄城教授主持的"情投意合话荷球"获得河南省高等学校精品视频课程。郑州大学成为全国第一所入选省级荷球精品课程的高校。

2016 年 9 月 24 日至 25 日，由河南省教育厅主办，河南省学生体育总会高校分会协办，郑州大学承办的"国际大学体育日"启动仪式暨河南省首届学生"阳光体育"荷球锦标赛开幕式在郑州大学荷球馆举行，来自全省初中、高中和大学的 10 支代表队参加本届比赛。河南省成为我国首个举办省级学生荷球比赛的省份。

2016 年 12 月 15 日，中国荷球队首次受邀参加由国际荷联、荷兰皇家荷球协会在荷兰鹿特丹市主办的"国际荷球挑战杯"，中国队获得了第三名。中国队由郑州大学和天津科技大学联合组队，郑州大学马襄城教授、天津科技大学刘黎明副教授和宾·克兰姆先生担任教练员。

2017 年 1 月 14 日，国际荷联授权郑州大学成立"郑州大学国际荷球发展研究中心"（Zhengzhou University International Korfball Development Research Center，以下简称郑大荷球中心）。郑大荷球中心的工作重点是：推动国际间荷球文化交流与合作，助推中国及国际大、中、小学荷球运动的普及与发展，开展荷球教学、训练、管理、体能、康复、心理等方面的研究，协助体育总局社体中心、中国荷协（筹）交办的各个年龄段国家荷球队的选拔、集训，承办国际荷球学术研讨会，荷球运动的推广，协助举办国际及全国教练员、裁判员等级培训，承办国际学术研讨会等工作。

2017 年 4 月 15 日，由体育总局社体中心、中国荷协（筹）主办，郑大荷球中心承办的"全国第二十三期荷球教练员、裁判员培训班"在郑州大学荷球馆举办。本次培训邀请了荷兰荷协教练委员会主席扬·肖克（Jan Sjouke van den Bos）、郑州大学教授马襄城担任讲师。

2017 年 4 月 21 日上午，由国际荷联、体育总局社体中心主办，河南省教育厅、河南省体育局协办，郑州大学承办的郑大荷球中心成立大会在郑州大学举行。国际荷联主席扬·弗朗索博士，国际荷联副主席、亚荷联主席黄英哲博士，国际荷联教练委员会原主席宾·克兰姆，荷兰荷协秘书长基斯·罗登伯格（Kees Rdenburg），亚荷联副主席郭麒麟，亚荷联秘书长郑伟民，体育总局社体中心荷球主管何懿，河南省政协副主席、中国工程院院士、郑州大学校长刘炯天，郑州大学副校长张倩红、刘国际等出席会议。郑州大学副校长张倩红宣读了国际荷联关于在郑州大学成立国际荷球发展研究中心的决定。国际荷联主席扬·弗朗索博士与郑州大学校长刘炯天作为郑大荷球中心共同理事长为研究中心揭牌（见图 1-4）。马襄城教授被任命为郑大荷球中心主任。华中师范大学体育学院院长王健博士任郑大荷球中心学术委员会主任。

图 1-4　郑州大学国际荷球发展研究中心揭牌仪式

国际荷联教练委员会原主席、现代荷球之父宾·克兰姆被郑州大学特聘为客座教授，河南省政协副主席、中国工程院院士、郑州大学校长刘炯天向宾·克兰姆先生颁发了教授聘书（见图1-5）。

图 1-5　刘炯天院士为宾·克兰姆颁发聘书

2017年4月21日至23日，由国际荷联、体育总局社体中心主办，亚荷联、荷兰荷协、郑州大学协办，郑大荷球中心承办的"首届荷球运动发展国际交流与合作高峰论坛暨首届荷球发展国际论文研讨会"在郑州大学举行。本届研讨会共评选出论文107篇。

2017年4月24日，郑州大学"阳光体育"学生荷球联赛由每年一赛改为一年两赛，即荷球联赛与荷球冠军赛。获得总冠军的院系代表队将选派一名代表随中国队出访观摩国际荷球赛事。

2017年7月21日至25日，由国际世界运动会协会主办的"第十届世界运动会"在波兰弗罗茨瓦夫市举行。本届世界运动会为期11天，共有32个比赛项目，产生1494枚奖牌。中国荷球队首次参加了世界运动会荷球项目比赛，荷兰队、中华台北队、比利时队获得前三名，中国队获得了第五名的好成绩（见图1-6）。本届国家队由郑州大学（8名）、天津科技大学（5名）、西南大学（2名）、重庆市江津中学（1名）联合组成，中国队教练由郑州大学马襄城教授、天津科技大学刘黎明副教授和宾·克兰姆教授担任。中国队赛前在郑大荷球中心进行了选拔和为期一个月的集训，后赴荷兰进行了为期17天的训练和比赛，于7月21日赴波兰参赛。

图1-6 2017年第十届世界运动会中国荷球队合影

2017年8月2日至6日，由体育总局社体中心、中国荷协（筹）主办，北京亚特拉斯协办的"2017年全国青少年荷球锦标赛"在辽宁营口大石桥市第二初级中学举行，共有14所中、小学荷球队参加了比赛。营口南楼经济开发区高中二队、青岛胶南珠山职业学院、营口南楼经济开发区高中一队获得U19组前三名；营口南楼经济开发区高中二队、大石桥市第二初级中学二队、安阳市第三十二中学获得U16组前三名；鲅鱼圈区实验小学、老边区实验小学、营口市健康小学获得U12组前三名。

2017年8月14日至19日，由体育总局社体中心、中国荷协（筹）、大体协荷球分会主办，北京亚特拉斯协办的"第九届全国荷球锦标赛暨2017年全国大学生荷球锦标赛"在深圳市龙岗区龙城高级中学举行。共有包括香港特别行政区在内的11个省（市）、自治区的18个单位的20支代表队参加了比赛。郑州大学、西南大学、天津科技大学获得第九届全国荷球锦标赛A组前三名；青岛黄海学院、重庆市江津中学、长安大学获得B组（4人制）前三名。西南大学、天津科技大学、郑州大学获得全国大学生荷球锦标赛前三名；青岛黄海学院、长安大学、昆明理工大学津桥学院获得B组（4人制）前三名。

2017年10月27日，河南省教育厅体卫艺处下发对郑州大学荷球队进行通报表彰的通知，表彰郑州大学荷球队在第十届世界运动会上取得的优异成绩。2017年7月，在波兰举行的第十届世界运动会上，以郑州大学8名球员为主力的中国荷球队奋勇拼搏，夺得了荷球项目比赛第五名的好成绩，实现了中国荷球历史性突破，为国家赢得了荣誉。

2018年3月23日，郑大荷球中心主任、中国荷球队主教练马襄城教授在青岛市荷球协会副主席、青岛博运体育文化交流有限公司董事长林博先生，青岛市荷球协会秘书长曲维斌先生的陪同下来到青岛市实验小学，举行了"荷球进校园"暨中国荷球集训队的展示活动，并与青岛市实验小学教师代表进行了座谈。这是青岛市首次将荷球引入小学校园。

2018年4月10日至15日，由亚荷联主办的"第三届亚洲U19&U16荷球锦标赛"在中国台湾桃园市举办。共有14个国家和地区的代表队参赛。中国青少年荷球队由郑州大学、郑州大学第二附属中学联合组成，并获得U19（4人制双柱、4人制单柱）比赛两项亚军；U16（4人制双柱、4人制单柱）比赛两项第五名。中国青少年荷球队教练员由郑州大学第二附属中学张昕老师担任。

2018年6月19日至21日，由体育总局社体中心、中国荷协（筹）主办，郑大荷球

中心承办的"全国第二十四期荷球教练员、裁判员培训班"在郑州大学荷球馆举办。本次培训邀请了荷兰荷协教练教育委员会主席扬·肖克先生、郑州大学马襄城教授等担任主讲讲师。郑州大学荷球队进行了技、战术演示。

2018年6月21日至24日，经国际荷联批准，由体育总局社体中心、郑州大学共同主办，亚荷联、荷兰荷协、中国荷协（筹）为指导单位，郑大荷球中心承办的2018年"郑大杯"欧亚荷球锦标赛在郑州大学举行。共有5个国家和地区的6支代表队参加了比赛。国际荷联副主席、亚荷联主席黄英哲，荷兰荷协教练教育委员会主席扬·肖克，亚荷联第一副主席、中国荷协（筹）常务副主席郭麒麟，亚荷联秘书长、中国香港合球总会主席郑伟明，河南省体育局局长李俊峰，河南省教育厅副巡视员李金川，郑州大学党委书记牛书成等领导出席了开幕式。荷兰队、中华台北队、中国队获得前三名。

2018年6月22日下午，中国荷协、荷兰荷协与郑州大学合作备忘录签约仪式在郑州大学体育学院（校本部）会议室举行。荷兰荷协教练教育委员会主席扬·肖克与郑州大学校长刘炯天共同签署了备忘录。亚荷联秘书长、中国香港合球总会主席郑伟明，郑州大学副校长吴宏阳，国家荷球队主教练马襄城及郑州大学体育学院（校本部）主要领导出席了签字仪式（见图1-7）。

图1-7 荷兰皇家荷球协会与郑州大学签署合作备忘录

2018年7月7日至14日，由国际荷联主办的"首届U21世界荷球锦标赛"在匈牙利首都布达佩斯举行，来自12个国家和地区的代表队参加了比赛，荷兰队、比利时队、中华台北队获得前三名。由郑州大学（12名）、青岛黄海学院（4名）联合组成的中国青年荷球队取得世界第五名。中国青年队教练由郑州大学马襄城教授、青岛黄海学院彭博副教授担任。比赛前，中国青年荷球队在郑大荷球中心进行了为期一个月的选拔和集训。

2018年7月16日，河南省教育厅公布《2018年度河南省高校精品在线开放课程自主立项类建设名单》，由郑大荷球中心主任马襄城教授主持的"荷球运动"获得省级课程立项。同时还获得了中国大学MOOC（慕课）在线运行资格。填补了世界荷球线上教学领域的空白。

2018年7月18日至22日，经大体联批准，由大体协荷球分会主办、青岛黄海学院承办的"2018年全国学生荷球锦标赛"在青岛黄海学院举行。青岛黄海学院、郑州大学、长安大学获大学甲组（4人制）前三名。西南大学、天津科技大学、青岛黄海学院获大学乙组前三名。中学甲组前三名由营口大石桥南楼高中、青岛胶南珠山职业学校和辽阳市第二高中获得。

2018 年 7 月 28 日至 8 月 5 日，由亚大荷联主办的第十届亚洲暨大洋洲荷球锦标赛在日本埼玉县举办，中华台北队、中国队和澳大利亚队获得前三名。中国队取得了参赛以来的历史最好成绩，并获得了 2019 年第十一届世界荷球锦标赛（南非）的参赛资格。中国荷球队由郑州大学（12 名）、天津科技大学（2 名）球员组成，教练员由郑州大学马襄城教授、天津科技大学刘黎明副教授及宾·克兰姆教授担任。国家集训队在郑大荷球中心进行了为期一个多月的集训和选拔，集训邀请宾·克兰姆先生担任教练员。

2018 年 8 月 17 日至 20 日，亚荷联秘书长、中国香港合球总会主席郑伟明先生率中国香港青年荷球队一行 28 人赴郑大荷球中心进行交流。

2018 年 9 月 20 日至 24 日，由河南省教育厅主办、郑大荷球中心协办、郑州大学承办的河南省第三届学生"阳光体育"荷球锦标赛在郑州大学荷球馆举行。本次比赛共有 35 支代表队的近 400 名球员参赛，还率先在全国新增设初中组（4 人制单柱）、小学组（4 人制双柱）的比赛，并对比赛规则进行了修订。

2018 年 10 月 12 日下午，中国高等教育学会引进国外智力工作分会、郑州大学联合主办的"2018 感知中国——高校外国专家金秋中原文化行"活动在郑州大学举行。来自北京大学、清华大学、复旦大学等全国近 60 所高校的 150 多位外籍专家及外专事务负责人到郑大荷球中心听取了马襄城教授关于郑州大学荷球发展的现状及取得的成就汇报，并观摩了郑州大学本源荷球队的表演赛。

2018 年 10 月 23 日至 27 日，由体育总局社体中心、中国荷协（筹）主办，深圳市龙岗区文体旅游局、深圳市赛时体育文化发展有限公司承办，北京亚特拉斯协办的"第十届全国荷球锦标赛"在深圳市落下帷幕。郑州大学本源队、郑州大学俱乐部队分别获得（A 组）冠、亚军。江津中学队、青岛黄海学院队、郑州大学本源二队获得（B 组）前三名。

2018 年 10 月 23 日，国际荷联公布最新世界排名，荷兰、比利时、中华台北排名前三，中国队排名世界第四。（积分包括世界运动会，世界锦标赛，U21、U19 世界锦标赛，洲际锦标赛及 U21 洲际锦标赛的成绩及贡献。）

2018 年 12 月 11 日，经中国荷协推荐，国际荷联批准，亚荷联任命郑大荷球中心主任马襄城教授为亚荷联副秘书长。

2018 年 12 月 15 日至 25 日，中国荷球队赴荷兰本纳姆集训。12 月 19 日下午，中国驻荷兰使馆陈日彪公参赴荷兰阿纳姆市 DVO 俱乐部看望参加国际荷球挑战杯集训的中国荷球队。

2018 年 12 月 25 日至 31 日，由国际荷联、荷兰皇家荷球协会主办的"国际荷球挑战杯"在荷兰鹿特丹市举行。中国队获得本届比赛的第四名。中国荷球队由郑州大学本源队代表参赛，中国青少年荷球队由郑州大学、郑州大学第二附属中学联合组成，教练员由郑大荷球中心主任马襄城教授和宾·克兰姆教授担任。

2018 年 12 月 28 日，中国荷球队原队员、郑州大学荷球队队长连雪瑾被韩国启明大学录取攻读博士学位，成为我国第一位攻读博士学位的荷球运动员。

2019年1月20日至23日，U19中国荷球集训队在郑大荷球中心集训，备战4月在荷兰举行的"首届U19世界荷球锦标赛"（每两年举办一届）。青岛黄海学院、青岛西海岸新区黄海职业学校、郑州大学第二附属中学、安阳市第二中学和郑州市第三十一中学的运动员参加了集训。

2019年1月20日，经中国荷协、亚荷联推荐，国际荷联主席扬·弗朗索博士任命郑大荷球中心主任马襄城教授为国际荷联教练教育委员会亚洲区顾问。

2019年1月22日，根据中国荷协、荷兰荷协及郑州大学签署的备忘录内容，中国队队长赵婧、中国青年荷球队队员徐懿赴荷兰德尔托（Dalto）俱乐部进行为期三个月的训练和比赛，成为中国大陆首批参加荷兰联赛的中国女球员。

2019年2月20日，国际荷联发布最新世界排名。截至2018年12月31日，中国以443.77积分保持世界第四。世界排名前三的分别是荷兰(651.00)、比利时(551.00)和中华台北(537.49)。

2019年3月9日至10日，由国际荷联、亚荷联主办，中国香港合球总会承办的"首届世界杯沙滩荷球比赛"（亚洲区）在香港天业公园举行，来自日本、泰国等国家和地区的代表队参加了本届比赛。中华台北队、中国队（郑州大学本源队）、中国香港队获得前三名；学生组前三名由中华台北队、中国队（重庆江津中学代表队）、泰国队获得。中国队教练员由郑州大学马襄城教授担任，学生组教练员由重庆江津中学何祥国老师、姚磊老师担任。

2019年4月，"首届U19世界荷球锦标赛"在荷兰吕伐登市举行，中国青少年荷球队获得了第十二名。中国青少年荷球队由营口大石桥南楼高中（9名）、青岛黄海学院（3名）、郑州大学第二附属中学（2名）、安阳市第二中学（2名）的运动员组成，中国队教练员由营口大石桥南楼高中李先东老师，安阳市第二中学候振明老师及郑大荷球中心赵婧老师担任。

2019年5月20日至25日，由国际荷联、体育总局社体中心主办，浙江省绍兴市体育局承办，绍兴市社体中心和绍兴市体育中心协办的"首届U21亚洲大洋洲荷球锦标赛"在绍兴市举行。来自新西兰、泰国、斯里兰卡等国家和地区的代表队参加了比赛。中华台北队、中国队、中国香港队获得前三名，并取得了第二届U21世界荷球锦标赛的参赛资格。中国青年荷球队由郑州大学（12名）、西南大学（1名）、青岛黄海学院（2名）和石家庄学院（1名）联合组成，教练员由郑州大学马襄城教授、西南大学姚磊老师担任。

2019年6月6日至10日，经国际荷联批准，由体育总局社体中心和郑州大学共同主办，亚荷联、荷兰荷协、中国荷协为指导单位，郑大荷球中心承办的2019年"郑大杯"欧亚荷球对抗赛在郑州大学中心体育馆开幕。来自荷兰、新西兰、印度等国家和地区的8支代表队参赛。荷兰队、中华台北队、中国队获得前三名。

2019年6月8日至11日，由体育总局社体中心、中国荷协（筹）主办、郑大荷球中心承办的"全国第二十五期荷球教练员、裁判员培训班"在郑州大学举办。本次培训邀请荷兰荷协教练教育委员会主席扬·肖克，荷兰皇家荷球队主教练维姆·斯科特迈尔，国际荷联教练教育委员会亚洲区顾问、郑大荷球中心主任马襄城教授，郑州大学秦俭副教授担任讲师。

2019年6月29日下午，全国高等学校体育部主任培训班300余名学员参访郑大荷球中心。郑州大学体育学院（校本部）党委书记武东晓代表郑州大学向来宾介绍了郑州大学荷球运动发展现状及郑大荷球精神。国际荷联教练教育委员会亚洲区顾问、亚荷联副秘书长、大体协荷球分会副秘书长、郑大荷球中心主任马襄城教授就中国荷球的发展现状、郑大荷球的发展历程及荷球的主要规则做了汇报。来宾观摩了郑州大学本源荷球队的表演赛。

2019年6月，郑州大学马襄城教授主编的我国第一部荷球训练教材——《荷球高级训练教程》由人民体育出版社出版发行，填补了我国荷球专业训练领域教材建设的一项空白。宾·克兰姆教授为该书作序，并称赞马襄城教授为"中国荷球之父"。

2019年7月12日下午，教育部国家留学基金管理委员会秘书长生建学、河南省教育厅副厅长刁玉华、郑州大学主管领导到郑大荷球中心调研，并观看了郑州大学本源荷球队的表演赛。

2019年7月18日至22日，由体育总局社体中心、中国荷协（筹）、大体协荷球分会主办，内蒙古自治区教育厅体育卫生与劳动教育艺术处、北京亚特拉斯协办的"2019年全国荷球锦标赛暨全国学生荷球锦标赛"在内蒙古自治区鄂尔多斯市举行，共30支球队参加了比赛。郑州大学、台北市万芳高级中学、西南大学获得全国锦标赛（A组）前三名；长安大学、天津科技大学和东北石油大学获得全国锦标赛（B组4人制）前三名。郑州大学、西南大学、澳门大学获得全国大学生荷球锦标赛B组（高水平）前三名；广州大学、长安大学、郑州轻工业大学获得大学生（A组4人制）前三名；青岛黄海学院、郑州大学、昆明理工大学津桥学院获得大学生（B组4人制）前三名；营口南楼中学、安阳市第二中学、青岛黄海职校获得中学生组前三名。

2019年8月1日至10日，由国际荷联主办的"第十一届世界荷球锦标赛"在南非德班举行，来自20个国家和地区的队伍参加了本届比赛，中国荷球队获得第四名的历史最好成绩。本届国家队由郑州大学（12名）、天津科技大学（1名）、西南大学（1名）、石家庄学院（1名）、重庆江津中学（1名）、郑州市第七十六中学（1名）联合组成，赛前在郑大荷球中心进行了为期一个多月的选拔和集训。教练员由郑州大学马襄城教授、天津科技大学刘黎明副教授和宾·克兰姆教授担任。

2019年8月9日，体育总局社体中心业务三部主任周卫中，亚荷联秘书长、中国荷协主席郭麒麟先生与中国荷球队一起参访中国驻德班总领事馆。费明星总领事对中国队到来表示亲切的问候。国家队教练马襄城教授向总领事馆领导介绍了中国荷球运动在教学、科研、群体竞赛、国际交流与合作等方面的成绩及本届世锦赛的比赛情况，并向总领事馆赠送了队旗。国家队队长赵婧代表运动员发言。

2019年8月9日，荷兰荷协、中国荷协、郑州大学在南非世锦赛期间召开会议，就国际荷球"挑战杯"比赛、"郑大杯"欧亚荷球对抗赛的举办及中国荷球后备人才培养、高中学校交流计划、中荷大学间的交流与合作等进行了讨论，并对备忘录进行了

补充。

2019 年 8 月 23 日，受郑州大学及体育学院（校本部）的委托，郑大荷球中心主任马襄城教授出访泰国诗纳卡琳威洛大学（简称泰国诗大）体育学院。

2019 年 9 月，根据河南省人力资源和社会保障厅、河南省教育厅《关于评选表彰 2019 年河南省教育系统先进集体和先进工作者的通知》（豫人社函〔2019〕210 号）精神，郑州大学荷球队被授予"河南省教育系统先进集体"荣誉称号。

2019 年 10 月 7 日，郑州大学与泰国诗大签署合作协议，泰国国家荷球队队员、研究生 4 名、本科生 2 名及教练员 2 人赴郑州大学进行交换学习及访问。

2019 年 10 月 10 日，由中国侨联主办，河南省侨联、河南省华侨国际文化艺术交流协会承办，河南省文化和旅游厅支持，郑州大学、河南中医药大学协办的 2019 年海外华裔青少年"寻根之旅"秋令营河南文化营到郑大荷球中心观看郑州大学荷球队的表演赛，其间组织小朋友们进行了友谊赛。

2019 年 10 月 12 日，受 TED x Zhengzhou 邀请，国际荷联教育发展委员会亚洲区顾问、中国荷球队主教练、郑大荷球中心主任马襄城教授在郑州国际会展中心与观众一起分享他与荷球的故事及"坚韧不拔，追求卓越"的郑大荷球精神。

2019 年 10 月 26 日，应荷兰 CKV–DKOD 俱乐部的邀请，中国荷球队队员、郑州大学体育学院（校本部）研究生王曦、孙敬源加入该俱乐部参加一个赛季（3 个月）的职业联赛，成为中国大陆首批参加荷兰联赛的中国男球员。

2019 年 11 月 1 日上午，全国文明校园创建年度复查工作组在郑州大学主管领导的陪同下莅临郑大荷球中心，听取了中心主任马襄城教授关于郑州大学校园荷球文化建设及郑大荷球的发展成就的报告，观摩了郑大荷球队的表演赛，并对"郑大荷球精神"给予高度评价和肯定。

2019 年 12 月 27 日至 30 日，由国际荷联、荷兰皇家荷球协会主办的"国际荷球挑战杯"在荷兰鹿特丹市举行。郑州大学荷球队代表中国队参加了本届比赛，并获得了第六名，中国队教练员由马襄城教授、宾·克兰姆教授担任。中国队于 12 月 15 日至 26 日赴荷兰本纳姆集训。

2020 年 4 月 7 日，国际荷联主席扬·弗朗索博士签署文书，任命郑大荷球中心主任马襄城教授为国际荷联教练教育委员会委员，任期两年。

2020 年 6 月，为切实推动重点科研机构与相关学科单位之间互通互融，进一步做实做强重点科研机构，支撑一流大学和一流学科建设，根据郑州大学校党委常委会会议，印发的《郑州大学关于依托相关单位运行重点学术和科研机构的方案的通知》（郑大党文〔2019〕33 号）及郑州大学校政〔2020〕15 号通知精神，郑大荷球中心依托郑州大学体育学院（校本部）成为相对独立运行的重点科研机构（共 19 个）。马襄城教授任郑大荷球中心主任，并由郑州大学体育学院（校本部）委派一名副院长兼任副主任。

2020 年 11 月 2 日下午，由教育部国际合作与交流司主办，山西省教育厅、安徽省教育厅、山东省教育厅、河南省教育厅协办的首期中外人文交流区域主题研修班在郑州西亚斯学院举办。教育部外事直属单位和全国省级教育行政部门有关负责人、省份教育外事直属单位、大中小学校和研究机构等110所单位的代表参加了研修班。郑大荷球中心主任马襄城教授受邀为研修班学员做了"郑州大学荷球人文交流"品牌项目主题报告。

2020年11月13日上午，由郑州市体育局、郑州市教育局主办，郑州市第七十六中学承办，郑大荷球研究中心协办的2020年"郑州市首届中小学生荷球锦标赛"在郑州市第七十六中学拉开帷幕。来自全市高中（U19组）、初中（U16组）、小学（U12组、U10组）的22所学校的34支代表队参加了比赛。本届比赛是我国首次举办市级中小学生荷球比赛，我国荷球三级联赛建设在河南省初步完成。

2020年11月18日上午，由郑州高新区管委会社会事业局主办、郑州大学附属学校（高新区）承办、郑大荷球中心协办的首届高新区中小学荷球锦标赛教练员培训班在郑州大学附属学校（高新区）举行。本次培训班邀请郑大荷球中心主任马襄城教授担任讲师，由郑州大学荷球队演示，共有170余名体育教师参加了培训。

2020年11月25日至27日，由郑州高新区管委会社会事业局主办，郑州大学附属学校（高新区）承办，郑大荷球中心协办的2020年郑州市高新区首届中小学生荷球锦标赛在郑州大学附属学校（高新区）体育馆落下帷幕，共有22所中小学27支代表队参赛，本届比赛分设U10、U12、U16三个年龄组。这是我国首次举办区级中小学荷球比赛，标志着我国荷球运动国家、省、市、区（县）、校五级赛事建设在河南省初步完成，是中国荷球发展史上的又一里程碑。

2020年12月12日下午，由国际荷联、体育总局社体中心、郑州大学共同主办，郑州大学体育学院（校本部）协办，郑大荷球中心承办的2020"一带一路"国际荷球发展与合作高峰论坛暨郑州大学荷球发展十五周年座谈会在郑州大学荷球馆举行。国际荷联主席扬·弗朗索博士、副主席黄英哲博士、中国荷球队终身教练员宾·克兰姆教授及日本、泰国、波兰等国家队主教练发来视频表示祝贺。体育总局社体中心也发来贺电。

2021年4月22日，国际荷联发布最新世界排名。截至2020年12月31日，中国以165.17积分保持世界第四的位置。世界排名前三的分别是荷兰（221.75）、比利时（204.61）和中华台北（183.34）。

2022年7月7日至17日，由国际世界运动会协会主办的"第十一届世界运动会"荷球比赛在美国亚拉巴马州伯明翰市举行。荷兰队、比利时队、中华台北队获得前三名，中国队获得第五名。本届国家队由郑州大学荷球队组成，教练由郑州大学马襄城教授和宾·克兰姆教授担任。

2022年11月26日至12月4日，由国际荷联授权亚洲暨大洋洲荷球协会主办，泰国荷球协会承办的"亚洲暨大洋洲荷球锦标赛"在泰国芭提雅市举行。共有12个国家和地区的代表队参赛。中华台北队、中国队、澳大利亚队获得前三名。本届国家队由郑州大学荷球队组成，教练由郑州大学马襄城教授、赵婧老师、张昕老师担任。

第三节　国际及中国荷球运动的主要赛事

一、国际主要赛事

世界运动会（每四年举办一届）。
世界荷球锦标赛（每四年举办一届）。
U21、U19 世界荷球锦标赛（每两年举办一届）。

二、洲际主要赛事

亚洲暨大洋洲荷球锦标赛（每四年举办一届）。
亚洲荷球锦标赛（每四年举办一届）。
U21、U19、U16 亚洲暨大洋洲荷球锦标赛（每两年举办一届）。

三、全国主要赛事

全国荷球锦标赛（CKA，每年举办一届）。
全国学生荷球锦标赛（CUKA，每年举办一届）。
全国青少年荷球锦标赛。
全国沙滩荷球比赛。

本章回顾

康城会议是中国荷球发展史上的里程碑。从此，在全国荷球工作者的共同努力下，特别是在郑州大学荷球团队的引领示范下，中国荷球在教学、科研、群体竞赛、人才培养、社会服务及国际人文交流与合作等领域填补了中国乃至世界荷球史上的多项空白。短短十几年，中国荷球竞技成绩世界排名第四，2019 年获得世界锦标赛第四名，2017 年、2022 年分别获得世界运动会荷球比赛第五名。

思考题

1. 简述荷球运动的起源。
2. 简述"康城会议"在中国荷球发展史中的意义。
3. 简述我国荷球竞赛在世界荷球运动发展史中的地位。
4. 简述我国荷球在教学、科研、人才培养等方面取得的成就在世界荷球运动发展中的作用及影响。

第二章

荷球运动的文化特征

荷球运动的基本特征、文化内涵及其社会价值。

第一节　荷球运动的基本特征

荷球运动以将球投进对方的球篮为目标，全场比赛共分四节，每节 10 分钟，每队上场球员 4 男 4 女，进攻场和防守场内各 2 男 2 女。场地长 40 米、宽 20 米，两端底线的六分之一处各放置一个高 3.5 米的球篮，球类似普通的 5 号足球，但比足球重 30 克。比赛中，当两队得分总和为 2 或 2 的倍数时，双方攻守球员换区。荷球运动与篮球的规则和手球的场地及移动方式有相似之处，但由于运动形式、参加方式和人员组成的不同而具有本项目的特征。

一、荷球是男女平等、混合竞技的运动

荷球充分体现了两性平等及混合教育的理念，为了促成两性之间的互相尊重与彼此合作，每支球队由 4 男 4 女共 8 人组成，在进攻和防守区域内各 2 男 2 女，单一性别的队伍不允许参赛。在进行盯人防守时，2 人不能同时防守对方的 1 名球员，不能防守对方的异性球员。因此，荷球运动是男女混合、平等竞技、男女共存共荣的团队球类运动。

二、团队合作是荷球运动的精髓

荷球特别强调靠团队合作制胜，在规则上限制运球，从而避免了单打独斗，任何一个球员，即便个人能力再强，也必须与队友合作才有可能赢得比赛。荷球团队由 4 男 4 女组成，女运动员的积极进攻在比赛中占据了一半的成功因素，要取得比赛的胜利，必须依靠女队员的力量，男女球员之间要通力合作。由于荷球运动的防守规则是"一防一、同性相防"，且不能运球上篮，这使得每个人的防守作用都成为决定比赛胜负的关键。总之，在必须足够重视球队中每个人的力量和作用的前提下，只有通过团队的合作，才有可能获得比赛的胜利。这对于培养参与者的团队意识、协作精神和集体荣誉感都有很大的帮助。

三、荷球对场地和器材的要求不高，且易于变通

荷球与传统"三大球"，即篮球、足球和排球相比，其对场地和器材的要求是最低的，可因地制宜在室内、室外或田间地头开展，只要将一个荷球球场划分为进攻和防守两个区域，在两根 3.5 米高的球柱上各固定一个球篮，再有一个球就可以进行比赛了，或只需要半个场地进行 4 人制比赛。荷球对场地的要求不高，还可以对场地大小按比例增减或适当调整篮筐的高度，以适应不同的人群参与。荷球不只在室内进行，在室外的平整土地、PU 场地、水泥地、柏油地、沙滩、草地等任何一片空地，甚至水上（水不淹没膝关节）都可以打。在非正式比赛活动中，如果参加荷球运动的人数较多，所需的

运动器材有的可以自己制作或花钱加工。如球柱可以用木棒代替，球筐用无底的筒状物或环状物替代，甚至可以用任何一种团状物替代荷球进行活动。

四、规则简单，易于学习

荷球与篮球运动在技、战术打法和竞赛规则方面具有较大的相通性，如荷球运动的进攻技术也是以投篮得分为目的，而且由于没有篮板，可以在任何角度进行投篮。在投篮命中取得2分后（两队分数一同计算），攻守区域对调，进攻球员变成防守球员，而防守球员转而进攻；两节后两队交换场地。抢篮下球、传球、跑位、投篮等技术都与篮球十分相似，荷球的防守技术与篮球基本一样，同样是由防守对手、断球等技术组成，因此对接触过篮球的人来说，荷球很容易掌握。

五、荷球是重技巧、轻蛮力的绅士运动

荷球运动规则上严格限制身体的过分接触和违反体育道德的行为，如推人、抱人、阻挡、抢球、踢球和以拳击球等。对犯规的处罚有"自由球"、"点球"、"黄牌"警告、"红牌"罚出场等罚则，比篮球"斯文"得多。因此，在训练和比赛过程中球员身体无过分的碰撞，这不仅有利于培养参与者尊重对手的意识，也使发生球场冲突和受伤的可能性降低。因此，在欧洲荷球被称为是一项绅士运动。

六、荷球鼓励技术全面

荷球运动要求球员必须具备"全面攻、守的能力"。在打球的时候，不论手中是否持球，球员完全仰赖自己对"情势"的观察与分析，设计下个或多个步骤的执行计划，进而当机立断地移位接球、出手投篮、前往篮下拼抢篮下球或准确地把球传给处于有利投篮位置的球员。荷球要求迅速的角色变化，因此，任何一位进攻球员必须及时扮演主攻球员（虎）、第二主攻球员（豹）、兼具助攻的"智者"球员（狼）与抢篮下球球员（熊）等四种不同的角色。荷球场上每位球员要将自己与队友以及对手之间的互动关系作为行动准则，不断地变换自己的角色，在最适当的位置与时机，发挥最佳潜能，取得最终胜利。

七、荷球运动是安全性较高的运动

荷球是世界上唯一的男女同场竞技的团队球类比赛项目，运动项目的安全性是决定其普及、开展速度和程度的首要因素。如果不能保证参与活动过程的安全性，活动的价值也就无从谈起。荷球运动场地的设施比较简单，全场只有两根球柱，球柱高度为3.5米，使球员不足以扣篮来限制身体的过分接触和违反体育道德的行为，避免了足球和篮球运动中由于身体冲撞可能带来的对女性的身体伤害。从运动形式上讲是相对安全的一项队际球类活动。由于荷球运动在战术上强调传球和协作，在没有强烈奔跑的情况下也可以进行精彩的比赛和活动，这样自然就减少了对肌肉、关节、韧带和半月板的累积性

损伤和突发性损伤的机会。当地面不很平整或者不便于跑动时，多运用传接球来减少奔跑，可以避免因为场地因素而带来不必要的身体伤害。

第二节　荷球运动的文化内涵

一、历史沿革与地域融合

荷球规则简单易学，又是重技巧、轻蛮力的运动，对场地和器材的要求不高，且易于变通，场地大小可以按比例增减，篮筐高度也可以调整。对身高和体质的要求不高，因此，适合各民族、各种体质和不同年龄段的人群参与，利于推广。荷球运动在参与人群和地域上具有广泛性，可以在山区、海边、草地、沙漠等世界任何地方以及任何民族中推广。

2004 年荷球传入我国后，很快以其独特的魅力引起了我国体育界，特别是体育教育界的广泛关注。经过十几年的发展，目前，全国已有 1000 多人参加过 25 期荷球教练员、裁判员培训；把荷球纳入体育教学课程和设有校荷球队的大、中、小学已经超过 500 多所；20 多个省市有了自己的荷球运动专业人才，专项运动员超过 1000 多人。荷球不仅适合身体素质相对较好的欧美国家，也非常适合在亚洲发展，更适合在球类文化历史悠久的中国开展。

二、提高生活品位

荷球规则界定了荷球运动是一项集高度的竞技性、休闲性和艺术性于一体的运动项目。

（一）荷球具有高度的竞技性

荷球的场地大且比赛中不能运球，让球在球员之间频繁、大范围地传递，进攻球员必须靠徒手的快速移动、急停、变向来摆脱防守球员，以获取自由位置投篮。进攻 25 秒以内必须球碰球筐，避免了个人长时间控制球权，使得进攻节奏加快，比赛的可视性更强。

（二）荷球具有高度的休闲性

休闲体育不受年龄、运动水平的限制，培养人们"重在参与""公平竞争"的意识和德行，以及勇于探索、乐于创新的积极态度。长期坚持休闲体育活动有利于形成公平、公正、竞争、积极向上的社会氛围。荷球激烈但不野蛮，与篮球相比，由于球筐比篮球筐要高，限制了扣篮，并在规则上限制了运球，故更注重通过团队合作取得比赛胜利。荷球对身体条件要求不高，可以不分性别、年龄、身高参与荷球游戏和比赛。荷球比赛的方式多样化，可以组织 4 人单柱或 4 人双柱的比赛，既能玩得很休闲、很和平，也可以玩得很激烈、很竞争；身体活动量可大、可小，可轻松、可激烈，依运动者的需求与目标任意调整。有学者认为：休闲体育的重要开展形式是野外运动，组织教学冲破校园的围墙，可以深入社会和亲近大自然。而荷球不只在室内可以进行，在室外具有非常显著的休闲性，顺应了休闲体育的需要。

（三）荷球具有高度的艺术性

竞技当然不是单纯的艺术，但竞技中确实具有艺术性。这主要体现为，当运动员以近乎完美的肢体语言完成某项特定任务时，那种克服困难的征服感会给人以极大的享受，并带来强烈的美感。我们在荷球教学与训练中还发现，很多男生都很喜欢能和女生一起参与运动。并且之后就发现，男生和女生一起打球，男生"威猛"了很多，赛场上积极"保护"女生，女生也没有了往日的腼腆胆小，比赛结束后都抢着给男生拿毛巾。因此，荷球正是在男女球员相互信任、密切配合、共同协作的情况下才能获得比赛胜利，男女双方不但可以更充分地发挥个人的运动潜力和天赋，还可以相互取悦于异性球员，了解异性，在身体上和心理上得到极大的满足，从而大大增强了荷球运动的艺术性。

三、塑造参与者的道德品行和绅士风度

荷球运动的团队是由 4 男 4 女所组成的，每个球员的德、才、识、技、体五大要素是影响和制约团队合作能力形成和发展的关键所在，这五大要素之间是辩证统一、相辅相成的。德行是首，是形成团队合作力的灵魂，一个荷球团队的组建，首先要考虑球员所具备的政治品质和道德品质，良好的道德品行能够让球员在荷球训练和竞赛中正确处理好人与人之间关系，是处理得与失、利与舍的唯一准则。球员们具有高尚、无私、谦虚、谨慎、敬业、团结协作、善解人意的德行品质，通过不断学习和相处、发扬和巩固，团队合力就能形成一种升华和超越的能量。

因荷球规则不允许球员直接从对方手中抢夺、打掉球和以拳击球，荷球运动初到中国时，时有持球球员故意在防守球员面前晃动球来蓄意挑逗。这显然既有悖于尊重对手的竞技精神，也不利于对运动员品质的塑造，荷球规则将此行为规定为"违反体育道德行为"，更大程度上注重对运动员品质的塑造。此外，荷球运动也被称为绅士运动，绅士行为讲究开通、开明、开朗，公平、公开竞争，礼让和礼仪，注重自我完美的形象，遵循运动合作精神和荣誉，任何场合都注重绅士风度，这是形成良好的团队合作能力的素质之一。

四、锻炼人的社会情绪

荷球的场地器材设置、规则决定了可以吸纳任何年龄阶段、不同身体条件的男女在任何地点参与活动，我国人均体育锻炼面积严重不足，荷球不但可以克服我国体育场地严重匮乏的实际困难，也可使参与荷球运动的人群空前扩大化，从而为满足广大群众体育健身的需求开辟了一个新的天地，对于促进中华民族乐观豁达、同心协力、团结奋

进、顽强拼搏的民族精神具有积极的意义。

五、培养参加者张扬个性

荷球的独特性主要体现在通过男女同场、平等竞技，促进两性的了解与合作，达到男女共荣共存的目标，实现男女混合教育的理想。男女两性的自然存在与性别差异是生物进化中人类为求生存而行分化的结果。在主张"男女平等"的时代，人类更须学习如何异中求同，分工合作，实现理想。中国人主张"阴中有阳，阳中有阴"。阴阳虽然相互对立，但两者却能互相依赖，互相扶持。所以，阳刚的男性若能粗犷中带点细腻体贴，阴柔的女性若能阴柔中带点积极进取，则男女之间就会阴阳平衡。以"男女混合教育"为基本诉求的荷球运动，可以使我们能深入而毫不牵强地投入行动中，日常生活的忧虑和沮丧都将一扫而空。参与者暂时都能放弃"常规世界"中男女之间的"接触避讳"，全心学习彼此之间合作演出的方法与相处之道。

六、培养改革的意识和精神

荷球本身的哲学原理就是追求改革，即主张两性共同拥有平等机会和条件参与竞技，但随着时间的改变，当踏入 21 世纪，荷球已进入一个更能代表两性平等的新时代。因为荷球这项团队组合运动已能满足和肯定这一理念。因此，荷球便开始迅速地扩展，从荷兰至美国、东欧及东南亚等地区。在短短的一个多世纪，荷球已由一项校园活动演变为真正的国际化运动，逐渐受到大众的注目。特别是在北欧及东南亚地区，除发展迅速外，其技术亦日趋改善和成熟。自 1985 年起，荷球已列入世界认可的运动项目之一。世界荷球锦标赛于 1978 年开始举办。在 1991 年，中国台北更作为首支非欧洲球队获得世界荷球锦标赛的第三名。四年后，世界荷球锦标赛首次在欧洲以外的国家——印度举行。为了坚守两个基本原则——男女共同学习和合作，荷球便逐渐在世界各地发展起来，国际荷联目前有 69 个正式会员国家和地区，国际荷联更承诺将扩展目标。

第三节　荷球运动的社会价值

荷球运动本身具有独特的文化内涵，开展和普及荷球运动，既可以全面提高参与者的身体素质，更有利于发展培养公众和学生的公平竞争意识、团队精神和集体协作能力，对增强集体主义精神、实现内心和谐具有积极的作用，从而推动社会和谐。同时，荷球运动也给推广地区的体育产业带来了新的增长点。其理论价值及实践价值主要有以下几点。

一、拓展了民众参与健身运动的空间，有利于推动全民健身活动

荷球运动不需要太多的投资，只用很少的器材，可以充分利用校园、公园、田边地

头、森林、山地等现有地形条件，把健身活动与风景如画、空气清新的大自然融为一体。一旦普及开来，不但为学校的体育教学增添了新的内容，也可以迅速扩展民众的体育活动空间，为民众提供获取知识、锻炼身体的广阔途径，这有助于开拓我国全民健身活动的新思路。

二、独特的健身价值可促进全民身体素质的全面发展

荷球重技巧、轻蛮力，不允许球员故意用身体碰撞，如推人、抱人等，比较"斯文"，要求参与者在激烈的运动中保持良好的运动风度。这不仅有利于培养参与者学会尊重对手，也使发生球场冲突和受伤的可能性降低，球员可以在轻松愉快的气氛中锻炼体格、陶冶情操，逐步使自身的速度、力量、柔韧性、灵敏性等身体素质全面提高。

由于荷球运动在规则上限制运球，从而把制胜的重点定位为传球和投篮，而传球占据了最主要的控球时间，也是从事这项运动最主要的技能。球员在给队友传球或接队友传球时，并不一定非要快速奔跑，常常只需要合理地稍加移动步伐和身位，就可以获得有利的传接位置，从而能在很大程度上把激烈的竞技运动转换为有氧运动，这不会为心脏和骨骼肌增加太多运动负荷，从而使该运动可以在轻度心脏病患者和工作疲劳者等人群中开展。因此，从荷球运动的娱乐性和休闲性来看，其又进一步扩大了运动人群的范围。

荷球可以吸纳任何年龄阶段、不同身体条件的男女在任何地点参与活动，不但克服了我国体育场地严重匮乏的困难，也使参与荷球运动的人群空前扩大化，从而为推动我国全民健身开辟了一个新天地，有助于构建和谐的全民健身氛围和倡导文明竞争的思想意识，富有很强的健身价值。

三、具有独特的健心价值

（一）有助于培养公民良好的心理素质、合作能力及均衡发展

荷球主张两性有平等机会和条件参与运动和比赛，互相合作。可是女性的体力比男性弱，在荷球教学中，荷球场上常出现不成文的性别分工，女同学负责助攻，男同学负责进攻、投篮；男女同学之间常觉得很难合作，为了赢得比赛，男生一般很少给女生传球。但随着时间的洗礼、运动水平的提高和对荷球运动认识的加深，男生逐渐转变了对荷球的理解和看法，使男女两性逐渐具有了平等机会和条件参与运动和比赛，实现了真正的互相合作。这说明长期参加荷球运动对于纠正性别歧视、发现异性优点、实现男女之间相互信任和相互帮助的良好氛围、达到均衡发展很有意义。因此，通过荷球运动可以提高两性之间和谐相处的能力，培养相互尊重的良好思想，在无形中形成团结、和睦、合作的良好意识。

（二）有助于大学生运动能力的全面培养，营造文明竞争的健身氛围

荷球运动要求球员必须具备全面的攻守能力和决策与执行的能力。在打球的时候，不论手中是否持球，球员要完全根据自己对"情景"的观察和分析设计下一个步骤的执行方案，任何一位进攻球员都必须及时扮演进攻、助攻、抢篮下球等不同的角色。所以，荷球运动对于参与者运动能力的培养是全面的，这不仅仅是运动能力与荷球技能的培养，而且是素质与思维方式的培养，使参与者将来能适应复杂的社会生活。

（三）有助于人民大众正确处理个人与集体的关系，培养其集体主义精神和公平竞争意识

荷球是一项合作至上、杜绝个人主义的团队球类运动，靠与队友合作求胜是荷球运动的精髓。荷球规则规定球员不可以运球，只能通过传球来转移球的位置，是一项不折不扣的集体项目，运动水平越高的球队，球员间的合作、配合意识越强。

荷球运动显著的特点是"一对一"防守，异性之间不能相互防守，倡导了一种真正公平竞争的方式。现实生活中也许缺乏公平竞争的机会，在实际的比赛中这种"一对一"的公平竞争方式可以让球员超脱常规生活的干扰，学习如何在面对竞争时将团队的力量发挥至最大。

（四）有助于在不同人群之间构建和谐的人际关系

荷球简单易学、场地器材费用低、对场地要求不高等特点，大大扩展了人与人之间交流的空间。而且，荷球运动重在讲究团队配合制胜，对身高、体能、年龄与运动能力的要求不高，使得参加荷球运动的人群也空前扩大。

荷球混合教育的理念，不仅能增进男女沟通合作的机会，而且能够进一步增强女性的运动动机，为女性提供更多的参与体育运动的机会，提升社会整体的体育运动风气和氛围。传统的体育项目大多分为男子组比赛和女子组比赛，男女运动员在运动场上缺乏了解，很少沟通，以至于他们之间缺乏正确的交际观。但在客观上，双方需要了解异性，走进异性，进而相互学习，相互补充。根据"异性效应"，男女球员在运动中会更卖力、更敬业、更讲究合作和奉献，更能表现出集体主义精神，球队容易形成在集体取得胜利时相互谦让，失利时又主动承担责任而不相互埋怨、推诿的局面。所以，荷球运动更符合参与男女的身体和心理发展的需要，对于培养人们正确对待个人得失、克服心浮气躁、构建人与人的和谐人际关系很有帮助。

本章回顾

本章主要介绍了荷球运动的基本特征、文化内涵和社会价值。荷球运动是一项男女混合、平等竞技、男女共存共荣的团队球类运动。开展荷球运动可多维度塑造参与者的道德品行和追求卓越的荷球精神，亦可培养青少年的集体主义精神。

思考题

1. 荷球运动的基本特征有哪些？
2. 荷球运动的文化内涵是什么？
3. 荷球运动的社会价值是什么？

第三章

荷球教学

运用科学的教学方法与手段可以使学生更好、更快、更扎实地了解和掌握荷球的基本理论、基本技术和基本技能。

第一节　荷球教学的目的

荷球教学不仅可以增强学生体质，促进其身体各系统、各器官的良好发育，而且可以提高学生以身心和谐为基础的德、智、体全面发展。研究表明，体育运动不仅可以增进学生身心健康，提高其身体素质，还可以对学生进行有效的思想品德教育，开发智力，提高心理素质，陶冶情操，发展个性，从而促进学生全面发展。

荷球教学是在学习过程中，教师（教练员）向学生（球员）传授系统的荷球理论知识、技术、练习方法及实战经验，实现"教"与"学"的过程。教师与学生之间通过信息相互传递、思考、反馈，使教学过程逐步深化和发展，从而提高学生以身心和谐为基础的全面发展，以达到预期的教学效果。

荷球运动正朝着快速多变、积极主动、技术全面、风格多样的方向发展，因此，荷球教学必须树立正确的指导思想，运用科学严谨的理论、方法和手段，循序渐进，由易到难，积极贯彻与实践从难、从严、从实战出发的主导思想，学习和借鉴国外先进的教学方法和训练手段，结合我国运动训练及教学的实际情况，尽快缩小与世界强国之间的差距。

荷球教学的目的决定了教师的主导作用和学生的主体地位，在教学过程中，以尊重学生主体和主动精神，注重开发其智慧潜能和形成健全个性为根本特质，着重学生个性和能力的培养，其中包括学生的体质基础、心理发展水平、文化素养和终身进行体育锻炼的能力等。

第二节　荷球教学的任务

一、培养和树立"终身体育"的观念

荷球运动是目前世界上唯一的男女同场竞技的球类项目，本身具有趣味性、集体性、综合性等特点，通过荷球教学培养学生进行体育锻炼的兴趣，使其喜欢并积极参与其中，逐步树立"终身体育"的观念。学生在校学习期间，通过体育锻炼增强体质并且丰富自身体育技能已逐渐成为学校体育教学的主要目的。荷球教学是以形式多样的荷球技、战术教学作为增强学生体质、培养"终身体育"教育观念的一种特殊教育手段。在荷球教学过程中，注重把游戏、技、战术与专项素质练习等内容有效地结合起来，使学生逐步了解荷球运动，从而喜欢荷球运动，最终达到自觉参与荷球运动或其他体育活动的良好效果，养成终身参与体育活动的好习惯。

二、重视素质教育

素质教育的目的是使学生在德、智、体、美、劳五个方面和谐发展。而体育作为素质教育中五个方面之一，其地位和作用不容小觑。荷球运动自身具有的属性对于学生的发展具有四个方面的作用：有助于增强学生体质，有助于培养学生德育，有助于发展学生美育，有助于开发学生智育。

通过荷球基本技、战术的学习，使学生初步学会如何打荷球，体验到荷球运动的乐趣和魅力，从而养成通过荷球运动来培养自觉锻炼身体的习惯和自我锻炼的能力，为"终身体育"观念的建立创造条件。

三、培养团队精神和提高社会交往能力

团队精神和社会交往是现代社会对人类活动的基本要求。荷球教学不仅要教会学生通过身体活动发展人的自然属性，而且还要让其通过团队活动发展人的社会属性，增强人与人、个人与社会交往的能力，注重培养学生的团队精神和奉献精神。

第三节　荷球教学的原则

荷球教学原则是进行荷球教学必须遵循的准则，它能够集中反映荷球运动教学的特点和一般规律。荷球教学的原则是在长期的荷球教学实践过程中总结出来的，这些原则将始终贯穿于荷球教与学的双边活动中。我们不应只重共性轻个性，重技术轻理论，只强调纪律严明而忽视轻松活泼，只强调教学秩序而忽略灵活多样的具有实战意义的教学活动。通过国际交流与合作的不断深入，我国荷球教学在教学理念、训练方法、训练手段上得到了较快的发展。我们应注重和紧密结合荷球运动自身的特点和专项技能所形成的某些特殊规律来组织教学，以求达到较好的教学效果。根据荷球易学精难的特点，在荷球技术教学与战术训练的方法上，我们提出以下原则。

一、先易后难、循序渐进原则

初学荷球应对所学内容有一定的认知，这就需要有一个认知的过程，使学生逐步了解技术动作的相关知识，包括名称、性质、作用、变化和运用方法等。鼓励学生学习并掌握荷球技术的理论知识，提高学生的理解能力和分析能力，使其全面、正确地掌握荷球的基本技术动作，并逐步达到熟练、规范的程度，把已掌握的技术动作有效地结合起来，进一步促进技术的改进、完善和创新。调动和提高学生在比赛中的各种应变能力及合理运用技术的能力，动作表述应由下而上，先讲解后示范，先正面后侧面，先原地后移动，先分解练习后完整练习。使学生对荷球技术有一个渐进的认知过程，逐步在原有技能的基础上通过练习来体会，进而不断地认识和提高。

二、边游戏、边学习原则

以由易到难的游戏作为主线安排内容，在学习基本技、战术时安排相关游戏，使学生在游戏中得到启发，逐步培养学生学习荷球的兴趣和学习的积极性，改变传统教法中以单个技术为主线的枯燥练习内容，使学生了解荷球运动，喜欢荷球运动，逐渐达到自觉参与荷球活动或其他体育活动的程度，养成终身参与体育活动的习惯。

三、先教技术、后教战术原则

战术是依靠个人掌握全面的技术、良好的心理素质、身体素质、完成各种动作的能力及团队配合来实现的。战术必须以技术作为支撑和保障，如移动技术、进攻技术、防守技术等；在全面发展个人素质的基础上逐步形成自己独特的技术动作特点。扎实的技术是实现战术意图的保证。必须强化和培养学生个人的技术能力，提高学生参与的自觉性和积极性，使其不断地了解、掌握并完善动作技能以及在比赛中的运用能力，最大限度地发挥个人能力，在此基础上实现战术的目的。

四、先教进攻、后教防守原则

真正掌握实用的技、战术是全面提高荷球教学质量的重要组成部分。没有进攻也就没有防守，进攻把控着比赛场上的主动权。用进攻攻克防守，可使防守技术日趋完善，用防守制约进攻，可使进攻技术进一步得到提高，二者是辩证统一的。攻守对抗构成了荷球运动的核心。没有攻守对抗的相互制约，荷球运动就不能成为竞技运动。在荷球教学过程中，应使学生全面、正确地掌握进攻技术，逐步达到熟练和规范的程度。要有意识地逐步加强攻守对抗的强度，利用实际、简练、快速、多变的进攻技术攻克防守，从而达到制胜的目的。要深入、全面、细致地研究攻守对抗的规律，在设计教学方法时，应尽可能使练习方法多样化。

五、注重实效性原则

根据学生的实际情况，紧抓教学中的重点环节和难点问题，不应片面追求表面效应，力求全面、准确地把握教材内容，深入地分析技术和战术的内涵，抓住关键，解决重点和难点问题。教法要讲究实际效果，可操作性要强，使学生在有限的教学时间内能够基本掌握知识技能，从而达到既增强体质又能提高运动能力的水平。

教学方法是实现教学目的、完成教学任务的手段。教学方法的好坏直接或间接影响教学任务的完成和教学质量的高低。要认真研究教材，充分利用现代化教学手段，精讲多练。"精讲"要求教师认真分析教材并深入了解学生的实际水平，"多练"则是要设计出符合荷球运动特点并与学生实际水平相适应的练习方法，使学生可以运用自身能力去实践。教学过程中应细心观察学生的学习状况并查找学生练习时出现的典型问题，分析和总结这些问题产生的原因，探索解决方案，及时做出有效的调整。

六、直观性原则

在荷球教学中利用学生的感官和已有经验，通过视觉、听觉和肌体知觉，获得对荷球技、战术的生动表象和感觉，从而掌握荷球技术、战术和技能。首先，要有明确的目的和要求。要根据教学的目的和任务以及学生的情况，有目的地使用直观教学方法。直观教学法有助于使学生形成正确的表象，这种表象只有与积极的思维、实践相结合，才能得到较好的教学效果。可使用图片、录像及动作示范等方式进行教学，使学生产生明晰的技、战术表象，激发学习积极性。因此，在荷球教学中正确运用直观性原则，对提高教学效果有很重要的意义。

第四节　荷球教学的内容

荷球教学的内容包括：荷球运动的起源与发展，荷球技、战术理论与方法，荷球规则与裁判法等。（见图3-1）

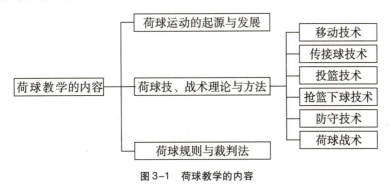

图3-1　荷球教学的内容

第五节　荷球教学的方法与步骤

教学方法是教师为完成教学任务而采用的具体手段。首先，应重视时代性和荷球学科的前瞻性以及学校拥有的设备条件，通过自身学习掌握体育教学方法的特点及教学效果，从中优选出具体的教学方法。其次，在荷球教学的实施过程中，应根据教学大纲和教学进度，安排教学内容与任务，并考虑到不同年龄、不同性别的学生及其身体素质条件、技术基础的差异性等因素来选择教学方法，最大限度地调动学生的积极性。最后，必须以内容、对象特点和身体条件等为依据，以教学的原则为指导，结合荷球运动的特点，为完成荷球的教学任务而采用不同的方法和手段来达到预期的教学目的。由于荷球运动具有许多特性和特点，技术和战术的教学方法和教学步骤是不同的。

一、荷球技术教学的方法与步骤

（一）演示法

运用演示法是为了让学生更好地了解所要学习的技术动作的表象，建立完整的动作概念，提高学习的积极性，激发自觉学习的欲望。教学中可运用录像、幻灯片、挂图等多媒体手段，让学生通过观摩直观地感知技术动作，建立完整的动作概念。如：上室内课，可以播放以往的荷球比赛视频，一方面比赛的氛围可以激发学生对学习荷球的兴趣，另一方面可帮助学生直观地理解荷球基本动作的整体概念，有利于实现荷球教学目的。

（二）讲解法

讲解法属语言法，荷球教学中常用的讲解法有：直陈法、分段法、概要法、侧重法、对比法、提问法等。教学中要运用准确、形象、生动、精练的语言讲解技术动作的名称、用途、要领、要求、易犯错误和技、战术配合方法等，使学生通过"听"来感知教学的内容，通过实践逐步形成技、战术完整的概念。因此，讲解层次要清晰，表述要生动、幽默、准确、易懂。精准的讲解有助于推动学生积极思考，加深对技术动作的理解，发散学生的思维，对技术动作和动作过程留下较深刻的印象，使其较快地掌握技术动作，缩短技术动作形成的时间。讲解一般是按照结构的顺序来进行的，而后指出技术动作中的难点、要点。实践中讲解要与示范相互结合，讲解的内容要与学生的程度相适应，要巧妙地掌握好讲解的技巧，突出重点、难点。如：在罚点球技术教学中，前脚脚后跟不得离地，膝关节向前上方摆，手臂摆向前上方最高点，双手打开，球离手及投篮手形是教学中的重点，如何让学生做到上肢与下肢的协调发力是教学中的难点。讲解时按照从下到上的顺序，先从下肢发力摆腿跳起讲解，接着讲解手臂持球动作和跳起出手动作。先原地蹬摆练习到加大幅度练习，从无球练习到有球练习，在教学中寻找规律，可以制定口令便于学生记忆，"一定，二撤，三蹬腿"，学生根据教师的口令练习。

（三）示范法

示范要有明确的目的，在教学的开始阶段应抓住关键动作进行示范，给学生留下清晰的动作表象和动作记忆。示范要突出教学的重点和难点，使学生能在较短的时间内掌握关键动作。实践中示范要与讲解互相配合，示范是通过视觉器官作用于人体，而讲解则是通过听觉器官辅助学生在脑中完成动作的整合，二者的结合可使技术动作的内在联系得以准确展示，学生获得的感知效果比单独运用一种方法要好。示范时要正确选择示范队形、示范面、示范速度以及学生观察示范动作的距离和视角，示范的动作要正确、熟练。

荷球技术教学中常采用正面示范和侧面示范，对动作的起始、行进方向以及结束时间的把握等都应保持准确无误，才能使学生建立起正确的动作表象和概念。教师在讲解的基础上再示范，以自身的动作作为教学动作的要领和完成方法，用准确、清晰、美观的动作向学生展示分解或完整的技术动作，表达对技术动作的自我理解，对学生形成整体动作的概念和表象有着极大的推动和促进作用。一般先做一次完整的示范动作，再根据技术动作的结构和要求做分解、重点和完整的示范，要让学生将注意力重点放到动作最主要的环节上。如：示范原地后撤步投篮技术，可以先采用正对和侧对学生的方式，分别做一次完整的动作示范，然后把动作分解开，从下肢动作开始教起，做无球的后撤步练习，两脚前后开立略大于肩，脚尖与球柱成40°站立，双脚同时蹬地向后跳起，同时调整身体正对球筐，落地时前脚先落作为支撑点，后脚向后再撤一大步蹬地向上跳起。下肢动作练习熟练后，讲解手臂持球动作及投篮出手动作。额头上方双手持球，后脚蹬地发力的同时大臂向前上方带动小臂推送，手腕向外翻，最后经由大拇指及食指拨球出手。在练习中，最后一步的后撤往往会出现向后跨步、跳步的错误动作，教师在示范讲解中应着重强调正确与错误的区别。示范与讲解相结合，有助于学生理解动作的特点和结构，形成完整的动作概念，因此，要注意示范的顺序、位置和方向。

教学中，应及时发现和纠正易犯的错误动作。可采用完整、分解、慢动作、正确动作与错误动作的对比示范，通过技术理论分析，启发学生观察、对比、分析，明辨正确与错误动作，以便更好地掌握正确的技术动作和战术方法。示范的位置可采用正面、侧面、背面、镜面等。

（四）表象练习法

表象练习法指用词语唤起表象，并借助表象进行动作练习的方法。运动表象包含运动视觉表象和运动动作表象，运动视觉表象主要反映客体的运动视觉形象，运动动作表象主要反映学生自身的动觉形象。如：学生在荷球课堂上通过观看教师罚点球示范后，该动作的影像在头脑中呈现出来，学生虽然没有做过罚点球动作，但头脑却已虚拟出罚点球时的脚、腿、手臂、手腕、手指等一系列连贯动作的整体影像。学生在观看之后又亲自实践过的动作形象在头脑中重新体现出来，我们称之为"视、动联合表象"。学生在练习中表现出来的所学习过的动作，是根据头脑中形成的表象完成的，如果学生做不好该动作，说明不能唤起动作表象，训练的目的就无法实现。

教师讲解示范必须注意要准确且清晰，在教学过程中，教师每次示范后即要求学生先进行示范动作的想象学习过程，而后再进行模仿练习，要让学生形成正确清晰的运动表象。表象练习法可以培养学生的创新能力。通过再造想象，使学生动作逐步熟练进而达到自动化。

（五）重复练习方法

重复练习法是指通过身体和思维活动对动作进行反复练习的方法，它是荷球教学中最有效的方法。它需要学生在练习中承受一定的运动负荷并消耗一定的体力。如：在荷球教学中，看似简单的上篮技术需要学生进行多次的反复练习，循环往复从而达到动力定型。

在练习中应从实际出发，抓住主要问题，根据不同对象的实际水平，由简到繁，由慢到快。以练习单个技术入手，然后是组合技术和对抗练习。注重质量，反复练习，是提高荷球技术水平最主要、最基本的手段之一。

（六）竞技游戏教学法

竞技游戏教学法是指在竞技游戏中学习知识、技术、技能的一种教学辅助方法。游戏教学法可充分发挥球类项目的特征，使学生在快乐的游戏过程中逐步了解、体会和学习，从而有效提高学生对学习荷球的兴趣，以达到预期的教学效果。

在教学中，竞技游戏教学法通常以教学的内容安排教学游戏，使学生在游戏中对荷球产生兴趣，通过针对性的游戏练习，可以很好地启发和诱导学生主动钻研技术动作和学习战术配合，而不是传统教法中以单个技术为主线安排内容，这样可以有效地避免枯燥的单个动作练习。

荷球游戏教学中经常采用比速度、比投篮次数、比准确性、比成功率的游戏，通过竞技游戏培养与激励学生学习的积极性，逐渐提高学生的体能和荷球竞技能力。如：无球练习中单腿跳练习可采用分组接力赛的形式，按照要求进行小组间比赛；有球练习中采用罚点球练习，可采用分组"淘汰"游戏，即每人每次循环罚1个球，前一名学生罚进后则安全进入下一轮，如果没有投进，需在后一名学生投进球前将球在原地补进，若后一名学生抢先投进球，补篮不进的学生则被罚下。无论是组内比赛还是组间比赛，都可以使学生在游戏中高质量完成每项内容，化被动为主动，充分调动学生的学习积极性，使课堂鲜活起来，从而完成教学目标。

二、荷球战术教学的方法与步骤

（一）建立完整的战术概念

首先，教师应对荷球战术的目的、特点、要求及攻守战术之间的矛盾关系等进行讲解，使学生对该战术有一个初步的概念。其次，教师对该战术的阵形、职责、移动路线、配合顺序、配合方法、协同行动、战术的变化规律等进行讲解和演示。可使用图示、录像、场上试范等进行直观教学，启发学生的战术思维，培养战术意识。如：观看荷球比赛录像，录像中球员通过"2-1-1"的进攻阵形投篮得分，教师应结合这段录像讲解"2-1-1"阵形的过程，为什么选择这种阵形，选择这种进攻阵形的配合方式，让学生理解进攻球员之间的思维及意识形态，使学生对所学战术的组织形式和战术方法有基本的了解和认识，以建立完整的战术概念。

在讲解的基础上，组织学生进行战术练习是掌握荷球战术的重要方法。根据战术的难易程度，选择正确的练习方法，可以达到事半功倍的效果。根据练习的形式可分为分解练习、完整练习、简单条件下的练习和复杂条件下的练习。

（二）整体战术分解练习的方法与步骤

荷球战术是以荷球技术为基础的，战术教学应与技术相结合。复杂的整体战术是由多个部分衔接而成的，掌握分解战术是学习整体战术的前提。在教学的过程中，应根据每个人所扮演的角色、全队技术水平及个体的能力把整体战术分解为几个部分来进行重点教学。根据角色的不同分解战术练习时，要注意角色与角色之间的衔接，重点加强攻守对抗条件下的配合练习。这样，既保证了战术的连续性，又解决了战术中的局部问题，为掌握整体战术打下坚实的基础。如："2-1-1"阵形练习，可根据四名学生的技术与身高等特点分别布置任务。通常由两名男生分别承担"虎"和"熊"的角色，两个女生分别为"狼"和"豹"。"虎"在球场上是第一主攻手，可重点练习在防守状态下外围的进攻技术；"豹"是第二主攻手，练习重点与"虎"相似；"狼"的主要任务是助攻，准确判断助攻的时机、助攻的位置、助攻的效果等是练习的重中之重；"熊"在球场上的任务是抢篮下球，实时卡住恰当的位置，判断球的落点并拿到球是练习的重点，也是必不可少的内容之一。四个角色的能力培养需在练习中分解开来，但综合起来可组成整体的"2-1-1"阵形。教学实践中应使得球员能够担任不同的角色。为了强化战术的概念，可采用重复练习法，简化练习条件，形成牢固的练习模式。首先，要解决好战术与战术之间的顺序及衔接问题，使战术完成得既连贯合理，又快速省力。其次，在不破坏已形成的技术动作的前提下，一般先采用慢速进行练习，让学生在特定的位置，利用合理的速度和距离完成动作，然后逐渐加快动作的完成速度，经过反复练习，逐步使战术按照要求合理连贯地完成。

（三）整体战术配合的方法与步骤

整体战术对学生的个人技、战术意识及配合的能力要求较高，整体战术配合的方法是在分解战术配合的基础上进行的。教学中可按照全队战术的任务和要求进行，从无人防守到消极防守，从一般攻守对抗到积极攻守对抗，逐步熟练和掌握整体的战术配合方法。在战术演练过程中要及时发现问题及时沟通，有针对性地解决问题，提高全队的战术水平，逐步形成具有本队特色的战术体系。如："2-1-1"阵形练习时，抢篮下球球员在篮下，外围3名球员无人防守呈三角移动传接球，可选择迎球跑或反方向跑接球。要求每传四次球一名球员到篮下助攻位置接球助攻投篮，外围球员每人循环助攻1~2次，助攻球员根据球的位置，优先选择球、助攻位置及球柱在一条线上。熟练后加防守球员，先采用消极防守，后采用积极防守。

整体攻守对抗中应突出"快、稳、准"，要提前预判。技术上必须快速果断，争取时间取得自由位置投篮。因此，在整体战术练习的各个动作环节上，要求学生启动快、衔接快、转换快。快中要准，快后要稳，稳中求准，注重实效。

（四）整体战术配合意识的培养

整体战术配合意识的培养不可能立竿见影，而是学生在学习和实践过程中日积月

累，潜移默化，从实战中逐步积累的结果，因此，正确意识的树立与培养是我们教学的重要内容。在教学训练中，可采用录像回放、慢放以及针对性的对抗性练习来培养学生的合作意识，使学生在实战中能正确地预见场景的复杂变化，强化场上意识，不断总结经验，较好地把握比赛的主动权。如：在一防一的投篮练习中，助攻球员可通过防守球员的防守距离、防守位置及攻手的能力选择最佳的进攻方式。可利用手势、眼神或语言与同伴积极沟通，为同伴创造各种得分机会，通过每一次的沟通强化彼此的了解，培养团队配合的默契，统一思想水平层次，强调团队配合而不是单打独斗。

第六节　荷球练习的设计

荷球运动的集体性和对抗性特征，决定了荷球练习方法具有复杂性和专门性的特点。荷球教师不仅要具备合理选择和运用荷球练习方法的能力，而且必须具备依据教学的要求科学设计荷球练习方法的能力。

一、设计练习方法的原则

设计练习方法要从教学对象的实际出发，在正确理解教学内容的前提下，设计出经过学生努力能够完成的练习方法，使学生通过练习正确地掌握教学内容。荷球练习方法是练习的组织形式，是所教授荷球技能的信息载体。因此，教师设计练习时应充分考虑到练习者的实际水平，在设计课程结构安排上，结合学生的学习兴趣和个性发展要求，做到因材施教，鼓励个性发展。设计练习方法的原则如下：

①"健康第一"原则。

②寓教于实践教学环节中，注重学生的兴趣及学习动机的引导，因材施教，把针对性、适宜性和实效性融为一体的原则。

③实践为主、理论联系实际的原则。

④兼收并蓄、不断改革创新的原则。

⑤师生互动、因势利导、塑造学生健全人格的原则。

⑥贯彻"全民健身"、普及与提高相结合的原则。

二、设计练习的手段

（一）模拟比赛

依据荷球比赛中可能出现的场景来安排练习开始的位置、启动的时机、移动的路线及完成的效果是对比赛的模拟与提炼。根据教学对象的不同，我们应将比赛中提炼出来的练习方法进行适当的变化及设计，使之成为适合不同水平和不同年龄段的学生经过努力都能够完成的练习内容。设计荷球的练习方法应既能体现荷球运动的基本特点，又符合学生的实际水平。荷球技、战术的大部分练习方法都是对比赛有针对性的模拟，因此，设计荷球练习方法是对复杂实战进行提炼的过程。要根据比赛中技、战术运用的一般规律来设计练习，如："V"字形移动切入上篮练习和"3-1"跑位移动练习等，都是模拟和提炼比赛中实际配合方法的练习。

（二）简化实战比赛

为了使初学者能够完成练习和便于多人参与轮流练习，而且能够使练习者的运动负荷适宜，通常采用减难法设计练习。一般练习通常是在防守条件下完成的，而针对初学者或多人参与的练习可以在无防守的条件下或在消极防守的情况下进行。正式比赛中，学生的行动受同伴、对手和当时场上情况的制约，而针对初学者的练习设计可以仅设置一种或两种制约条件，其他制约条件可以忽略不计。比赛是在快速和对抗的条件下完成技术动作的，而练习却可以放慢节奏，在相对消极的攻守条件下进行，这些都是对实战比赛进行难度上的简化，通过简化，举一反三，即可设计出各种各样的练习形式。

三、设计练习的要求

（一）全面性

设计荷球练习的方法首先要选择练习的形式与练习的内容相统一。练习的形式是外在表现，内容才是练习的实质。因此，荷球练习的内容与教学内容应全面：既有个人技术练习、综合技术练习、配合技术练习，又有复杂多变的战术对抗性练习等。

（二）实效性

不应片面追求表面效应，应力求全面准确地把握练习的内容。紧紧抓住练习中的重点环节和难点问题，抓住关键问题，解决好难点和重点问题。要深入地分析技术和战术的内涵，要使学生掌握练习方法的起始路线、动作节奏的要求和关注场上不断的变化及对策等，设计练习要符合荷球运动的特点，力求简单、实用，注重实效。

（三）科学性

科学设计运动强度、密度、负荷是运动技能学习与提高的重要指标。要科学设计练习的强度、密度和运动负荷。因此，在设计荷球练习时要充分考虑到学生的实际水平，科学地设计出能够使其较好地完成练习的次数和运动量，合理安排间歇时间，使每次练习的内容具有科学性、合理性。这样不但能使学生较好地掌握荷球技能，又能培养学生的学习兴趣，使学生的综合素质逐步得到提升。可选择使用物理仪器及生化检测辅助训练，监测训练安排的实效和球员身体的各种指标，以便合理安排训练。

四、易犯错误的纠正

在教学实践中，由于受到教学经验、教学内容、教学方法、学术水平及教学环境等

诸多因素的影响，学生在学习和提高的过程中不可避免地会出现各式各样的错误，教师应根据自己长期总结和积累的教学经验，细心观察，及时发现错误并采取相应措施，运用合理方法予以纠正。要先找出产生错误的原因，如果学生的错误不能被及时发现并得到纠正，势必会形成错误动作的动力定型，从而影响正确技战术的掌握，甚至可能会导致伤害事故的发生。因此，及时发现与纠正错误是教学环节中不可忽视的重要内容，同时也是教学过程中不可缺少的重要环节。

（一）及时发现错误

在教学过程中，经过长期教学经验的积累和总结，教师应准确地把握技、战术的结构、表现形式、教学步骤和教学方法。发现错误是纠正错误的前提，通过对荷球技、战术的深入研究，教师应对教学过程中可能出现的错误有一定的预见性，通过观察和判断，及时发现错误，特别是常见的错误，例如：双手投篮中两肘距离过宽、投篮时推送不完整、掌心向下、手掌打开过大等。

（二）分析产生错误的原因

分析产生错误的原因是纠正错误的基础。教师必须运用自己的知识和教学经验，认真、准确地对错误产生的原因进行诊断和分析。由于学生个体间存在的差异性比较大，所以，相同的错误可能会由相同或不同的原因造成。

1. 技术学习过程中容易产生错误的原因

（1）教师的原因

教师对关键技术动作及技术环节的讲解、示范不清晰；讲解、示范技术动作的先后顺序安排不恰当；讲解、示范技术动作中遗漏了某些内容，但又没有及时发现；对学生学习过程中易范错误事先没有预料到；对关键技术动作的要求强调得不够，学生不清楚这样做的目的及意义；技术动作难度过大，学生学习时没有足够的信心；等等。

（2）学生的原因

学生对所学项目没有兴趣，导致学习注意力不够集中；对所学技术动作的概念及结构模糊不清；学生面对有难度的技术动作时，心理上没有足够的信心；受旧技能的影响；学生体质、身体素质及身体疲劳等因素的影响；等等。

2. 战术学习过程中容易产生错误的原因

（1）教师的原因

教师对战术的规律认识不够准确，对战术的概念、特点、阵形及配合方法讲述不清、组织教法不当；安排战术练习时没有充分考虑到学生的自身能力及学生对技术动作掌握的实际情况；同一个攻守阵容里，学生之间的技术能力、理解能力、体质、身体素质等参差不齐，教师的战术意图学生没有能力完成；受教学环境、教学条件及气候的影响，教学进度过快；等等。

（2）学生的原因

学生对战术的概念、特点、阵形的移动路线、节奏以及配合的时机、方法理解不清晰；对完成战术配合的技术动作掌握欠佳且运用不当；学生的个人技术、体质、身体素质等方面的能力欠佳；学生的战术实践能力及战术意识不强，没有较好地处理和把握好个人与全队的战术关系；战术运用的时机和应变能力不强；等等。

（三）纠正错误的方法

1.及时发现错误

在教学准备过程中，教师根据以往的经验，对易犯错误要有一定的预见性，要勤思考，并引起足够的重视。上述产生错误的原因不可能包括全部情况，因此，要求教师针对具体情况进行具体分析，并在"教"与"学"的过程中，及时发现问题，及时采取预定措施有针对性地纠正错误。当教师发现学生的错误动作时要及时分析与纠正，但复杂的情况下，教师不一定能立即判断出产生错误的原因。对难以找出原因的错误，可采用慢动作录像回放、生物力学分析等手段进行分析。只有正确地分析错误产生的原因，才能有针对性地纠正错误。

2.及时纠正错误

在教学过程中，学生在完成单一、简单的技术时，可能会同时产生多个错误动作，教师要及时发现并分析错误的性质，是个别的还是普遍性的错误。普遍性错误可采取集体纠正的方法，个别学生的错误可采取单独纠正的办法。同时，我们要教会学生自己发现错误，并分析产生错误的原因，掌握纠正的方法，鼓励学生间相互纠错，以培养学生分析和解决问题的能力。纠正错误时，可采用讲解示范法、鼓励法、诱导法、限制法、变换法等。

3.及时总结经验

纠正错误的方法很多，先教什么，后教什么，哪些方法可以单独使用，哪些方法可以结合使用，哪些方法简单有效，哪些方法少用或不用，哪些方法可以先用，哪些方法可以后用，等等。教师应该备好课，课后应及时小结，记录体会，以便在今后的教学过程中少走或不走弯路。

第七节　荷球教学对教师的要求

一、丰富的荷球运动知识

大学体育教学的项目较多，优秀的大学体育教师应既是博学每个项目的"通才"，同时又必须是精通某一项目的"专才"。大学荷球教师应充分了解荷球的起源与演进过程，荷球运动在中国的传播过程及发展状况，国际及国内荷球运动的主要赛事，荷球运动的特点、运动规律及前沿的学术动态，最新国际荷球比赛规则及补充的国内比赛规则，并掌握荷球裁判法以及竞赛组织的方法、一般伤害事故的预防及应急处理方法等。

二、扎实的教学能力

在教学过程中，教师要科学地组织和安排训练，能准确把握技术动作的重点和难点，能较好地把控运动强度、密度及运动负荷，要启发、鼓励、引导、告诫学生在具体的要求下全身心地投入练习之中，使学生体验荷球运动的独特魅力，愉悦身心。努力促进学生终身体育锻炼意识的形成。教师还应具备及时发现并纠正错误的能力，具备参加一般荷球比赛临场指挥的能力等。

三、精湛的教学艺术

在荷球教学过程中，教师要严格执行教学大纲，合理安排教学进度，熟悉荷球教学内容，认真备好课。语言表述力求清晰、自然、生动、幽默，由浅至深，循序渐进，把握并突出技、战术练习的重点和难点，教学方法得当，对学生学习效果做出公平、客观的评价。不断总结和完善教学方法，虚心听取学生的意见和建议，积极探索和创建具有荷球特色的教学手段。利用校园中的现代化媒体工具，使学生能观赏到精彩的荷球赛事，组织学生观摩荷球运动队训练及校园荷球比赛，让学生能亲临现场观赏并参与比赛，体会荷球运动独有的魅力，提高学生的欣赏能力和学习的积极性。

四、高度的责任心

无论是在工作中还是在生活中，作为一名人民教师都应遵纪守法，以爱为本，严谨治学，尊重他人。身教胜于言教，为人师表、严于律己，以理服人的文化素养是教育者本身固有的常态，还要杜绝一切有损于体育教师形象的言行。教师的举止言行往往会在学生心灵上留下永久的印记。本着对学生高度负责的态度，荷球教师应用先进的教育思想、教学理念指导教学工作，结合荷球教学的特点，努力促进学生的身心健康；提高其身体素质和培养其形成"终身体育"的观念。优秀的教师，每一堂课都会对自己在教学中或课后的每一个教学环节、教法、学生的学习效果等进行检查，并在下一次的教学过程中加以改进。

五、适宜的仪容仪表

教师的着装仪表是教师职业道德规范的重要内容。教师是学生的楷模、学习的榜样，而仪容仪表是师德建设的外在表现，教师的着装应适合职业特点，依照规范与个人条件，对仪容进行必要的修饰，扬其长，避其短，设计、塑造出美好的个人形象，起到教育、示范作用。同时要努力学习，不断提高个人文化、艺术素养和思想、道德水准，培养自己高雅的气质与美好的心灵，使自己秀外慧中，表里如一。

荷球教学中，教师需要为学生边做示范边讲解，很多技术动作幅度较大，因此要求教师无论是在教学中还是在训练中，必须身着运动服、穿运动鞋，不佩戴项链、手链、戒指等，以便在授课时不受穿着以及佩戴首饰的影响，为学生做出标准的示范动作。

本章回顾

  本章主要介绍了荷球教学的目的、任务、原则、内容、方法和要求。通过对本章的学习能够深入理解荷球教学的精髓，掌握荷球教学的方法并运用到实践中，逐步提高荷球教学水平和教学质量，努力培养高素质荷球人才。

思考题

  1. 举例简述一种投篮技术的教学步骤及重点、难点。
  2. 简述双手低手上篮的易犯错误及纠正方法。
  3. 举例说明"V"形移动与"U"形移动的差异及运用的时机。
  4. 分析"2-1-1"阵形的方法与特点。
  5. 上课前教师应优先考虑什么问题？
  6. 设计三种荷球投篮小游戏。
  7. 纠正错误的方法有哪些？
  8. 荷球教学对教师有哪些要求？

第四章

移动技术

荷球运动场地大，移动范围广，进攻球员需要通过不断变向、变速取得"自由位置"，防守球员需要及时应对并快速跟随，在速度与反应的博弈中进行较量。因此，学习并掌握移动技术尤为重要。

移动技术指运动员为了改变方向、位置、速度以便争取更大空间所采用的各种脚步动作方法的总称。移动技术也是各种球类技术动作中最具共性的基础动作，其动作具有实用性、合理性和完整性等特点，因此必须掌握其专门动作。通过移动技术动作的学习，可以进一步正确把握技术的结构及动作的方法，使荷球运动向实用、多变、简单且易于推广的方向发展。

第一节　移动技术的原则和要求

移动技术是荷球比赛中帮助得分的主要手段，是实现一切进攻技、战术的基本条件。在现代荷球比赛中，进攻球员采用多变的移动路线、脚步的节奏变化及步幅的大小摆脱防守球员后取得自由位置（大于一个手臂的距离）出手投篮。在激烈的对抗中，如何快速地避开防守者找到自由位置，是摆脱防守球员的关键。进攻球员在移动时身体要始终面对球柱，靠近球柱移动以缩短投篮的距离，应选择向防守者的背向移动，使每一次的移动都为了接球或得分，并始终处于自由位置，从而快速有效地完成进攻。

一、移动技术的原则

（一）身体面向球柱移动

移动时，身体要始终面对球柱，使球、球柱和同伴及防守球员在自己的视野之内。

（二）靠近球柱移动

为了提高进攻效率，缩短投篮距离，应采用靠近球柱的移动方法。

（三）虚实相结合

为了安全接到球和迫使防守球员重心发生变化，选择向防守球员看不到球的位置移动接球。

（四）快慢相结合

利用节奏、方向、距离及身体位置的变化迷惑或引诱防守球员失去防守位置，这样才能够接球投篮或及时帮助队友。

（五）整合布局各区域的进攻力量

应以球柱为中心，合理利用场地，布局各区域的进攻力量，增大防守难度。

（六）主动引导

主动引导对手向有利于自己的位置移动。

二、移动技术的要求

（一）熟练地掌握各种移动技术

脚步是移动技术的基础，遵循移动的五大原则并结合赛场上的形势，快速研判防守球员的特点，运用脚步的移动、节奏及重心的变化摆脱防守球员。

（二）具备全面、良好的身体素质

身体素质包括速度、耐力、爆发力、弹跳、灵活性、柔韧性和协调能力等。要加强身体素质及核心力量训练，以提高移动的效率。

（三）具备良好的心理素质

心理素质包括自信心、顽强的拼搏精神和较强的心理承受能力等。要多动脑勤思考，认真总结、积累实战经验，在激烈的竞赛中时刻保持清醒的头脑。

（四）使防守球员看不到球

移动的目的是摆脱防守球员以获得自由位置接球投篮。应使防守球员始终处于积极的防守态势而无暇顾及球的位置。

第二节　移动技术的内容

移动是所有动态运动的基础。在荷球比赛中，攻守双方球员处于快速移动之中，同时在移动中运用各种技术动作去完成复杂多变的攻守任务。球员为了争取比赛中的主动权，争取自由位置，以获取更多的投篮机会，会积极采取改变位置、方向、角度、距离、节奏等方法，以便快速、有效地完成攻守任务。

在移动中，球员必须对地面施加反作用力，通过脚蹬地、抵地、蹍地的方式利用对地面的支撑来实现。作用力的大小和方向决定着身体所得到的加速、减速、制动、旋转及腾空等位移水平。力的作用点与重心同在一条垂直线上时人体向上移动，力的作用点在重心之后则向前移动，力的作用点在重心之前则向后移动或制动。蹬地的力决定移动的速度与方向。蹬地角度指力的作用点指向身体重心连线与地面形成的夹角，蹬地角度与身体的重心移动轨迹有关。夹角越小，重心投影点与力的作用点距离越远，所产生的水平分力越大；夹角越大，产生的垂直分力越小。（移动技术的内容见图4-1）

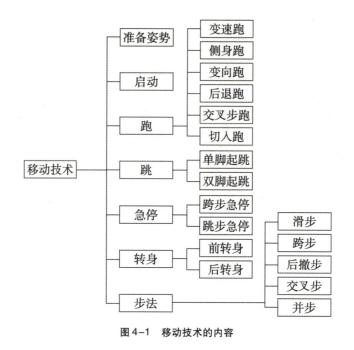

图4-1　移动技术的内容

第三节　移动技术的方法

一、准备姿势

准备姿势指球员的站立姿势。两脚左右（或前后）开立，两脚间距离与肩同宽或略大于肩。前脚掌着地，屈髋屈膝，两膝略微内扣（大小腿之间的角度在135°左右），身体重心的投影点在两脚之间。上体微微前倾，两臂屈肘下垂置于身体的两侧，两眼注视前方，用余光观察攻防位置。保持身体平衡是完成各种荷球技术的关键。身体的平衡与身体重心的高低、支撑面的大小等有着直接的关系。在移动中，身体重心要降低，努力控制好身体的平衡。因此，要有一个既稳定又便于启动的准备姿势，以利用快速、协调的移动去完成各种攻守动作。（见图4-2）

图4-2　移动技术准备姿势

二、启动

启动是获得位移初速度的方法，通常指球员在球场上由静止状态到运动状态的一种起始动作。其主要作用是在进攻中摆脱防守球员，以便取得自由位置或在防守中跟随对手。

【动作要领】降低身体重心，使身体重心迅速移向跑动方向，后脚（向前启动时）、前脚（向后启动时）或异侧脚（向侧启动时）的脚掌内侧用力蹬地，同时上体迅速前倾（或侧转），手臂快速协调地摆动，充分利用蹬地的反作用力，迅速向跑动方向迈步，步幅由小到大，蹬摆速度要快、协调。（见图4-3）

图4-3 移动技术启动动作

【结束姿势】身体恢复成基本站立姿势。

【练习方法】8名球员一组，站成一排。呈基本站立姿势，听口令加速跑。

变化一：坐在地上，听口令起身加速跑。

变化二：背向跑的方向，听口令转身加速跑。

变化三：原地俯卧撑，听口令起身加速跑。

【要求】启动时，摆臂要协调用力，步幅要小，蹬摆有力。

【练习方法】4名球员一组，沿边线站立。球员原地做5次俯卧撑后迅速起身加速跑，跑至另一端边线，再做5次俯卧撑后迅速折返跑。

变化一：增加或减少俯卧撑的次数。

变化二：改变跑的方向或距离。

【要求】启动速度要快，蹬摆要协调用力。

【练习方法】4名球员一组，原地直腿坐成一排，双脚并拢，双手在体侧撑地，听口令迅速启动加速向前跑。

变化一：双手在胸前交叉，双脚离地。

变化二：听口令向背向起身加速跑。

【要求】注意力要集中，听到口令后要迅速反应。

【练习方法】4名球员一组，站成一排。原地纵跳，听口令迅速向前启动加速跑。

变化一：采用原地单脚跳、交换腿跳或前后交换腿跳后启动加速跑。

变化二：原地纵跳转体360°接加速跑。

【要求】注意保持身体腾空后的平衡。

【练习方法】4 名球员一组，站成一排。看手势先向左或向右做交叉步，听口令迅速向前启动加速跑。

变化：看手势向左或向右做并步或跨步，听口令快速启动加速跑。

【要求】体会启动时手臂与脚步的协调用力。

【练习方法】4 名球员一组，站成一排向前慢跑 5 米单腿向上跳起，落地时加速跑。

【要求】在空中身体要保持平衡，脚落地的瞬间快速蹬地加速启动。

【练习方法】将 5 个标志物按照 1 米×1 米的距离摆成一列。练习者听口令向前、后标志物做一步启动，依次进行。（见图 4-4）

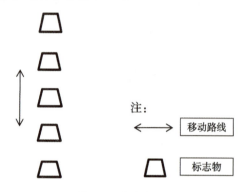

图 4-4　启动动作练习

【要求】身体的重心不宜过高。启动要快，急停要稳，蹬摆要协调用力。

【练习方法】在 5 米×5 米的正方形四角处摆放四个标志物。从 1 号沿直线加速跑至 2 号，然后沿斜线做侧身跑至 3 号，再沿直线加速跑至 4 号，最后沿斜线做侧身跑至 1 号。（见图 4-5）

【要求】启动速度快，始终面朝一个方向。

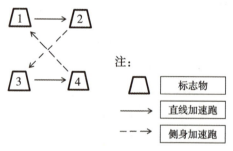

图 4-5　侧身启动练习

【小提示】启动时，步幅不易过大，身体重心不宜过高，否则将影响启动的初速度。蹬地、摆臂应快速协调用力。

【易犯错误及纠正方法】

①身体重心过高。重心高导致启动慢，因此应降低身体的重心。

②启动步幅过大。启动时步幅要小、频率要快，蹬地、摆臂协调用力，步幅应由小

逐步加大。

③身体过分紧张、僵直。身体紧张、僵直主要表现为面部肌肉紧张，动作不协调。球员应放松面部及颈部肌肉，手臂摆动时肩关节应放松，蹬地、摆臂协调用力。

【教学指导】应先进行原地练习，让球员体会动作难点。要注意培养提高球员运用移动技术的意识和能力，并与提高专项素质相结合，加强脚步的力量。将各种练习方法以游戏的方式编排，以增加练习的趣味性。

三、跑

跑是球员在场地上改变位置、发挥速度的重要方法，也是在比赛中运用最多的一种移动动作。在比赛或训练中经常运用以下几种跑的方式。

（一）变速跑

变速跑是指球员在跑动中利用速度变化去改变移动节奏以摆脱防守球员（防守进攻球员）的最常用的方法之一。

【准备姿势】基本站立姿势。

【动作要领】加速跑时，要利用两脚突然短促有力的连续蹬地，加快跑的频率，同时上体稍向前倾和手臂相应的摆动加以配合［见图4-6（a）］；减速跑时，利用前脚掌用力抵地来减缓快跑的前冲力，同时上体直起，保证身体重心的后移，从而降低跑步速度［见图4-6（b）］。

（a）　　　　　　　（b）

图4-6　变速跑

【结束姿势】身体恢复成基本站立姿势。

【练习方法】将5米×5米的三个标志物摆放成"L"形。直线加速跑，到标志物时变向。（见图4-7）

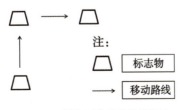

注：
标志物
移动路线

图4-7　"L"形变速跑移动练习

【要求】练习时应注意快慢节奏变化，保持身体平衡。

【练习方法】4名球员一组，站成一排。球员间隔两臂距离，听哨声先慢跑5米至标志物，然后加速跑至指定的位置。

【要求】注意快慢结合，动作协调。

【练习方法】每5米呈"N"形摆放一标志物。直线加速，斜线减速。

变化：变化距离或角度。

【要求】面向一个方向。

【练习方法】每6~8米呈"V"形摆放一标志物，前跑加速，侧身跑减速。

变化一：改变距离或角度。

变化二：在移动路线上增加障碍物。

【要求】练习时，蹬摆要协调用力，控制好身体重心，注意加速和减速的协调。

【小提示】启动时步幅要小，身体的重心要低。要注意加速和减速快慢结合，利用角度、距离及节奏摆脱攻防球员。

【易犯错误及纠正方法】

①加速时，身体重心过高，步幅过大，蹬摆配合不协调。要求球员启动时步幅不宜过大，降低身体重心，蹬摆协调用力。

②减速时，身体重心过于前倾。要求球员身体重心靠后，前脚掌用力抵地，控制好身体的重心。

【教学指导】练习时应多变化练习内容，以免使球员感到枯燥。应结合专项体能的训练及脚步的灵敏性及协调性练习，加强全面的素质练习。

（二）侧身跑

侧身跑主要用于向后及向侧移动中方便接球。可利用侧身跑摆脱防守球员（防守进攻球员），使防守球员背向球，以利于获取球。

【准备姿势】基本站立姿势。

【动作要领】跑动时，头部和上体转向有球的一侧，脚尖朝向移动的方向。跑动时，既要保持速度，又要保持身体的平衡，双手在体侧协调摆动。（见图4-8）

图4-8 侧身跑

【结束姿势】身体恢复成基本站立姿势。

【练习方法】2名球员一组，进行一对一攻防练习。进攻球员采用向左或向右移动进攻，防守球员采用侧身跑防守。

变化：采用"V"形、"N"形或方形移动。

【要求】跑动时用余光观察进攻球员的脚步动作。

【练习方法】2名球员一组，1个球。2人相距4米，1人持球，2人沿边线侧身跑传接球。

变化一：改变侧身跑的方向或距离。

变化二：在2名球员之间增加1名防守球员。

【要求】侧身跑时，眼睛一定要看到球或用余光看到球。

【小提示】侧身跑的关键在于移动中目标在视野之内，要能够看到球、同伴及防守球员等。移动中既要保持跑动的速度，也要保持身体的平衡。要注意观察并预判持球球员、同伴及防守球员下一个步骤的行动。

【易犯错误及纠正方法】

①球柱没有在视野之内。侧身跑能看到球柱及球是关键，练习中一定要强调面向球柱及球采用快速或慢速移动。

②移动中球的落点及接球的身体姿势稳定性差。应集中注意力加强预判。

【教学指导】在练习过程中，应强调侧身跑的同时眼睛能看到球及球柱。先采用慢速侧身跑，使学生逐步适应侧身跑。在练习中可设标志物，让学生始终盯着或用余光看到标志物。在一防一的切入练习中，要求学生用余光看着防守球员的脚步，利用步幅、节奏变化避开防守球员，并使其背向球。

（三）变向跑

变向跑是球员在移动中通过改变跑的方向来摆脱防守球员的一种方法。其目的是通过改变跑的方向、步幅、节奏变化来摆脱防守球员，以获取靠近球柱的自由位置。

【准备姿势】基本站立姿势。

【动作要领】直线切入迫使防守球员身体重心快速向后移动，在进攻球员即将切过的瞬间，降低身体重心，屈膝，前脚掌内侧用力蹬地制动，身体重心随之向另一方向移动。

【练习方法】在场地呈"N"形摆放10个标志物，每个标志物间隔5米。球员先向前移动，后向侧移动。

变化：增加跑动的距离或改变跑动的方向。

【要求】制动时，身体的重心在后脚上。

【练习方法】2名球员一组，1个球柱。2名球员一对一防摆脱切入，依次轮换练习。

变化：逐渐增加防守强度。

【要求】要注意节奏变化，用余光观察防守球员移动中的脚步动作。

【练习方法】2 名球员一组，1 个球，1 个球柱。2 人距离球柱 5~6 米采用"V"形、"L"形跑。在跑动中传接球若干次后投篮。

变化一：增加防守球员。

变化二：改变传接球的方式或移动的方向。

【要求】变向要突然，节奏变化要清晰。

【练习方法】2 名球员一组，1 个球，1 个球柱。在自由球区 5 米×5 米的正方形四角处各放置 1 个标志物。1 名球员在篮后持球助攻，1 名球员向前移动后向侧移动，接球并回传球，按 4 个标志物移动 4 次后投篮。

变化：扩大标志物之间的距离。

【要求】要把握好制动的时机及身体重心的位置，提高快速压迫的能力。

【易犯错误及纠正方法】

①制动时，脚部有向前滑动的现象。除地板湿滑外，还有脚步蹬地不足的原因。应加强腿部及踝关节力量的练习。

②制动时，身体重心过于靠近制动腿。制动的同时身体重心快速向跑动的方向移动，眼睛看球，快速摆脱防守球员。

③制动时，脚尖向前。脚尖向前容易造成膝关节损伤，抵地时脚尖内扣，大脚拇指指根用力抵地。

【小提示】变向时应降低重心，前脚掌要用力蹬地，利用节奏变化及步幅的变化来摆脱防守球员。在变向过程中应注意手臂协调用力，用余光观察防守球员移动中的脚步动作，寻找空挡切过防守球员。

【教学指导】变向的目的一是寻找防守球员的防守弱边，切过防守球员；二是摆脱防守球员，靠近球柱接球投篮。应掌握好变向时身体重心的控制方法，利用节奏、方向、速度等方法迷惑对方。练习时，先采用慢节奏及消极防守进行一对一的攻守对抗练习，然后逐步加快进攻节奏和防守强度，提高摆脱防守的能力。

（四）后退跑

后退跑是球员在球场上背对前进方向的一种跑动方法，以便于观察场上攻守情况。后退跑主要用于进攻球员后退后接球投篮，或佯装投篮诱使防守球员快速向前防守的瞬间利用时间差来切过防守球员。

【准备姿势】基本站立姿势。

【动作要领】降低身体重心，两脚提踵，用前脚掌交替蹬地提膝向后跑动，步幅不易过大。上体放松直起，两臂屈肘协调摆动，两眼平视，注意观察场上的情况。（见图 4-9）

（a）　　　　　（b）　　　　　（c）　　　　　（d）

图4-9　后退跑

【结束姿势】身体恢复成基本站立姿势。

【练习方法】4名球员排成一排，听口令后退跑。

变化一：后退跑听口令向前冲刺。

变化二：向前慢跑听口令接后退跑。

【要求】保持身体平衡，动作衔接要连贯，体会身后是否有其他球员。

【练习方法】2名球员一组。从边线向另一条边线做一对一慢速度后退防守脚步练习。

【要求】利用身体躯干阻挡进攻球员的移动路线。

【练习方法】2名球员一组。两人之间距离一臂，进行一对一攻防，防守球员快速向前移动，在身体与进攻球员平行的瞬间，进攻球员向前切入，防守球员后退跑防守。

变化一：后退跑两步接向前防守。

变化二：进攻球员持球回传给助攻球员切入。

【要求】注意保持身体平衡，后退跑时步幅不宜过大。

【练习方法】3名球员一组，1个球，1个球柱。1名球员在球柱下持球助攻，另2名球员在距离球柱4～5米处互为攻守。进攻球员接球后撤并观察防守球员的身体位置。若防守球员没有上前防守则进攻球员投篮；若防守球员快速向前防守，进攻球员则在防守球员脚没有落地的瞬间，将球回传给助攻球员并快速切入上篮。

变化一：改变助攻球员的位置。

变化二：防守球员及时补防，进攻球员选择恰当的移动方式得分。

【要求】防守球员与进攻球员始终保持一臂距离。相互之间多观察，找出对方的破绽。

【易犯错误及纠正方法】

①身体重心起伏过大。移动时步幅不易过大，应保持身体的重心。

②上体过分后仰。加快步频的同时保持身体略微后仰。

【小提示】要养成用余光观察对手的脚步变化和身体的位置的习惯，这样有利于接球后投篮或利用时间差切入上篮。防守球员要了解并判断进攻球员的习惯，阻挡其移动路线。

【教学指导】后退跑技术无论在进攻还是防守过程中都显得尤为重要，快中求稳、

稳中要快。球员应运用各种方法和手段，学会用余光观察自己与对手之间的位置关系、身体姿态，利用脚步落地的时间差来摆脱防守球员或进攻球员。因此，应要求球员在练习中多做一对一的攻防练习，让球员慢慢用心去体会。

（五）交叉步跑

交叉步跑是移动中常用的方法之一。球员通常在相对较短的距离内使用交叉步跑来摆脱防守球员，接球后投篮或利用交叉步快速防守进攻球员。

【准备姿势】基本站立姿势。

【动作要领】（以原地向右交叉步为例）两脚平行开立略同肩宽，两腿屈膝，身体重心向右移动，左脚内侧蹬地，经右腿前方交叉至右侧，右腿随即向右摆至平行的位置，右脚前掌内侧抵地，屈膝内扣。

【结束姿势】衔接下一个动作。

【练习方法】2 名球员一组。听信号向左（右）交叉步练习。

变化：改变步幅的大小及速度。

【要求】保持身体重心的稳定性。

【练习方法】2 名球员一组，1 个球。两人之间距离 3 米，面对面从边线向另一条边线移动，并做交叉步传接球练习。

变化一：改变跑动的方向，传球的方式。

变化二：增加 1 个球。

【要求】向右做交叉步跑时重心应先向右移，左侧同理。

【练习方法】3 名球员一组，1 个球，1 个球柱。一人在球柱下持球助攻，进攻球员向前跑至距球柱 5 米呈"L"形变向，交叉步接助攻传球投篮。

变化：改变移动的方向及投篮的位置。

【要求】移动时要快慢结合，动作协调连贯，不能走步。

【易犯错误及纠正方法】

①身体重心过高，移动速度慢。降低身体重心，加快蹬摆节奏。

②向右移动接球投篮时却采用左腿支撑投篮。投篮支撑腿应与移动方向一致，可采用单腿起跳调整身体使支撑腿为右腿。

【小提示】交叉步移动多用于短距离移动，移动距离过长速度慢。移动时保持身体重心的稳定及动作的协调很重要。

【教学指导】要注意控制好球员的身体重心。重心高，容易造成重心不稳和启动速度慢。应强化降低身体重心的重要性及意识的培养。

（六）切入跑

切入跑指进攻球员利用速度、节奏、方向变化等手段摆脱防守球员跑向球柱的一种移动方法，主要用于切至篮下接助攻传球上篮、助攻或抢篮下球等。切入上篮距离球柱更近，因此投篮的命中率高，是荷球移动技术中最主要的移动技术之一。

【准备姿势】基本站立姿势。

【动作要领】（以防守球员右脚在前防守为例）进攻球员快速跑向球柱。

【练习方法】2 名球员一组。起始点在距离球柱 5~8 米处，防守球员站在进攻球员体侧，进攻球员快速切入篮下。

变化一：从不同的方向或距离切入。

变化二：在起始点放置一个标志物，手推标志物后加速切入。

变化三：向左（右）移动后加快速度切入。

【要求】启动时降低身体的重心，步幅小、频率快，逐步提高身体的重心。切过后，试图阻挡防守球员移动路线。

【练习方法】1 名球员，1 个球，1 个球柱。球员在距离球柱 5 米处向前方抛球并接球上篮。

变化一：变化抛球的弧线或距离。

变化二：在 5~7 米的距离投篮，自投自抢将球命中。

【要求】力争在球落地前接到球。

【练习方法】2 名球员一组，1 个球，1 个球柱，在距离球柱 5~7 米处放置标志物。1 名球员在篮下助攻，另外 1 名球员向左（右）绕过标志物接助攻传球上篮。

变化一：跳过标志物切入上篮。

变化二：推送标志物后切入上篮。

变化三：增加防守球员。

【要求】切入时要选择切入的方向及步频变化。

【易犯错误及纠正方法】

①进攻球员无法切过防守球员。进攻球员要寻找防守球员的弱边，利用节奏、方向和防守球员的身体位置切过防守球员。

②切过防守球员后又被防守球员防守。规则不允许防守球员用四肢阻挡进攻球员，两点之间的距离直线最短，因此，进攻球员不必大弧线绕过对方。弧线过大，防守球员反而可以利用直线快速跟上防守。因此，切过后应调整节奏，试图将防守球员挡在身后，并利用躯干阻挡防守球员的移动路线。

【小提示】要利用脚步的节奏变化改变防守球员的身体位置，寻找机会切过对手。

【教学指导】应结合各种灵敏性练习提高球员的脚步移动能力。可结合灵敏梯加强脚步的各种练习。同时，应重视球员体能的全面提高。

四、跳

跳是球员在比赛中利用高度和远度获得有利位置的一种动作方法。荷球比赛中很多技术动作需要球员在空中去完成。因此，球员利用单、双脚起跳，能在原地、移动中或在对抗的条件下向不同的方向跳、连续跳等。跳得快、跳得高，滞空时间长，以便更好地在空中完成各种攻守动作。跳在荷球比赛中占有相当重要的地位，其形式有原地或行进间的单脚起跳和双脚起跳。

（一）单脚起跳

单脚起跳多在有助跑的情况下完成。主要用于行进间切入上篮、罚点球、"V"形投篮、封阻、抢断及抢篮下球等。

【准备姿势】基本站立姿势。

【动作要领】起跳腿微曲前送，脚后跟先着地，迅速屈膝过渡到前脚掌用力蹬地，同时摆臂提臀。摆动腿提膝积极上抬，帮助重心上移。当身体重心上升到最高点时，摆动腿放松向下与起跳腿自然靠拢，腾空时身体平衡协调。（见图4-10）

（a）　　　　　　（b）　　　　　　（c）

图4-10　单脚起跳

【结束姿势】落地时，可采用双（单）脚落地，脚落地时屈膝缓冲，以便于衔接下一个动作。

【练习方法】放置一个长50厘米、宽50厘米、高自行安排的跳箱。球员面向跳箱做四个方向单脚跳。

变化一：增加或降低跳箱的高度。

变化二：加快练习的节奏。

【要求】蹬伸充分、协调，双臂同时向上摆。

【练习方法】2名球员一组，放置一定高度的标志物。球员依次助跑单脚起跳摸标志物。

变化一：增加标志物的数量，可将标志物从低到高依次排列练习。

变化二：增加或减少助跑的距离。

变化三：在空中转体。

【要求】向上跳时身体尽量伸展，控制好身体腾空的平衡，体会蹬伸的用力。

【练习方法】3名球员一组，1个球，1个球柱。1人持球助攻，2人先后在3～4米的距离前后站立。第一位球员切入接回传球单脚起跳向球筐上传球，第二位球员接反弹球补投。

变化：增加人数和投篮的方式。

【要求】注意助跑的速度及空中的身体姿态，保持身体的平衡，向球筐上传球的力量不宜过大。

【练习方法】把球员分成人数相等的两队，每队1个球。每队在练习墙前端3～5米处线后呈一路纵队站立，听到口令后向练习墙的一个高3.5米的标志点单（双）手传球，球不落地前，后面的球员跳起在空中接球并回传球，依次进行。

变化一：完成规定的次数。

变化二：单（双）手接反弹球后回传球给身后的球员。

【要求】动作连贯，协调用力。

【易犯错误及纠正方法】

①摆动腿上抬不积极。摆动腿摆动的速度与方向决定起跳的高度和方向。练习时，除了强调小腿加快摆动速度外，还应强调摆动腿膝关节迅速向上（前）抬起。

②腾空时身体平衡能力差，蹬地摆臂动作不协调。单脚起跳蹬地与摆臂的时机、速度、幅度以及手臂的位置等决定身体腾空的高度及身体腾空过程中的稳定性。练习时，可采用陆上徒手平衡练习。例如：徒手行进间单脚跳、交换脚跳、后蹬跑、跨步跳等辅助性练习来增强腿部力量。起跳时，摆动腿的脚尖要勾起，以保持身体腾空时的平衡能力。

【小提示】起跳脚要用力蹬地，身体腾空时要充分向上伸展，要保持身体的平衡。落地后要注意和下一个动作的衔接。

【教学指导】在教学与训练中，除了抓好技术动作，还应重视腿部力量的训练，循序渐进。可采用向前、向上的多种跳的练习方法。应强调蹬摆协调用力，身体在空中保持平衡。

（二）双脚起跳

双脚起跳主要用于起跳抢篮下球、投篮、封阻投篮等。双脚起跳常结合跨步、助跑等技术衔接使用。

【准备姿势】基本站立姿势。

【动作要领】（以原地双脚起跳为例）两脚开立，屈膝下蹲，降低身体重心，上体微微前倾。两臂曲肘向后摆。两脚用力蹬地，伸膝，提腰，两臂迅速向上方摆，使身体向上腾起。上体在空中要自然伸直，收腰，下肢放松。（见图4-11）

（a） （b） （c）

图4-11 双脚起跳

【结束姿势】落地时前脚掌着地，屈膝缓冲，保持身体平衡，以便衔接下一个动作。

【练习方法】4名球员一组，听信号原地双脚起跳练习。

变化一：原地屈臂撑或立卧撑接双脚起跳。

变化二：跨步向前、左、右方向接双脚起跳。

变化三：原地双脚起跳转身360°。

变化四：多级蛙跳、跳深、跳台阶、原地双手连续摸高。

【要求】蹬伸充分，起跳后应保持身体的平衡。

【练习方法】跳障碍。（见图4-12）

图4-12 跳障碍

【要求】蹬摆协调用力，身体重心要平稳。

【练习方法】4名球员一组，站成一列。在1米×1米的"十"字形顶端放置4个标志物，球员间隔1米，听口令按前、后、左、右双脚跳。

变化：增加跳的次数及加快节奏。

【要求】蹬摆协调用力，在空中保持身体的平衡。

【练习方法】2名球员一组，1个球。两人相距5～7米，行进间跳起双手传接球。

变化一：向前跳起延迟传球。

变化二：双手背后传球。

【要求】动作连贯，在空中保持身体的平衡。

【练习方法】每人1个球。面对练习墙（篮球板）双手空中传接球。

变化：左右单手传接球。

【要求】脚后跟不能着地。动作连贯，协调。

【练习方法】3名球员一组，1个球，1个球柱。1名球员持球在距离球柱5～6米的距离投篮，另外2名球员在距离球柱2米处，面向球筐双脚起跳抢篮下球。

【要求】加强预判，力争球不落地就拿到球。

【易犯错误及纠正方法】

①起跳后身体重心不稳。重心不稳与双脚用力的大小和双臂上摆的速度与位置有

关。应加强核心力量的练习，通过各种起跳的练习及核心力量的练习提高身体在空中的稳定性。

②落地屈膝缓冲不协调。应加强踝、膝关节力量、柔韧性及协调性的练习。例如：可采用多级跨栏架跳、多级蛙跳、跳台阶等辅助性练习来提高踝关节的力量，以改善屈膝缓冲的协调能力。

【小提示】练习时双脚要同时用力，在空中保持身体的平衡。落地应顺势缓冲，避免踝、膝关节受伤。

【教学指导】双脚起跳的练习方法很多，无论是采用哪些方法，都应做到因人而异、循序渐进，切不可急于求成。应结合体能训练来提高起跳的高度及空中控制身体的能力，可结合卡位技术抢篮下球练习。

五、急停

急停是球员在跑动中突然采用制动的一种技术动作，是各种脚步动作衔接和变化的过渡动作。急停主要有以下两种。

（一）跨步急停（两步急停）

跨步急停多用于快速跑动中通过急停来改变方向，常结合"V"形跑动。

【动作要领】（以行进间急停为例）快速向前跑，向前跨出一大步，脚后跟先着地，抵住地面过渡到全脚，迅速屈膝，降低重心，重心向前移，上体微向后仰。跨出第二步的同时，前脚掌内侧抵地，两膝弯曲内扣，身体稍侧转，稍向前倾，身体重心移至两脚之间，两臂屈肘，大小臂夹角小于180°，帮助控制身体平衡。（见图4-13）

（a）　　　　（b）　　　　（c）　　　　（d）

（e）　　　　（f）　　　　（g）　　　　（h）

图4-13　跨步急停

【结束姿势】衔接下一个动作。

【练习方法】球员排成一排，慢跑或中速跑，听哨声跨步急停。

变化一：交叉步跑接急停。

变化二：跨步急停接侧身跑。

【要求】控制好身体的平衡，前脚掌内侧抵地要用力。

【练习方法】球员排成一排，每人1个球。向前自抛跨步急停自接球。

变化：接击地反弹球或接球后撤步投篮。

【要求】身体重心要稳，动作衔接连贯、协调。

【易犯错误及纠正方法】

①制动不足，身体重心过于靠前。急停前还应做好急停的准备，降低身体重心，并强调第二步步幅要大，脚后跟抵地要用力，将身体重心控制在两脚之间。除加强腿部及踝关节力量练习外，还应加强协调性练习。

②身体平衡能力差。应加强下肢力量及核心力量练习。

【小提示】快节奏突然急停需要各种力量的支撑及脚用力抵地，降低身体重心是关键。

【教学指导】身体重心过高，身体平衡将受到影响，因此，降低身体重心尤为重要。除加强技术练习外，还应重视专项体能的训练。

（二）跳步急停（一步急停）

跳步急停多用于行进间急停投篮、抢篮下球等。

【动作要领】单脚或双脚起跳（以单脚起跳为例），上体稍后仰，两脚脚后跟同时平行落地。以单脚起跳为例，落地时以全脚掌着地，前脚掌内侧抵地，两膝弯曲，两臂屈肘，身体重心向前移至两脚之间，以保持身体平衡。（见图4-14）

（a）　　　　（b）　　　　（c）　　　　（d）

（e）　　　　（f）　　　　（g）　　　　（h）

图4-14　跳步急停

【结束姿势】准备衔接下一个动作。

【练习方法】球员站成一排，听口令向前做一步急停。

变化：冲刺跑接急停。

【要求】急停时身体重心要稳。

【练习方法】2名球员一组，1个球。一人传球，单脚蹬地随球向前做急停接球，练习一定次数后，两人互换。

变化一：由慢速到快速移动急停接球。

变化二：接高抛球。

【要求】动作要连贯、协调，重心稳。

【练习方法】在5米×5米的正方形四个角各放一标志物，球员沿"X"形跑动，越过标志物时急停。

【易犯错误及纠正方法】

①身体重心不稳。除加强腿部及踝关节力量练习外，急停前应做好急停的准备，首先应降低身体的重心，脚前掌内侧抵地要用力。

②制动用力不足，身体过于前倾。应降低身体重心，第二步步幅要大，脚抵地要用力。

【小提示】一步急停，降低身体重心是关键。

【教学指导】要停得住、停得稳，下肢力量及身体的协调能力是关键，应加强针对性的力量练习和各种跳的练习。

六、转身

转身是球员的一只脚在中枢点上作为中枢脚，通过旋转改变身体方向的一种方法。荷球规则中规定，中枢脚踩的点为中枢点，在不离开中枢点的条件下两脚可以互换。转身分为：前转身，后转身。转身多用于传球、卡位及防守等。

【准备姿势】基本站立姿势。

【动作要领】（以前转身为例）一只脚在中枢点上为轴，另一只脚的前脚掌内侧蹬地，同时中枢脚以前脚掌为轴用力蹍地，上体随着移动脚转动，以肩带动向前改变身体方向。转身后，重心应转移到两脚之间。（见图4-15）

（a）　　　　　（b）　　　　　（c）　　　　　（d）

（e）　　　（f）　　　（g）　　　（h）

图 4-15　转身

【结束姿势】身体恢复成基本站立姿势。

【练习方法】4 名球员一组。球员间隔两臂距离站成一排，听口令原地做前转身练习。

变化：改变中枢脚或方向。

【要求】身体移动过程中要保持身体重心的平稳。

【练习方法】4 名球员一组，间隔两臂距离站成两排。听口令向前慢跑，向左（右）转头向后看。

变化：间隔一臂互为攻守，听口令慢跑变向（向背后跑），防守球员转身防守。

【要求】保持一臂的距离，降低身体的重心。

【练习方法】3 名球员一组，1 个球。球员相距 3~5 米呈三角形站立。接球后转身传球。

变化一：变化练习的距离及方向。

变化二：跨步急停接球转身传球。

变化三：接球后转身传球，接回传球切入上篮。

【要求】注意身体的平衡及协调用力。

【易犯错误及纠正方法】

①动作不协调。应加强原地模仿练习，体会脚蹬地及髋关节的发力。

②转身时身体后仰或低头。身体后仰易造成身体重心不稳，低头影响视野。应了解转身技术动作的结构，强调身体平衡的重要性及扩大视野的必要性。

③中枢脚离开中枢点。应强化动作的规范。

【小提示】转身速度要快，动作连贯，应避免走步。

【教学指导】应加强原地的模仿练习，同时，应强调身体重心的稳定性、连贯性及协调性。多结合一防一的攻守专项练习。

七、步法

（一）滑步

滑步多用于移动防守。其优点是易保持身体平衡，可向前、向后、向侧等方向移动。

【准备姿势】基本站立姿势。

【动作要领】（以向右侧滑步为例）两脚平行开立略大于肩宽，屈膝含胸。右脚向右侧迈一小步，左脚前脚掌内侧蹬地向右侧快速跟进一小步。（见图4-16）

（a）　　　　（b）　　　　（c）　　　　（d）

图4-16　滑步

【结束姿势】衔接下一个动作。

【练习方法】球员站成一排，左右间隔3米。球员根据教练手指的方向进行练习。

变化一：变化移动的距离、方向或速度。

变化二：原地跳起接滑步。

【要求】身体重心起伏不宜过大。

【练习方法】2名球员一组。距离球柱5~6米互为攻守。向左（右）移动2~3米后切入篮下。

变化：变化节奏或步幅，逐渐增加防守强度。

【要求】移动时重心要平稳，动作连贯。

【练习方法】2名球员一组，间隔4米面对站立。将10个实心球间隔3米排成一排。听到口令后，一名球员滑步移动将球拿起传给对面球员，对面球员接球后将球放在自己脚下排成一排，待传完10个球后交替练习。

【要求】动作快，重心稳。

【易犯错误及纠正方法】移动步幅过大，身体重心起伏过大。移动时步幅不易过大，这样既克服了身体重心起伏过大，又有利于提高启动的速度。

【小提示】在滑步过程中，脚蹬地发力很重要，但保持好身体的重心更重要。

【教学指导】身体重心低，便于启动。步幅小，频率快。可结合准备活动及使用阻力带等进行专项体能的练习。

（二）跨步

跨步是一种起步的动作方法。主要用于跨步防守、跨步低手投篮等。

【准备姿势】基本站立姿势。

【动作要领】（以左脚前跨为例）右脚为中枢脚，右脚前脚掌用力向前蹬地，左腿提膝迅速向前跨出一步成防守姿势。（见图4-17）

（a）　　　　　　（b）

图 4-17　跨步

【结束姿势】身体重心在后腿上，以便于衔接下一个动作。

【练习方法】2 名球员一组。两人相距两臂的距离，交替做原地跨步练习。

变化一：后撤步接跨步。

变化二：跨步后接侧身跑或转身加速跑。

【要求】跨步要迅速，身体重心保持在两腿之间，以便于衔接下一个动作。

【练习方法】2 名球员一组，1 个球，1 个球柱。1 名球员在球柱下助攻，进攻球员切入接球向前跨步投篮。

变化：跨步后收腿并步投篮。

【要求】跨步要迅速、连贯。

【练习方法】3 名球员一组，1 个球，1 个球柱。1 名球员在球柱下助攻，2 名球员在距离球柱 3 米处互为攻守，进攻球员接球后撤步投篮，防守球员迅速跨步上前防守，每投 5 次球交换练习。

变化一：逐渐增加防守强度。

变化二：改变移动的方向或距离。

【要求】动作要迅速，身体重心不宜过高，不要扑球，防止进攻球员利用身体重心过高或失去重心时切入。

【易犯错误及纠正方法】

①蹬地不够迅速。防守时身体重心应迅速前移，蹬跨有力，快速靠近进攻球员。

②上体过于前倾，导致身体重心不稳。应尽可能使身体重心保持在后腿上，力争做到"球到人定"，有利于动作衔接。

【小提示】防守无球球员时可以与进攻球员保持在一臂的距离，这样有助于进攻球员拿到球时迅速跨步向前防守，阻止投篮。

【教学指导】跨步的特点是启动快。如果身体重心过高或过于靠近进攻球员，容易为进攻球员创造切过的机会。因此，跨步启动要快，重心稳，动作规范，并将进攻球员的移动路线卡死并干扰其投篮。

（三）后撤步

后撤步是防守球员为了保持有利位置，利用后撤步进行快速移动防守，变前脚为后脚的一种起步方法。主要用于防止进攻球员从防守球员的前脚外侧（背后）切过。

【**准备姿势**】防守姿势。

【**动作要领**】降低身体重心，以后脚为轴，腰部发力，前脚掌内侧向后蹬地转动。后脚的前脚掌拧地做转动动作。（见图4-18）

正面：

（a）　　　　（b）　　　　（c）　　　　（d）

侧面：

（e）　　　　（f）　　　　（g）　　　　（h）

图4-18　后撤步

【**结束姿势**】控制身体的平衡，保持防守姿势。

【**练习方法**】4人站成一排，听口令原地做后撤步练习。

变化一：变换练习腿。

变化二：向前并步接后撤步。

变化三：向前冲刺跑接后撤步。

【**要求**】蹬转快速，保持身体的平衡。

【**易犯错误及纠正方法**】

①身体重心不稳。腰部转动力量不够，身体重心不在两脚之间。应强调蹬转快速有力，身体重心保持在两脚之间。

②蹬地用力不足，腰部转动的速度太慢。练习者应加强腿部力量及核心力量的练习，多做徒手模仿练习。

【**小提示**】蹬转要协调用力，降低身体的重心很重要。

【**教学指导**】后撤步技术是防守技术中的关键技术之一。要根据正确的技术动作结构，反复地进行练习，为下一步组合防守技术打下良好的基础。后撤步技术与各类技术动作互为联系，互相作用，互相影响，互相制约。要坚持不懈，严格要求，夯实基本功，思想上要重视。

荷 球

本章回顾

　　本章主要学习了移动技术的准备姿势、启动、跑、跳、急停、转身、步法的动作要领、练习方法等。移动技术种类繁多，在运用上又是千变万化。移动中如果没有身体各部分的协调配合是难以适应比赛变化要求的。协调配合不仅反映在髋、膝、踝关节的预先弯曲和主动伸展上，还需要头、上肢、躯干和下肢各部位的动作相互配合，协调用力，使人体内力和外力很好地结合起来。控制好用力的方向和角度，充分利用反作用力和惯性来克服阻力，这样才能正确、迅速地完成不同的移动技术，提高移动的突然性、快速性和灵活性。

思考题

1. 影响移动速度的因素有哪些？
2. 影响跨步急停的因素有哪些？如何克服？
3. 提高球员视野的练习方法有哪些？
4. 简述荷球移动技术的原则。
5. 影响起跳高度的因素有哪些？提高的手段有哪些？
6. 影响启动的主要因素是什么？

第五章

传接球技术

传接球技术是荷球运动中的主要技术之一，是荷球比赛中球员之间有目的地支配球和转移球的方法。荷球场地大，传球距离远，传好球有利于同伴接到球后顺利出手投篮。

荷　球

第一节　传球技术的原则与要求

传球技术的好坏，直接影响到其他技术动作的质量和团队战术的执行效率。传球可以体现球员之间的相互信任和默契，传达战术意图和得分任务，是一种无声的语言，激发着每一位球员团结一致，以夺取最后的胜利。传球和其他技术结合运用，不但起到声东击西、避实就虚的作用，还可以破坏对方的防御部署，迫使防守方出现漏洞，创造出更多、更佳的自由位置投篮得分。

一、传球技术的原则

（一）角度好

要熟悉每个同伴的移动路线，并配合好同伴的移位习惯与节奏，避开防守球员，在防守球员看不到球时将球安全、有效地传给靠近球柱、已经获得自由位置或即将获得自由位置的同伴。

（二）球速快

移动出机会，传球出战术。球员之间应加强沟通，每个球员都要积极移动，放大视野。通过有效传球避开防守球员并寻找自由位置。一旦同伴获得自由位置或即将获得自由位置时，要快速、准确地将球传出，为同伴争取更多时间进行稳定的投篮。

（三）准确

传球时，应尽可能观察到同伴与防守球员之间的位置关系，以便于寻找出最佳的传球时机，做到"球到人到"。并通过平时对同伴的了解将球传至同伴习惯出手的位置，以利于同伴接球后顺利出手投篮。

（四）靠近球柱

应优先传给靠近球柱的同伴，方便其接球投篮。

二、传球的要求

（一）缩短传球的距离

传球距离越长，被断球的概率越高。传球时，应靠近接球队员。

（二）安全

①当防守球员身体背向球时再选择传球。

②传球时不宜过早暴露自己的传球意图，隐蔽是安全的保证。

③判断同伴的意图，暗示或通过传球引导同伴的移动路线，帮助同伴摆脱防守球员。

④传球者传球的落点要准确。

（三）球到人到

引导同伴到理想的位置接球，并利于接球后衔接下一个动作，否则容易被防守球员断球。

（四）速度快

攻守双方徒手移动的速度快，应在准确、安全的前提下传球。

（五）传球的多样化

传球的方法越多，越准确，进攻的机会就越多。没有良好的传球技术就不能适应现代荷球快速、多变的需求。传球失误越多、被对方抢断的机会就越多。

第二节　传球技术的内容与方法

传球技术分双手传球技术和单手传球技术两种，无论是双手传球还是单手传球，给予球作用力的大小和方向都将决定着球的飞行速度、角度和落点。传球的方向取决于手对球作用力控制位置点的高低。腕和指尖的朝向决定传球的方向；球飞行速度取决于传球动作时手对球做功距离的长短、手臂鞭打球时用力的大小及飞行的弧度。在荷球比赛中，单手传球优于双手传球。

一、传球技术的内容

传球的方法较多，传球技术可分为单手传球和双手传球两大类。除常用的双手胸前传球和单手肩上传球两种基本方法外，还有双手低手传球、双手头上传球、双手击地传球、单手小臂传球和单手体侧传球等。（见图5-1）

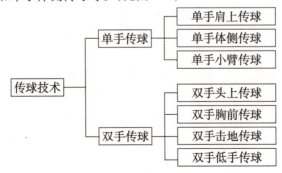

图5-1　传球技术的内容

二、传球技术及练习方法

（一）双手传球

1. 双手胸前传球

双手胸前传球主要用于外围球员转移球，是荷球比赛中较常用的传球方法之一，可在不同距离的传球中使用。传出的球具有快速、有力、准确、落点容易控制以及便于和投篮动作相结合等特点。但是，相对于双手头上传球而言，如果助攻球员采用双手胸前传球，出手点低，容易被防守球员断球或将球传到防守球员的身上，对于同伴而言不容易看到助攻球员拿球的位置。

【准备姿势】双脚前后开立，双膝微曲，两眼平视传球目标。双手五指自然分开，拇指相对成"八"字形，手形呈球形，手心空出，用指根以上部位持球，两肘自然弯曲于体侧，将球置于胸腹之间。（见图5-2）

（a）　　　　（b）　　　　（c）

图5-2　双手胸前传球准备姿势

【动作要领】传球时，后脚蹬地、身体重心前移至前脚，前臂迅速向传球方向推出，拇指用力下压，手腕前屈，食指和中指用力拨球将球传出。（见图5-3）

（a）　　　　（b）　　　　（c）

图5-3　双手胸前传球动作要领

【结束姿势】球出手后，身体迅速恢复成基本站立姿势。

【练习方法】迎面传接球。6名球员一组，1个球。球员呈两列纵队，迎面站立，相距6～8米，持球者传球给对面球员后，迅速跑至对方队尾站立，依次进行。

变化一：由近至远，逐步加大传球的距离。

变化二：加快传球速度。

【要求】将球传至同伴胸前。

【练习方法】2 名球员一组，2 个球。1 人双手胸前传球，1 人双手击地反弹传球。两者同时进行，每传球 20 次，2 人交换练习内容。

【要求】速度快，准确。

【练习方法】2 名球员一组，1 个球。从球场端线开始，在球柱一侧沿直线传球至中线，从另一侧传球返回，依次进行。

【练习方法】8 人一组，1 个球，4~6 人围成圆圈相互传球，其余球员在圈内断球。传球被断或传球失误，由传球失误或被抢断的球员替换防守球员进行防守，依次进行。

变化一：增加球的数量。

变化二：增加在圈内断球的人数，增加传球难度。

【要求】传球时应根据防守球员及同伴的身体位置及距离，"快、准、稳"并减少传球失误。

【易犯错误及纠正方法】

①传球的准确性较差。可在练习墙上标示多个标志点供练习者练习传球的准确性。练习距离由近到远，力量由小到大。

②传球的速度较慢。要求练习者用余光观察同伴的位置，加快传球的速度。同时，应加强上肢力量及核心力量的练习。

③传球动作不协调。练习时要求球员加强蹬伸及手臂的协调用力。应强调大臂带动小臂，小臂带动手腕，依次用力传出。

【小提示】近距离传球，小臂前伸的幅度小；远距离传球，则需要加大蹬伸的力度及推手速度的协调用力。传球距离越远，蹬伸的力度及推手的速度越大。球员在传球前应根据接球球员的位置、状态、距离等及时地对传球路线进行预判。传球时要根据自己的防守球员以及同伴的防守球员所处的位置、移动的方向和速度、防守意图等情况来选择传球的速度、力量、路线和落点。好的落点要选择远离防守球员，同时要有利于同伴接球后能顺利地衔接下一个技术动作，力争做到"球到人到"。

【教学指导】初学者练习时，应对其准备姿势进行规范。传球时，要求球员从下肢到躯干最后到手臂依次蹬伸协调发力，同时应提高手指对球的控制能力，把握好传球的力度。逐步提高球员的传球意识和技巧，强调传球落点的准确性，扩大视野，为同伴创造更多的进攻机会。

2. 双手低手传球

双手低手传球常用于短距离助攻。可以利用跨步向前、向侧或后撤步把球传出。其特点是传球距离短、速度快、出手点低，具有较强的隐蔽性和稳定性。但其用力的大小、传球的高度和时机不宜把握。

【准备姿势】双脚左右开立，略大于肩宽，双膝微曲。双手五指自然分开，拇指相对呈"八"字形，手形像球形，用指根以上部位触球，手心空出持球的两侧。两肘微曲于体侧，将球置于腹前或两腿之间的位置。（见图 5-4）

图 5-4　双手低手传球准备姿势

【动作要领】（以跨步向前低手传球为例）右脚向着出球方向跨出一小步，双手压腕，无名指、小指弯曲抵着球的后部。前臂向传球方向伸出的同时双手迅速上挑，双手无名指、小指向前发力将球快速拨出，大拇指向下压球以控制球的出手角度，食指指向出球方向，球向后旋转，球出手后手要制动。（见图 5-5）

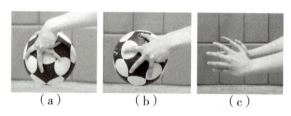

图 5-5　双手低手传球手部细节

【结束姿势】左脚回撤恢复成基本站立姿势。

【练习方法】2 名球员一组，1 个球。2 人相距 3～5 米互相传球。

变化一：加大传球距离。

变化二：加快传球的速度。

变化三：改变传球高度。

【要求】动作协调，大臂上抬不宜太高，控制好传球的方向及落点。

【练习方法】8 人一组，每人 1 个球，1 个球柱。1 名球员在罚球点附近助攻，其余球员在左侧靠近中线处的位置呈一路纵队，球员传球给助攻球员的同时，向篮下快速移动，接助攻球员双手低手回传球后切入上篮。

变化一：改变进攻球员的移动路线及方向。

变化二：改变助攻的距离，例如：向前、向侧等。

【练习方法】3 名球员一组，2 个球。3 名球员呈三角形站立，距离 3～5 米。听口令按顺（逆）时针方向传接球。

变化一：增加传球人数和球的数量。

变化二：扩大传球范围。

变化三：增加 1 名或多名球员在传球范围内进行抢断球，传球被抢断或传球失误球员转换为抢断球球员。

【练习方法】8 人一组，2 个球。球员之间以两臂距离站成一个圆圈，双手低手传球躲避防守球员，传球被拦截者变为防守球员。

变化一：增加或减少传球人数和球的数量。

变化二：扩大传球范围。

变化三：增加或减少防守球员的人数。

【要求】助攻球员应在靠近进攻球员移动的路线上传球，以缩短传球的距离。

【易犯错误及纠正方法】

①传球的时机不好。球员之间应加强沟通，集中注意力，控制好传球时手的位置和手形。

②传球落点、准确性差。要求球员在练习过程中加快传球速度及上肢的力量练习，通过控制指尖的指向来控制球的飞行路线。

③无名指、小指拨球速度慢。练习时强调压腕后无名指、小指弯曲抵球的后部，并加快拨球的速度。

④传球的时机及接球的位置不稳定。助攻传球球员应观察进攻球员的移动路线、速度等。进攻球员靠近助攻球员时，应将球传至其腰腹之间，传球要快。进攻球员远离助攻球员，球的落点可以高一点。助攻球员应根据进攻球员的移动速度及位置变化，及时调整传球的力度及落点。

【小提示】球出手的瞬间不屈肘。手臂不宜抬得过高，摆臂速度要快。双手无名指、小指拨球快速有力。

【教学指导】双手低手传球相对于双手胸前传球有一定的难度。在练习过程中应强调动作的要领、传球的速度及球出手时的方向和落点。初期练习时，练习的距离不宜过大，逐步加长传球距离。在球员逐步掌握双手低手传球后，安排双手低手投篮练习。

3. 双手头上传球

双手头上传球是比赛中常用的传球技术之一，主要用于中、远距离传球，吊球及助攻球员传球等。其主要特点是传球点高、速度快、准确等。

【准备姿势】双脚前后站立重心置于前脚。双手持球的两侧将球举至头上，两肘向后微曲。（见图5-6）

图5-6 双手头上传球准备姿势

【动作要领】传球时，小臂向前伸，手腕做鞭打动作将球传出。传球距离较长时可利用跨步、蹬地及腰腹用力将球传出。（见图5-7）

（a）　　　　（b）　　　　（c）

图5-7　双手头上传球动作要领

【结束姿势】球出手后身体恢复成基本站立姿势。

双手头上传球（侧面），扫码学习　　　　双手头上传球（正面），扫码学习

【练习方法】2名球员一组，1个球。2人相距5~8米进行高弧线或直线传接球练习。

变化一：逐步增大传球的距离、速度。

变化二：变化球的落点。

变化三：移动中传接球。

变化四：跳起传接球。

变化五：采用跨步传球。

【要求】控制好球出手的速度、角度及落点的准确性。

【练习方法】2名球员一组，1个球。2名球员以球筐为中心在球筐的两侧4~5米的距离移动，进行高弧线传接球练习。

变化一：增加防守球员。

变化二：加大传球距离。

变化三：球的弧线要通过球筐的上方。

变化四：选择各种高度及各种落点。

【要求】

①球不能在手上停留，逐步加快传球的速度。

②传球时要用余光观察防守球员的防守位置及手的位置。

【练习方法】8人一组，每人1个球，1个球柱。2名球员在球柱下助攻及抢篮下球，其他球员在左侧靠近中线处的位置呈一路纵队。球员跨步向前，当前脚将要落点的瞬间传球给助攻球员，并向篮下快速移动切入，接助攻球员回传后上篮。

变化一：跳起传接球。

变化二： 进攻球员向侧移动接球，回传球给助攻球员的瞬间切入上篮。

变化三： 增加防守球员。

【要求】 传球时利用跳传球、跨步传球等方法尽可能延迟出手，这样可以更好地观察助攻球员的位置及防守球员的防守意图，把控最佳传球时机。

【练习方法】 3 名球员一组，1 个球。2 人相距 5~8 米传接球，1 人防守。

变化： 采用跑动中传球或跳起传球。

【要求】 控制好出手点以便于同伴接好球。

【易犯错误及纠正方法】

①传球过高或过低。过高或过低都容易被防守球员抢断。要求球员多观察防守球员及同伴的防守球员，逐步提高传球的准确性，把握好传球的时机。

②长距离传球不到位。应加强练习并加强核心力量及上肢力量的练习。

③传球的弧度及落点差。如果防守球员的身材高大、助攻球员传球给进攻球员时，传球的弧度及落点不宜把握，可采用跨步、跳起传球，应反复多练习。

【小提示】 传球弧线过高或过低，将影响传球的速度及落点，而且容易被防守球员抢断。因此，在传球时，要注意观察场上防守球员的位置及进攻球员的移动路线，既要保证传球的速度、弧度、力量等，更要确保传球的安全，防止防守球员断球。

【教学指导】 荷球场地大、距离远，传球给快速移动中的同伴难度较大。接到球后可以选择做投篮假动作，同时观察同伴的身体位置、移动方向及防守球员的身体位置。把握好球出手的时机，将球快速、准确地传至靠近球柱且已获得自由位置或即将获得自由位置的球员。双手头上传球要求球员具有良好的视野、适宜的提前传球弧线、好的传球时机及较快的传球速度等。

（二）单手传球

单手传球是荷球比赛中最常用的传球方法之一，多用于中、远距离传球和大范围传球。

1. 单手肩上传球

单手肩上传球具有速度快、出手点高且多变、传球的距离远、准确性高等特点。但由于传球的距离过长、球飞行的弧线过高或过低、球飞行的时间过长等容易被抢断。

【准备姿势】 双手持球于胸前，两脚平行开立。

【动作要领】（以右手传球为例）左脚向传球方向跨出半步，右手靠左手拨送球的力量将球引至右肩上方，右肩关节引展，大臂和小臂自然弯曲，持球的后下方，左肩对着传球方向，重心落至右脚上。五指自然伸开，掌心向前上方（手腕后屈），肘关节高于肩，同时上体稍向后仰。（见图5-8）

（a）　　　　　（b）　　　　　（c）　　　　　（d）

图5-8　单手肩上传球正面动作

传球时，右脚蹬地发力的同时转髋带动上臂，以肘领先前臂，手掌心对着出球的方向，手腕略前屈，食指、中指、无名指拨球，最后通过大拇指将球传出。（见图5-9）

（a）　　　　　（b）

图5-9　单手肩上传球侧面动作

【结束姿势】手指指向球的方向。右脚随着身体重心前移并向前迈出一小步，保持身体的平衡，然后恢复成基本站立姿势。

单手肩上传球（侧面），扫码学习　　　　单手肩上传球（正面），扫码学习

【练习方法】2名球员一组，1个球。二人相距3~5米，相互传接球，左、右手交换练习。

变化一：逐步增加传球的距离。

变化二：移动中加快传球的速度。

变化三：改变传球的弧度。

变化四：增加防守球员。

变化五：跳起传接球。

【要求】传球速度快，球到人到，将球精准地传至同伴将要接球的位置。

【练习方法】3名球员一组，1个球。2人传球，1人防守，在5~6米的范围内移动传球，球被抢断时交换位置。

【要求】传球准确，利用移动避开防守球员。

【练习方法】3 名球员一组，1 个球。以球柱为中心呈"V"形移动传接球。绕球柱逆（顺）时针传接球，传球 N 次后投篮。（见图 5-10）

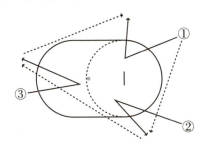

图 5-10 "V"形移动传球练习

变化：增加防守球员。

【要求】

①鼓励球员将球传至对方额头的位置。传球时，要观察防守球员的位置，选择传球的时机和出手点。

②传球时球员要以球柱为中心且面向球柱移动，尽可能使防守球员背对球且无法看到球的位置。

【练习方法】8 人一组，1 个球，1 个球柱。1 名球员在球柱下助攻，其他球员在右侧 45°的位置呈一路纵队。球员跨步向前，当后脚超越前脚后延迟传球给助攻球员。脚落地的瞬间快速向篮下切入接助攻回传球后投篮。

变化一：跳起传球。

变化二：进攻球员"L"形移动接球，回传给助攻球员后切入投篮。

变化三：增加防守球员。

【要求】观察防守球员的位置及防守助攻球员的位置，把控好传球的时机，采用延迟传球传给助攻球员。

【练习方法】10 人一组，2 个球。8 人围成一个圆圈，2 人站在圈内。采用单手传球的方法使球触碰圈内的球员，圈内的球员积极躲避防止被触碰。按规定的时间圈内圈外的球员交换练习。

【要求】必须将球传至圈内球员的胸腹之间触碰才视为有效。

【易犯错误及纠正方法】

①过度压小臂及腕关节，导致传球的落点过低。传球时强调控制球出手的位置及手指的方向。（见图 5-11）

正确　　　　错误

图5-11　过度压小臂及腕关节

②长距离传球时速度太慢，球容易被防守球员断掉。除多做辅助性练习外，还应加强核心力量及上下肢力量的练习。

③持球位置及出手点低。要求球员将球举至头部上方，并使同伴看到球。（见图5-12）

正确　　　　错误

图5-12　持球位置及出手点低

④长距离传球时采用同侧腿同侧手传球。应强调用异侧手传球，异侧腿支撑。（见图5-13）

正确　　　　错误

图5-13　同侧腿同侧手传球

【小提示】防守球员的防守位置决定球出手的高度与角度。传球时，应观察接球球员的位置和移动的速度，提前准备，力争做到"球到人到"。鼓励球员将球传至接球球员的额头高度，且可以稳稳地接好球以便于衔接投篮动作。

【教学指导】初练习时，不宜强调传球的速度或长距离传球。首先，球员应根据传球距离的远近调整传球的力度和角度，要有较好的弧线和准确的落点。由于女生手臂力量较小，常将球放置肩上推送球。练习时，应重点强调球高过头顶，肘关节不得低于肩，靠蹬地、腰腹、手臂及腕关节的力量将球传出。其次，要求传球球员将球传至对方额头的位置以便于接球投篮。在移动传球时，球员应以球柱为中心，面向球柱移动，要及时观察进攻球员与防守球员的位置关系。进攻球员通过移动使防守球员背对球而无法用余光兼顾来球的方向。

在传球动作运用的方法中，前臂的动作有伸、摆、绕等不同的用力方法，而用力方法的多样性决定了出球点。根据传球目标的距离和方向，传球用力的大小、方向也有所不同。传球目标远，用力大；传球目标近，用力小。传高球向前上方用力，传平直方向的球向正前方用力，传低球则向前下方用力。传球用力方向及出手点的不同，使球在空中呈直线或弧线飞行。

2. 单手小臂传球

单手小臂传球常用于近距离传球（调球），主要靠小臂摆动用手掌控制球的方向。其特点是传球距离短、动作突然、出手快、隐蔽性高。

【准备姿势】双手持球于胸前，两脚左右开立。

【动作要领】（以右手传球为例）左脚向传球方向跨出一小步，肘关节下垂略低于肩。左手将球引置右手，右手腕稍向后屈，持球的后下方，左肩向着传球的方向，身体的重心在右脚上。眼睛注视目标，右脚蹬地的同时迅速向前转体带动小臂，通过以肘带动小臂、手腕侧前屈，以无名指、中指、食指用力将球拨出。（见图5-14）

（a）　　　　　（b）　　　　　（c）

图5-14　单手小臂传球

【结束姿势】球离手后右脚随着身体重心前移并向前迈出一小步，保持身体的平衡，恢复至基本站立姿势。

【练习方法】每人1个球。距离练习墙3米设定一个传球目标，用单手小臂传球击中目标。

变化一：目标的选择由大到小。

变化二：增加练习的距离。

变化三：增设不同的传球目标。

【要求】自下而上发力，蹬地、挥臂扣腕动作协调连贯。

【练习方法】3名球员一组，3个球。3名球员呈三角形站立，相互传球。左（右）手传左（右）手接。

【要求】用余光观察同伴，使同伴可以较舒服地接好球。

【练习方法】2名球员一组，1个球。2人相距5~8米面对面站立，1人原地传球，另1人在移动中接球。

【易犯错误及纠正方法】

①传球速度慢，准确性差。在练习过程中，要求球员逐步加快鞭打小臂，加快传球速度。

②传球不够隐蔽，易被防守球员断球。应观察防守球员的位置，避开防守球员，传球时手腕发力要快。

③传球时机欠佳。视野要开阔，要判断接球球员的位置、移动的速度和方向，选择最佳的传球时机和球的落点。

【小提示】单手小臂传球的特点是出其不意，攻其不备。小臂发力鞭打快，球出手时控制好球的出手点及落点是重点。

【教学指导】初步练习时应要求传球球员对接球的点进行预判，传球速度快、隐蔽，落点准确，动作协调是练习的目标。根据练习的效果逐步增加传球的距离。

3.单手体侧传球

单手体侧传球具有速度快、远离防守球员等特点，常用于近距离传球。

传球时，应根据防守球员的位置和姿势，当其一侧出现空档时迅速采用单手体侧传球。先将球引至肩的侧前方，通过"鞭打"小臂、抖腕，将球通过防守球员的肩部上方或体侧传出。

【准备姿势】两脚开立，双手持球于胸前。

【动作要领】（以右手传球为例）传球时，身体侧转，将球引至身体右侧，右脚向侧前跨步的同时，伸展小臂、抖腕，将球从防守球员的体侧传出，肘关节低于肩部。（见图5-15）

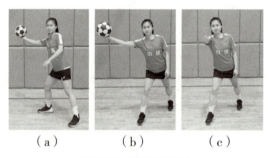

（a） （b） （c）

图5-15 单手体侧传球

【结束姿势】球离手后右脚随着身体重心向左脚靠拢。保持身体的平衡，恢复至基本站立姿势。

单手体侧传球（侧面），扫码学习

单手体侧传球（正面），扫码学习

【练习方法】2 名球员一组，1 个球。2 人在 4～5 米的距离相互传球。

变化一：加大练习的距离。

变化二：加快传球的速度。

变化三：移动中传接球。

【要求】注意传球的手形，发力动作协调。

【练习方法】3 名球员一组，1 个球。2 人在 4～5 米的距离传接球，1 人防守。出现传球失误或球被断时，由失误者替换防守球员防守。

【要求】将球从防守球员的体侧传出时手臂应伸展，控制好手形，并把握好传球的时机和传球的角度。传球的力度要适宜，要利于接球球员舒适地接到球。

【练习方法】8 人一组，1 个球。6 名球员在 8 米的范围围成一个圆圈相互传球，其余球员在圈内防守断球。出现传球失误或球被断时，传球失误的球员替换防守球员防守。

变化一：增加球的数量。

变化二：增加防守球员的数量。

变化三：扩大或缩小传球的范围。

【易犯错误及纠正方法】

①手臂不够伸展。将球从防守球员的体侧传出时手臂应充分伸展。

②传球的速度慢。逐步增加练习的距离，并要求球员加强专项体能练习。

③传球的落点不够精准。对着练习墙的目标点反复练习，逐步提升传球的能力。

【小提示】单手体侧传球要快速、准确、隐蔽。传球的路线要根据接球球员的实际情况进行调整，要随机应变、准确地把握传球时机，合理地选择球的飞行路线。传出的球从体侧绕过或在空中越过对手时，应增加传球的弧度。

当遇到高大球员防守时，可采用体侧反弹传球。传球时，主要靠小臂的摆动和手腕的推、拨球，击地点一般在传球球员距离接球球员三分之二的地方，球弹起的高度一般在接球人的胸部为宜。如果防守球员防守距离较远，而传球的距离又较近时，击地点可选在防守球员的脚侧，这样不宜被防守球员断球。但不足的是，当距离过长且传球速度慢时容易被断球，由于同伴接球点太低，在接到球后调整位置时，很容易被防守球员防守。因此，荷球不鼓励传反弹球。

【教学指导】单手体侧传球主要是以跨步转体、摆动小臂和手腕，将球传出去。传球时要求球员必须做到传球速度快、隐蔽，并远离防守球员。初练习时，传球的距离不宜过大，应先强调球出手的位置和传球的动作。逐步要求传球的速度和准确性。通过组

合练习及教学比赛，逐步掌握这一技术动作。

第三节　接球技术的原则与要求

有传必有接，传球和接球衔接的好坏将直接影响进攻的节奏及投篮的机会等。接球由准备接球、接球和接到球的三个动作组成，好的接球技术能够顺利地衔接投篮动作。接球是荷球的主要技术之一，是获得球的关键动作。比赛中，能够在快速移动中稳、牢地接到同伴的传球，对减少传球失误将起到很大的作用。

一、接球的原则

（一）预判原则

根据传球球员的位置、传球习惯及防守球员的防守情况，在传球球员将球传出手的瞬间，接球球员迅速准确地判断球的出手方向、角度、速度及落点，并能够准确地移动至将要接球的位置。

（二）隐蔽性原则

接球时，要根据防守球员所处的位置，有针对性地引诱防守球员背向传球球员，使其尽可能观察不到传球的路线、方向及落点或远离球。

（三）准确性原则

传球球员通过眼神、语言、手势等示意或提醒同伴避开防守球员，力争做到"球到人到"，并顺利接到球后衔接下一个动作。

二、接球的要求

（一）准确判断

准备接球时要判断球来的方向、力量、速度、落点以及防守球员的防守位置，以便及时选择最佳的接球位置和方式。

（二）接到球

接球球员应通过不断移位来摆脱防守球员获得自由位置。接球时，眼睛要观察球来的方向，肩、臂放松，手臂伸出迎球，手指自然分开，手形像半个球形，手接触球的瞬间向后缓冲球的力量，同时屈肘屈臂将球抓牢。

（三）衔接好

接球后的动作，即下一个动作的准备姿势，应保持身体平衡和持球的稳定性，避免失去衔接下一个动作的机会。接到球后，将球举至额头的上方，做好投篮或传球的准备。

第四节　接球技术的内容与方法

一、接球技术的内容

接球有双手接球和单手接球两种，可以在原地或行进间进行。（见图5-16）

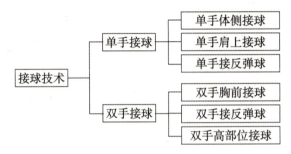

图5-16　接球技术的内容

二、接球技术及练习方法

（一）单手接球

单手接球是球员对球控制能力的体现，其特点是接球的范围大，机动性高，灵活性好，对来自不同方向的球均能合理控制，且不容易失去身体的重心。由于单手接球技术要求高，因此不容易掌握。单手接球分单手体侧接球、单手肩上接球和单手接反弹球等。

1. 单手体侧接球

【准备姿势】两脚开立与肩同宽，左脚向球来的方向迈出。

【动作要领】（以右手体侧接球为例）右臂伸向来球的方向，五指自然分开，手腕、手指放松，掌心向着球来的方向。当手指触球的瞬间，顺势收臂将球向后引至体侧或额头上方，减缓球冲力的同时手腕后屈将球拿在手中。（见图5-17）

（a）　　　　　　（b）　　　　　　（c）

图 5-17　单手体侧接球

【结束姿势】保持身体平衡，以便于衔接下一个技术动作。

【练习方法】每人 1 个球。面对练习墙 3 米左右的距离自传自接。

【要求】接球时五指自然放松伸臂迎球，在触球的瞬间快速向后引。

【练习方法】2 名球员一组，1 个球。原地相距 3～5 米相互传接球。

变化一：增加传接球的距离。

变化二：移动传接球。

变化三：跳起传接球。

【要求】传接球衔接要快、协调。主动伸手迎球，接球的瞬间向后引球缓冲。

【练习方法】2 名球员一组，1 个球。2 人相距 5～7 米，在球柱的左右两侧移动传接球。

变化一：增大距离及加快传球的速度。

变化二：传不同高度的球。

变化三：传球 3～4 次后投篮。

【要求】传球速度快，落点好，接球稳。

2. 单手肩上接球

【准备姿势】两脚开立与肩同宽，左脚向球来的方向迈出。

【动作要领】（以右手肩上接球为例）右臂伸向球来的方向，五指自然分开，掌心向着球来的方向。当球触手的瞬间，顺势收臂并将球引至肩上，手腕后屈将球拿在手中。（见图 5-18）

（a）　　　　　　（b）　　　　　　（c）

图 5-18　单手肩上接球

【结束姿势】保持身体平衡，以便于衔接下一个技术动作。

单手肩上接球（侧面），扫码学习　　　　单手肩上接球（正面），扫码学习

【练习方法】2名球员一组，1个球，1人站在篮下，1人持球站在距离球柱6~8米处。先将球传给篮下球员后做"左右"移动，篮下球员接球后根据球员的移动方向，选择适宜的传球时机将球传给对方。要求球员向右（左）侧移动时右（左）手肩上接球。

变化一：增加练习的距离。

变化二：采用"L"形、"V"形移动。

变化三：接球后投篮。

【要求】提前预判，接球后便于传球或投篮。

【练习方法】3名球员一组，1个球。③号球员站在篮下助攻，①号球员和②号球员站在远端与助攻球员呈三角形。②号球员单手肩上传球给③号助攻球员的同时，①号球员做"L"形［见图5-19（a）］或"V"形［见图5-19（b）］移动接球，接到球后迅速传给③号球员。③号球员接球后再将球传给②号球员，循环练习。

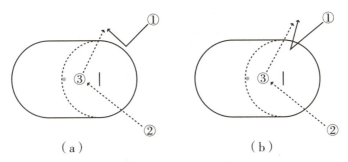

（a）　　　　　　　　　　　　（b）

图5-19　移动传接球练习

变化：增加防守球员。

【要求】

①传球的位置及角度要适宜，使助攻球员能够较好地接到球。

②应根据防守球员的位置，将防守球员带至看不到球的位置（背向）接球。首先选择迎向球的方向移动，然后向反方向移动接球。脚步节奏应有变化。

③接球时，要注意将防守球员卡在远离球的位置。

3.单手接反弹球

【准备姿势】两脚左右开立与肩同宽，双腿屈膝。

【动作要领】（以右手接反弹球为例）球弹起的瞬间，左脚向前跨步的同时伸臂迎球，五指自然分开，掌心像半个球形，上体稍做前倾。当手指触球的瞬间，顺势收臂将

球向后引至体侧。手腕后屈将球拿在手中。(见图5-20)

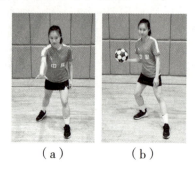

（a）　　　　（b）

图 5-20　单手接反弹球

【结束姿势】保持身体平衡，以便于衔接下一个技术动作。

【练习方法】2 名球员一组，1 个球。2 人相距 5~6 米，传接球。

【要求】传球的球速不宜过快，并注意球反弹的高度。

【易犯错误及纠正方法】

①接球后没有投篮的机会。准确判断接球点，顺势连贯衔接球并做好投篮的准备。

②接球手形过于紧张。要求球员手指自然伸开，放松，空出掌心。(见图5-21)

错误　　　　　正确

图 5-21　接球手形纠正

③接不住球。应规范接球的技术动作，并保持身体姿势的稳定性。球员伸手迎球、球触手的瞬间，手臂与手腕及时向球来的反方向做缓冲的动作。

④跳起接球时机判断错误。接投篮不进的反弹球时，应结合起跳动作，将身体和手臂充分伸展，手指与球接触的瞬间，手臂迅速将球收回。

⑤接球的瞬间没有调整好身体的平衡。传球球员应观察接球球员的距离、身体的位置，并根据同伴接球的能力和接球习惯选择球的速度、弧度、落点等。

⑥无法单手接球。单手接球的空间优于双手接球，且可以快速避开防守球员选择单手传球。练习时要求左手传左手接，右手传右手接，逐步提升接球的水平。

【小提示】用余光观察场上的情况，利用身体和脚步的移动来摆脱防守球员，寻找最佳的自由位置，尽可能使防守球员看不到球，使其不能断球，或没有机会断球，确保接球的安全性和稳定性。要控制好自己的重心和接球的位置，把握好传、接球的时机。

【教学指导】练习时，稳定性与准确性是重点。练习中要求传球球员传出的球要平、直、快。要根据球员的掌握情况，逐步提高传球的要求，如：提高传球的速度、变换传球的距离以及对象等。要注意观察接球球员的身体位置，及时调整传球的路线和角度，控制好球的落点，以利于接球球员稳稳地接到球。练习初期移动的速度不宜太快。要预判接球的时机和落点，这样可以提高控制球的能力。安排综合练习时，要求篮下球员传球要掌握好时机和落点，球员变向摆脱防守球员后再传球。接球时要注意控制好身体的重心，接球的瞬间应及时完成身体的转动，使身体、脚尖、鼻尖对着球筐。练习中要时刻提醒球员传球和移动的时机。

（二）双手接球

双手接球是接球的基本技术，也是在比赛中运用较多的技术动作之一。其优点是握球稳，接球后即完成投篮准备。不论是双手接球或单手接球，都必须沿着球飞行的相反方向对球施加相应的阻力，使来球的速度减弱为零。球作用在手上的力与手的缓冲距离有一定的关系，接球时减小这个力，就要增大对这个力进行缓冲作用的距离。

1. 双手胸前接球

双手胸前接球与双手高部位接球的方法相同，不同的是两臂向前上方伸出迎球。

【准备姿势】双脚前后开立，两眼注视来球。

【动作要领】（以右脚在前为例）伸出两臂，双手五指自然分开，拇指相对呈八字形，手指向前上方，两手成半个球形。当手触球的瞬间，两臂顺势随球向后引以缓冲来球的力量，两手接球后持球于胸前。（见图 5-22）

（a）　　　　　（b）　　　　　（c）

图 5-22　双手胸前接球

【结束姿势】收回右脚，保持身体平衡，以便于衔接下一个技术动作。

双手胸前接球（侧面），扫码学习　　　　双手胸前接球（正面），扫码学习

【练习方法】徒手做模仿练习。

【要求】手指不能指向前方，以免造成挫伤。

【练习方法】2 名球员一组，1 个球。2 人在 4 米左右的距离做传接球练习，接球后

将球举至额头上方。

变化：变化练习的距离、速度及次数。

【要求】双手主动伸出迎球，接球动作连贯、协调。

【练习方法】8人一组，1个球。4人在场内传球，另外4人防守，练习中传球失误或被断球，交换位置。

变化：减少练习人数。

【要求】当球触手的瞬间，向后引球缓冲是减弱来球力量至零的过程，因此一定要伸臂迎球。如果来球力量较大，速度较快，则要加大迎球的幅度和向后引球缓冲的速度。

【易犯错误及纠正方法】

①接球球员接球时手指指向来球，导致手指损伤。要求球员在练习过程中应规范接球动作，准确判断来球的力度、方向和速度，主动伸手迎球。通过徒手练习，改善接球的手形，手指指尖指向前上方。

②双手之间距离过大。加强徒手练习，要求手形呈半球形，防止漏球。

【小提示】正确的手形可以稳固地接到球，也是抢篮下球和断球的基础。在激烈的对抗比赛中，良好的接球对减少传球失误、弥补传球不足以及截获对方的球等有着非常重要的作用。

【教学指导】指导教师要针对球员接球的手形及对来球方向进行判断的能力加强练习。要求球员接球后迅速调整身体姿态，以便于衔接下一个技术动作。

2. 双手接反弹球

防守球员逼近防守，迫使球员采用击地传反弹球。反弹球多用于近距离传接球，但其用于长距离传球时容易被抢断。因此，接球球员应加强预判接球点，快速移动接到球，防止对方断球或背后抄球。

【准备姿势】保持基本站立姿势，两眼注视来球，预判球的落地点及反弹高度。

【动作要领】（以左脚在前为例）在球弹起的瞬间，左脚向前跨步的同时伸臂迎球，上体稍做前倾，两臂向前下方伸出迎球，五指自然分开，掌心向着球反弹的方向，双手呈半个球形，接反弹球的瞬间，将球拿在手中。（见图5-23）

（a） （b） （c）

图5-23 双手接反弹球

【结束姿势】保持身体平衡，以便于衔接下一个技术动作。

双手接反弹球（侧面），扫码学习　　　　双手接反弹球（正面），扫码学习

【练习方法】2名球员一组，1个球。2人间隔4~5米相互传球。

变化：增加防守球员。

【要求】双手主动迎球，动作协调连贯。

【练习方法】3名球员一组，1个球。2人间隔4~5米相互传球，1名球员防守断球。传球失误后或被断球后与防守球员交换位置。

【要求】防守球员在防守时应对有球球员采用近距离紧逼防守，以增加传接球的难度。

【练习方法】3名球员一组，1个球。1人进攻，1人防守，1人在篮下助攻，进攻球员在外线做"L"形或"V"形移动。接篮下球员击地反弹球后回传给篮下助攻球员的同时切入上篮。

【要求】篮下传球球员要掌握好进攻球员摆脱的时机和传球的落点。进攻球员接反弹球后要利用传球的优势快速摆脱对手切入上篮。应把握好传、切的时机，并鼓励球员从防守球员的背后切过。

【易犯错误及纠正方法】

①接球球员对球的反弹高度判断不准。加强预判传球的落点及球反弹的高度，快速移动至接球位置，及时调整接球动作和接球姿势。

②接球的手形不正确。手形不正确容易造成手指挫伤或漏球，练习前应充分做好各关节的准备活动，接球时双手主动迎球，做好接球的准备。

【小提示】传接球的练习可与投篮练习相结合。在练习中要逐步扩大视野，用余光观察场上的情况，提高预判的能力和快速移动的能力。

【教学指导】要正确掌握接球的手形，对反弹球的落点及反弹高度准确判断，球员之间要学会沟通。注重培养移动接球的意识，把握好接球的时机。助攻球员接球时，应注意防止对方在体侧断球或从背后抄球。

3.双手高部位接球

双手高部位接球常结合跳起接球运用，是荷球接球技术中最常用的技术之一。具有接球点高、接球范围大、接球后便于投篮等特点。

【准备姿势】双脚前后开立，右腿膝关节微曲，两眼注视来球。

【动作要领】（以右脚在前为例）双脚同时向后上方发力蹬地跳起，伸手向前上方迎球，两手呈半个球形。球触手的瞬间，手臂回收缓冲将球握住。（见图5-24）

（a） （b） （c） （d）

图5-24 双手高部位接球

【结束姿势】接到球的同时做后撤两步，并将球举至额头上方，保持身体平衡，以便于衔接下一个技术动作。

双手高部位接球（侧面），扫码学习　　　　双手高部位接球（正面），扫码学习

【练习方法】2名球员一组，1个球。2人间隔3~4米传接球。

变化一：增加防守球员及传接球的距离。

变化二：左（右）脚在前。

变化三：接不同高度、弧度及落点的球。

变化四：接球的瞬间将球回传。

变化五：靠近球柱移动，接球后撤步投篮。

【要求】动作要连贯，要保持身体的平衡，优先做好投篮的准备再选择传球。根据来球的高度，及时调整接球手的高度。

【易犯错误及纠正方法】接球点过高或过远，接球后没有机会投篮。应预判球的落点反复练习。

【小提示】高部位接球多采用跳起接球，跳起后应采用后撤步使脚尖对准球柱，保持身体的稳定性是关键。

【教学指导】双手高部位接球最方便投篮准备动作，可多采用2人隔柱左右移动接球后撤两步传球，传球若干次后投篮。

本章回顾

　　本章主要介绍了单手传接球和双手传接球的技术动作，同时强调要把控好传球的时机、方向、速度、落点、准确性和隐蔽性。荷球规则不允许运球，因此只能通过传接球来加强球员之间的相互了解与联系，更加体现出荷球是一项最能体现团队合作精神的集体运动项目。

思考题

1. 传接球中，"球到人到"与"人到球到"的优劣势是什么？
2. 单手肩上传球的动作要领及特点是什么？
3. 单手传球和双手传球时将球举过头部的目的是什么？
4. 单手接球和双手接球为什么在预接球时要将手迎向球？
5. 助攻球员接球前应优先考虑哪些因素？
6. 双手头上传球易犯的错误有哪些？
7. 双（单）手接球的优、缺点及易犯的错误有哪些？
8. 为什么不鼓励传反弹球？
9. 传接球的原则是什么？

第六章

投篮技术

荷球是一项以中、远距离投篮得分为主的运动。要"能投篮、会投篮、投进篮",所以学习和掌握移动投篮技术尤为重要。

第一节　投篮技术的原则和要求

投篮是荷球比赛中唯一的得分手段，是一切进攻技、战术的最终目标。现代荷球比赛中，进攻球员采用多变的移动路线，利用速度和节奏的变化摆脱防守球员，在取得自由位置时出手投篮。因此，注重出手时机和投篮的稳定性是获得投篮机会和提高命中率的关键。在激烈的对抗中，投篮时要保持正确、稳定的投篮动作，特别是保持正确的持球方法和腕指协调、柔和的发力拨球动作，在全面、正确地掌握投篮技术的基础上逐步提高投篮的命中率。

一、投篮的原则

（一）有利于抢篮下球

根据同伴在球柱下卡位的位置，选择适合的投篮距离、投篮方式及投篮后球反弹的落点。

（二）面向球柱

以球柱为圆心，接到球后，将鼻尖、脚尖对准球筐投篮。

（三）身体稳定

无论是行进间投篮还是原地投篮，上下肢协调用力及保持身体的稳定性将决定投篮的命中率，因此，投篮时应最大程度地保持身体的稳定。

（四）远离防守球员

利用节奏、距离、速度及方向等摆脱防守球员获得自由位置投篮。

二、投篮的要求

（一）技术动作规范

投篮技术动作规范包括扎实的投篮基本功、多样化的投篮方式、在各种位置出手投篮的能力等。

（二）具备良好的身体素质

身体素质包括力量、速度、耐力、灵敏度、柔韧性和协调能力等。投篮技术的能力水平是各项身体素质的综合表现，身体素质的优劣将直接影响投篮的命中率。

（三）具备良好的心理素质

心理素质包括自信心、顽强的拼搏精神以及较强的心理承受能力等。要有战胜对手的欲望和必胜的信心。

（四）从实战出发

认真总结积累实战经验，勤思考，对犯过的错误及时纠正，保持好的方法，在激烈的对抗中始终保持清醒的头脑。

第二节 投篮技术的内容

投篮是球员将球投入球筐的一种专门动作，它是荷球比赛中唯一的得分手段，是一切进攻技、战术的最终目的。因此，加强投篮技术的训练，正确掌握并熟练运用投篮技术，不断提高投篮的命中率，是对球员的基本要求。根据投篮球员距离球柱的距离，5米以内的距离我们称为近距离投篮，6~7米的距离称为中距离投篮，8米以外的距离称为远距离投篮。投篮可分为单手投篮和双手投篮两种。（投篮技术的内容见图6-1）

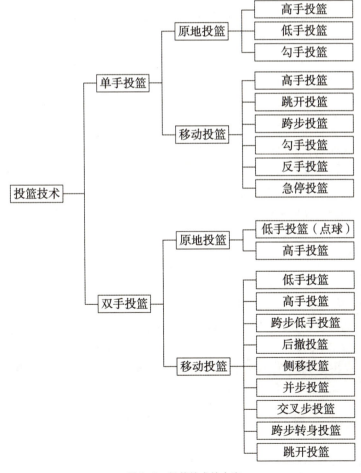

图6-1 投篮技术的内容

第三节　投篮技术的动作结构

荷球比赛中，持球球员为了将球投中球筐，所采用的一切方式和手段都可以称作投篮动作。投篮动作种类繁多，技术复杂。但是，无论是什么投篮技术动作，其完整动作都包括投篮前的身体姿势、持球、协调用力、瞄篮点、出手角度与出手速度、出手动作等环节。

一、身体姿势

身体姿势是指身体及身体各部位在练习的各个阶段中所处的状态。一个练习的完整技术过程，包括准备姿势、练习过程中的姿势和结束姿势三部分。

二、持球

持球分双手持球和单手持球两种。根据运动员与球筐之间的位置关系，将球放置于头上方或体前，保持身体重心的稳定，脚尖、鼻尖及球正对球筐。

三、协调用力

用力的大小是决定球飞行距离的重要因素。投篮所用的力量需要身体各部位的协调用力。投篮的距离不同，用力的部位和方式也不尽相同。以原地双手投篮为例：投篮准备姿势，力量的起点源于投篮前的基本站法和身体平衡，由下肢蹬地发力开始，然后沿着投篮出手的方向伸展身体（蹬伸），借助脊柱伸展促使下肢、躯干和上肢连贯、协调配合，将身体各部位的肌肉力量最后积聚于手臂、手腕和手指部位，以伸展手臂、手腕的外展及手指的弹拨动作将球投出。

四、瞄篮点

瞄篮点是指球员投篮时的瞄准点。可将球筐分为前沿、中心和后沿三个点，球员可以根据自己的习惯而定。确定瞄篮点有助于投篮时对方向、距离和落点的控制，这是提高投篮命中率的重要环节。有了正确的瞄篮点能使球员在瞬间目测出球筐的精确方位和距离，从而决定出手的力量、飞行弧线和落点。因此，投篮时球员双脚以及鼻尖必须对准球筐，根据情况随时调节角度、距离、出手力量和球飞行的弧线。只有经过较长时间的反复练习，才能提高投篮的命中率。

五、出手角度与出手速度

出手角度是指投篮时球离手的一瞬间球体重心飞行轨迹的切线与出手点水平面所形

成的夹角，它决定球在空中的飞行弧线和入篮角的大小。出手角度主要依靠手指最后作用于球体力的方向和出球点来调节。

投篮时的投射角（出手角度）越大，球的飞行弧度就越高，入射角就越大，入射截面就越大，所允许的误差范围就越大，投篮命中率就越高。荷球的直径是 23 cm，篮圈的直径是 40 cm，设角 θ 为投篮命中的最小入射角，则投篮命中的最小入射角等于荷球直径与球筐直径之比的反正切函数，即：$\theta=\arctan d/D$。

投篮弧度以中等弧度或稍高为好，过高的弧线，将增加球的飞行路线，加大控制球的难度。出球点的高低是产生上下偏角的主要依据，将决定出手角度的大小。入篮角越大，进球的概率越大。在保证出球方向的前提下，合理的出手角度和适宜的出手速度能够创造理想的飞行弧线。出手角度要随着投篮球员的身高、投篮的方法、距离球筐的距离以及出手速度的不同而变化。

投篮的距离越远，球出手的速度则应越大。投篮距离 x 同投射角 β、入射角 α、出手点高度（出球高度 $\triangle h$ 与身高 H 之和）等诸因素有密切关系。在确定了最小入射角的前提下，按抛物线的一般公式对投篮距离 x 进行微分，两边乘以 $x/2$，有如下公式：$\tan \beta=2y/x-\tan \alpha$。所以，出手速度的公式是：$\tan \beta-\left(gx/v_0^2\cos^2 \beta\right)=\tan \alpha$。

六、出手动作

出手动作控制着球飞行的方向、距离、弧线和落点，是投篮动作的关键环节，它可以体现出球员对球的控制能力和支配能力。

将投篮与传球、摆脱动作衔接取得自由位置，将会提高投篮的命中率。因此，投篮时必须注重与脚步动作的协调配合，熟练掌握移动中的投篮技术，使各种脚步动作与接球动作衔接在一起。

第四节　投篮技术及练习方法

一、单手投篮

单手投篮是荷球比赛中主要的得分方式之一。多用于近距离投篮、篮下投篮、行进间切入投篮及跳开投篮等。

（一）持球方法

五指自然分开，手心空出，手腕后仰，大、小拇指间的夹角约为80°，以扩大对球的支撑面，用指根及其以上部位托球的后下方，球体的重力作用线近乎落在食指和中指的指根部位，肘关节自然下垂略高于肩部，另一手扶球的侧上部，置球于同侧头或肩的前上方。（见图6-2）

（a）　　　　　（b）　　　　　（c）　　　　　（d）

图6-2　单手投篮持球方法

（二）原地高手投篮

原地高手投篮多用于球柱下投篮及补篮。其特点是投篮距离近，球出手点高，出手速度快。

【准备姿势】（以原地球柱下补篮为例）面向球筐，两脚左右开立大于肩，屈膝，降低身体重心，目视球筐。

【动作要领】（以右手投篮为例）双手接反弹球后，双脚用力蹬地起跳，左手离开球，右手持球向右肩侧上方伸出，当球举至头的侧上方时，大臂带动小臂依次向上伸，掌心向上将球推出。（见图6-3）

（a）　　　　　（b）　　　　　（c）　　　　　（d）

图6-3　原地高手投篮

【结束姿势】落地缓冲，保持身体平衡，以便衔接下一个技术动作。

原地高手投篮，扫码学习

【练习方法】1名球员，1个球，1面练习墙。球员首先在练习墙上3~5米处假设一个"标志点"，持球在距离练习墙1米处做原地高手投篮练习。

变化一：改变练习的距离或方向。

变化二：采用跳起或跳开投篮。

变化三：将球传至目标点接反弹球投篮。

【要求】手臂充分伸展，五指对准球筐，不要压腕拨球。

【练习方法】1名球员，1个球，1个球柱。球员原地单手将球投在球筐前沿，接反弹球后补篮。

变化一：改变与球柱之间的距离或击球点。

变化二：采用跳起接球投篮。

【要求】投篮时要根据身体与球筐的位置，调整好球出手的角度与力度，球出手的速度要快，身体的稳定性要好。

【练习方法】3名球员一组，1个球，1个球柱。1名球员在球柱前3米的距离投篮，2名球员在球柱下卡位抢球，接到反弹球后的球员投篮，另1名球员迅速转换为防守球员。

变化一：改变在球柱前投篮的距离、方向、球反弹的落点。

变化二：在篮前站立，球出手的瞬间移至篮下卡位。

变化三：接球后将防守球员卡在身后或避开防守球员跳开投篮。

【要求】要观察对手的位置，优先将防守球员卡在身后再接球投篮。

【练习方法】8名球员，每人1个球，8个球柱。每个球柱间隔4米，球员自投自抢，进球则前往下一个球柱投篮，先投完8个球柱获胜。

【易犯错误及纠正方法】

①接到球后无法投篮。应利用脚步移动避开防守球员或利用身体躯干将防守球员卡在身后再投篮。

②投篮命中率低。应熟悉球柱、球筐和自己的位置选择投篮出手的角度。可结合盲投练习提高投篮的能力。

【小提示】球出手前应保持身体的稳定性，投篮时手臂应向上方充分伸展，掌心向上，球对准球筐。要体会和控制好肌肉的用力，反复练习。

【教学指导】原地高手投篮应选择好的位置，出手快。应先强调身体的位置和举球动作的协调配合，逐步提高对球的把控能力。投篮命中率低的球员多是因为手过度拨球，或出手角度有问题，应充分了解身体与球筐及球柱的位置关系，多练习。

（三）行进间单手高手投篮

行进间单手高手投篮是荷球最常用的投篮技术之一。其特点是速度快，投篮距离近，命中率高。

【准备姿势】面向球柱，两脚左右开立，屈膝含胸，降低身体重心，目视球的方向。

【动作要领】（以右手投篮为例）球员快速切向球柱，伸出双手接助攻传球后，右脚向前跨出一步，然后左脚向前跨一小步并用力蹬地起跳，右脚屈膝向前上方抬起，身体躯干在空中完全伸展处于最高点时，右手将球举至头上方，掌心向上，大臂带动小臂向上推送球。远离球柱时手腕前屈，食指、中指用力拨球，通过指端将球投出。（见图6-4）

（a）　　　　　（b）　　　　（c）　　　　　（d）

（e）　　　　　（f）

图6-4　行进间单手高手投篮

【结束姿势】落地缓冲，保持身体平衡，以便衔接下一个技术动作。

行进间单手高手投篮，扫码学习

【练习方法】8名球员一组，1个球，1个球柱。球员在距离球柱8米处面向球柱呈一列纵队站在前区45°位置。⑧号球员在球柱前2.5米处持球助攻，①号球员切入并接助攻传球上篮。投篮后立即抢篮下球变为助攻球员传球给下一名切入上篮的球员，依次进行。（见图6-5）

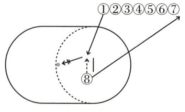

图6-5　上篮练习一

变化一：改变切入的方向及距离。
变化二：采用背后传球或跳起传接球。
变化三：助攻球员传球后转换为防守球员。
变化四：采用勾手、反手、单手低手投篮。

变化五： 增加防守球员。

变化六： 改变助攻的距离。

【要求】

①球员切入上篮时启动速度要快，模拟实战情况，切过防守球员后应卡住其移动路线，放缓或加快速度接球投篮。

②助攻球员持球助攻时，应通过跨步向前或后撤来选择缩短助攻传球的距离，尽可能靠近进攻球员的移动路线。

③切入速度快，传球时应把球向上轻抛至进攻球员的胸腹之间。

【练习方法】6名球员分成两列纵队分别站在前区左右45°区域，距离球柱8米。一队持球，另一队不持球。①号球员将球传给异侧②号球员后，迅速跑至球柱前2.5米处面向②号球员助攻，②号球员选择跳起接球后快速回传给①号球员并切入，接①号球员助攻传球后上篮。其余球员，循环练习。（见图6-6）

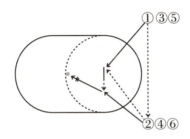

图6-6　上篮练习二

变化一： 接助攻传球后采用原地急停跳起投篮、跳开投篮等。

变化二： 接助攻传球的同时后撤两步瞄篮，再回传球给助攻球员后切入上篮。

变化三： 球传中时，可采用延迟传球。

变化四： 增加防守球员或改变练习方向。

【要求】

①采用单手肩上传球时，球应高于头部。

②应根据切入方向，选择用同侧手回传球。

③切入传球时，力争做到"球到人到"。

【练习方法】3名球员一组，1个球，1个球柱。1名球员助攻，2名球员互为攻守，做一对一攻防练习。

变化一： 规定投篮的次数、时间。

变化二： 防守球员采用盯人防守或人球兼顾防守等防守方法。

变化三： 进攻球员必须移动3个点以上摆脱防守球员，然后切入投篮。

变化四： 增加难度，例如选择将球经单（双）胯下环绕空中换手投篮、转体360°投篮、拉杆投篮或腰间环绕一周后出手投篮等。

【要求】

①进攻球员球出手后应力争抢篮下球补投。

②防守球员要集中注意力，时刻与进攻球员保持一臂的距离，尽可能封阻传接球。

③跳起腾空时要保持身体的稳定性。

【易犯错误及纠正方法】

①起跳后身体在空中的稳定性较差。应加强核心力量及协调性练习。

②切入后没有投篮机会。切入后没有阻挡防守球员的移动路线，被对方绕前防守。

【小提示】 切入要跑直线，启动速度要快，应在切过防守球员后及时利用身体躯干阻挡其移动路线。行进间单手高手投篮要求起跳协调、手臂充分伸展，五指对准球筐，球出手要快。

【教学指导】 切入时，应寻找防守球员身体的背部或空档快速切过，切过后应强调挡住防守球员的移动路线。投篮时为了快速出手投篮，容易出现推球的高度不足，导致球没有高出球筐。应强调球的出手点要高，以大臂带动小臂向上快速推送球。球离手后触及球筐前沿或飞过球筐，说明手指过于拨球、压腕。因此，应要求球员根据切入的速度、起跳点的距离及球筐的位置选择出手点。

二、双手投篮

双手投篮是荷球比赛中主要的得分方式之一。多用于中、远距离投篮，后撤投篮，双手低手切入投篮及罚点球等。

（一）持球方法

（以原地双手头上投篮为例）双手手指自然分开，拇指相对呈八字形，两拇指之间距离 3~5 厘米，用指根以上部位握球的两侧后下方，手心空出，两臂自然屈肘，肘关节下垂，置球于头顶，拇指指尖指向头。（见图 6-7）

（a）　　　　　（b）　　　　　（c）　　　　　（d）

图 6-7　双手投篮持球方法

（二）双手低手投篮

双手低手投篮常用于罚点球及行进间切入上篮。其特点是距离球柱近，命中率高。

【准备姿势】 双手五指自然分开，手形像半个球形，持球的侧下部，双手大拇指紧扣球，将球置于腹前，脚尖、鼻尖对准球筐，双脚靠近罚球线。（见图 6-8）

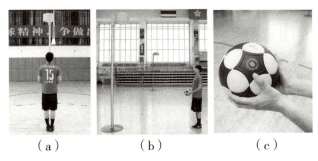

（a）　　　　　（b）　　　　　（c）

图6-8　双手低手投篮准备姿势

【动作要领】（以左脚支撑罚点球为例）右脚后撤，右腿膝关节微曲，身体重心在右脚上，身体略向后仰。左腿伸直，脚尖向上抬起，脚后跟着地。右脚发力蹬伸，右腿膝关节加速向前上方屈膝上摆，身体重心移至左脚的垂直面时，左腿由脚跟经脚尖向前上方蹬伸，双臂同时由下向前上方摆至最高点时双手微微打开，球离手后双手指向球。（见图6-9）

（a）　　　　　（b）　　　　　（c）　　　　　（d）

图6-9　双手低手投篮动作要领

【结束动作】左脚着地后右腿放下，保持身体的平衡。

双手低手投篮（点球），扫码学习

【练习方法】球员前后左右各间隔1米站成两排横队。左脚在前，身体的重心在右脚上。双手手形像半球形，听口令双臂伸直由下向前上方摆至最高点时双手微微打开。（见图6-10）

（a）　　　　（b）

图 6-10　双手低手投篮上肢动作练习

【要求】

①手举至前上方的最高点时拇指分开，球出手。

②不勾手，不屈肘。

【练习方法】左脚在罚球线后，右脚向后移的同时，左脚脚尖向上抬起，脚后跟着地。听口令右腿向前上方摆的同时左脚瞬时蹬地向前上方跳起。左脚落地后右腿大小腿呈 90°向上勾起脚尖。听口令放下右脚。（见图 6-11）

（a）　　　　（b）　　　　（c）

图 6-11　双手低手投篮下肢动作练习

【要求】

①右脚向后移的同时左脚脚后跟不离地面。

②右腿向前上方蹬摆要充分，膝关节正向前上方。

③左脚落地时右腿大小腿小于 90°，勾起脚尖。

【练习方法】右脚向后移动，身体重心在后脚上，听口令蹬摆配合练习。

【要求】

①左脚落地不宜过远。

②左脚落地后右脚才可以落地，且大小腿小于 90°，勾起脚尖。

③手举至前上方的最高点之前双手不能打开。不曲肘，不勾手。

④掌心向上，双手像半球形。

【练习方法】每名球员 1 个球。听口令原地自投自接练习。

【要求】在做动作前默念动作要领，逐步提高双手控制球的能力。

【练习方法】2 名球员一组，1 个球。球员面对面相距 2.5 米练习。

【要求】球的落点为对方的头上方。

【练习方法】每名球员1个球。在球柱下2.5米处围成一个圆圈练习。

【要求】球对准球筐，球在身体前上方的最高点处出手。

行进间双手低手上篮，扫码学习

【练习方法】2名球员一组，1个球，1个球柱。2名球员分别在距离球筐8米的右、左区45°处站立。①号球员传球给②号球员后迅速移动至距离球柱2.5米左右的距离面向②号球员助攻。②号球员回传球后快速切入，接助攻回传球后上篮。（见图6-12）

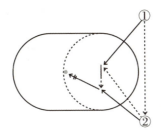

图6-12 双人切入上篮练习

变化一：选择一步上篮或腾空跳起接球投篮。

变化二：增加防守球员干扰投篮。

【要求】切入的速度要快，投篮时要保持身体的稳定性。

【练习方法】3名球员一组，每组1个球，1个球柱。将球员分成数组，1名球员在球柱下助攻，另外2名球员切入上篮。每进1球得1分，先得10分的小组获胜。

【易犯错误及纠正方法】

①球出手过早，球经球筐下（上）方飞过球筐。球应在前上方的最高点离手。（见图6-13）

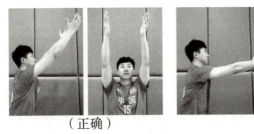

（正确）　　　　　　　　　　　（错误）

图6-13 球出手过早

②曲肘，球向身后飞行。手臂应向前上方充分伸直。（见图6-14）

（正确）　　　　　　　　　　（错误）

图6-14　曲肘

③勾手，球向后飞行。当球在前上方的最高点时双手微微打开。（见图6-15）

（正确）　　　　　　　　　　（错误）

图6-15　勾手

④踩线犯规。脚后跟离开地面容易造成踩线犯规。（见图6-16）

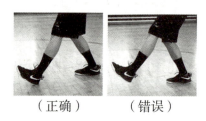

（正确）　　（错误）

图6-16　踩线犯规

【小提示】远离球柱时双手充分伸展投篮。靠近球柱时，双手掌心持球经由体前向上快速推送球，五指向上，将球举至最高点时双手微微打开，球离手。

【教学指导】球员初练习时，应按照练习的顺序先进行徒手的分解练习，然后再进行持球的完整练习，使球员逐步形成动力定型。

切入上篮时，球员应通过移动的节奏、方向、身体位置的变化及假动作迷惑防守球员，找出防守球员的防守破绽。切过后应利用身体的躯干挡住防守球员的移动路线。练习时速度应由慢到快，重点是提高投篮的命中率。指导教师可通过不同的游戏编排提高练习的趣味性。

虽然执行罚点球的球员没有防守球员的直接干扰，但其承受的心理压力较大。因此，应结合模拟比赛等手段来提高球员的心理素质。

（三）跨步低手投篮

跨步低手投篮常用于原地、单脚起跳或双脚同时起跳投篮。其特点是投篮距离近，命中率高，且便于配合切入使用。

【准备姿势】（以左脚支撑投篮为例）接球后，右脚向后撤，左脚脚尖对准球筐，双手持球将球举至额前佯装投篮。（见图6-17）

图6-17 跨步低手投篮准备姿势

【动作要领】双手将球经由额前顺势向下移至腹前，手腕下压，无名指及小指内屈，无名指的第一、第二指关节内侧触球。右脚向前上方蹬跨，两臂伸直由下向前上方摆动，双手上挑的同时双手制动，无名指及小指快速前伸，无名指内侧拨球。（见图6-18）

（a） （b） （c） （d）

图6-18 跨步低手投篮动作要领

【结束动作】球离手后双手手指指向球筐，保持身体的平衡。

【要求】

①右腿后撤时，应保持身体的稳定性。

②无名指内侧快速拨球，球出手的瞬间手要制动。

【练习方法】2名球员一组，1个球。2名球员面对面相距3~5米练习。

变化一：跳起接球后撤一步，向前跨步支撑脚起跳投篮。

变化二：跳起接球后撤两步，向前跨步双脚同时起跳投篮。

【要求】向前蹬摆协调，要保持身体的平衡。

【练习方法】2名球员一组，1个球，1个球柱。1名球员在球柱下助攻传球，进攻球员在距离球柱3~4米的距离接传球后做跨步低手投篮。

变化一：改变练习的方向及距离。

变化二：助攻球员传球后上前防守。

【要求】

①蹬摆速度要快，脚尖及鼻尖正对球筐。

②手臂向前上方摆动要快。

【练习方法】3 名球员一组，1 个球，1 个球柱。1 名球员在球柱下持球助攻，防守球员距离进攻球员一臂距离防守，进攻球员距离球柱 3～5 米的距离接助攻传球投篮。

变化：防守球员由消极防守到积极防守。

【要求】

①向前蹬摆投篮时，身体的躯干应超越防守球员的身体。

②双手上挑的同时无名指及小指要快速前伸，无名指内侧拨球要快。

【练习方法】3 名球员一组，1 个球，1 个球柱。球员以球柱为中心呈三角形站立，球员在距离球柱 4 米处依次投篮，投中 1 次积 1 分，投不中则扣 1 分，最先完成 5 分的球员获胜。

变化一：变化投篮的距离及练习时间。

变化二：改变投篮得分的计算方式。如距离球筐 6 米投进得 3 分、距 5 米得 2 分、距 4 米得 1 分，最先得到 10 分者获胜。

【易犯错误及纠正方法】

①走步。后撤时身体重心不稳，易造成中枢点的支撑脚移位导致走步。应控制好身体的重心并反复练习。

②出手投篮时手臂没有制动。应根据球筐的距离选择出手点的位置，选择手臂制动的时机。

【小提示】双手上挑的同时双手要制动，无名指及小指快速前伸，无名指内侧快速拨球。

【教学指导】跨步低手投篮后撤步幅要大，以双手高手投篮的假动作吸引防守球员快速前扑。投篮一定要果断，要充满信心。出手点的高低、拨球的速度和弧线、身体的稳定性是投篮命中率的关键。

（四）原地双手高手投篮

原地双手高手投篮多用于中、远距离投篮。其特点是身体稳定性强，出手点高，不易被防守等。

【准备姿势】两脚左右开立小于肩，身体重心落在两脚之间，脚尖、鼻尖对准球筐。双手五指自然分开，手形像半个球形，双手拇指呈八字形，拇指间距离 3～5 厘米，手指指根以上触球，持球的后下方于额前（头顶上方），两肘自然下垂。（见图 6-19）

（a）　　　　（b）　　　　（c）　　　　（d）

图6-19　原地双手高手投篮准备姿势

【动作要领】两膝微曲下蹲，双脚同时用力蹬伸提踵，力量经由下肢、髋、腰、肩、大小臂向前上方依次推送球，手臂接近伸展时，两手腕同时内旋，球通过中指、食指、拇指发力将球拨出，手指指向球出手的方向。（见图6-20）

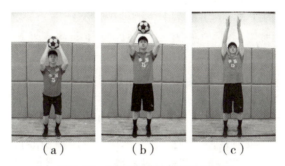

（a）　　　　　　（b）　　　　　　（c）

图6-20　原地双手高手投篮动作要领

【结束动作】球离手后双手掌心向外，双手之间的距离不超过一个球的距离，大臂靠近耳部，收回双手。

【练习方法】原地徒手练习。双手五指自然分开，指根以上用力相抵，大拇指指向额头。（见图6-21）

（a）　　　　（b）　　　　（c）　　　　（d）

图6-21　原地双手高手投篮徒手练习方法

【要求】体会双手中指、食指、拇指相互用力向上推拨，最后经由拇指及食指拨送球的练习。推送200次。

【练习方法】每人1张纸，原地坐下，推纸练习。

【要求】体会双手中指、食指、拇指用力向上推拨的感觉。

【练习方法】1 名球员，1 个球。球员面向练习墙，在距离练习墙约 1.5 米的位置坐下，自抛、自投、自接练习。

【要求】

①自抛球后将球置于头顶前上方或额前，大拇指指向额头，从球下方观察投球的目标。

②球离手后检查双手掌心是否向外，双手之间不能超过一个球的距离。

③逐步提高目标点的高度。

【练习方法】2 名球员一组，1 个球。2 名球员距离 3 米，面对面站立投篮练习。

变化一：增加球员之间的距离。

变化二：多人围坐在距离球柱 2.5 米处投篮。

【要求】

①投篮前先默念投篮动作要领。

②要求球员投出的球落至对方的头上方，推送 300 次。

【练习方法】2 名球员一组，1 个球，1 个球柱。1 名球员投篮，另外 1 名球员助攻并抢篮下球，每投 10 球交换练习。

【要求】球不得落地。球出手后，检查手形是否正确。

【练习方法】8 名球员一组，1 个球，1 个球柱。球员沿着自由球区的边线顺（逆）时针行走，球员走至球柱前位置时，接传球投篮，依次进行。

【练习方法】2 名球员一组，1 个球，2 个球柱。2 个球柱相对，相距 5~8 米。每个球柱下站 1 名球员，球员在球柱下向对方球柱投篮，另一名球员在拿到反弹球的位置后，向对方球柱投篮，依次进行。

【要求】认真体会手拨球的力度及手臂的位置。

【练习方法】8 名球员在距离球柱 5 米的位置排成一列纵队依次投篮。如果①号球员投篮不中，则自己拼抢反弹球后重新投篮，重复进行至投进为止。②号球员在①号球员出手后即开始投篮，方法同①号球员。若②号球员比①号球员先投进，则①号球员被淘汰出局。以此类推，坚持到最后的球员获胜。

【练习方法】将球员分成数组，2 名球员一组，1 个球，1 个球柱。听口令各组①号球员在指定的位置开始投篮，各组的②号球员抢篮下球。①号球员投中后与②号球员交换位置。在规定时间内投进球最多的组获胜。

【练习方法】将球员分为数组，2 名球员一组，1 个球，1 个球柱。1 名球员抢篮下球，另 1 名球员从距离球柱 2 米处开始投篮，每投中一球向后增加一米，若投不进，则退回至前一个投篮位置。最先投至 8 米者为胜。

【易犯错误及纠正方法】

①鼻尖、脚尖没有正对球筐。接球的同时，应及时调整身体的位置。（见图 6-22）

（正确）　　　　　（错误）

图 6-22　鼻尖、脚尖没有正对球筐

②持球时，大拇指呈"一"字形或距离过近。大拇指应呈"八"字形；大拇指之间的距离 3～5 厘米。以持球舒适、牢固且便于拨送球为宜，应多加强自抛自接练习。（见图 6-23）

（正确）　　　　　　　（错误）

图 6-23　持球时大拇指位置错误

③持球时，两肘过于外展。两肘应微微内收，以自然、舒适利于推球为宜，应多采用自抛自接的练习方法。（见图 6-24）

（正确）　　　（错误）　　　（正确）　　　（错误）

图 6-24　持球时两肘过于外展

④持球点过低，投篮时出现盲区，且容易被防守。应持球于额头上方投篮。（见图 6-25）

（正确）　　　（错误）　　　（正确）　　　（错误）

图 6-25　持球点过低

⑤球出手后，双手之间的距离过大。双手之间距离过大易造成双手的用力不均衡，影响命中率。球出手后双手之间不宜超过一个球的距离。（见图 6-26）

（正确）　　　　（错误）

图 6-26　双手之间距离过大

⑥投篮时，大小臂没有完全推送完而球已经出手。手臂应充分伸直以固定出手点。练习初期要求球触球筐后再收手。（见图 6-27）

（正确）　　　（错误）　　　（正确）　　　（错误）

图 6-27　手臂未充分伸展

⑦投篮弧线低。应根据球筐的距离选择出手点的高度。（见图 6-28）

（正确）　　　　（错误）

图 6-28　投篮出手点低

⑧大小臂完全推送后压腕，降低了球飞行的弧度。应将手臂推送至最高点后停顿。（见图 6-29）

（正确）　　　（错误）　　　（正确）　　　（错误）

图 6-29　压腕

⑨双手持球过于紧张。手指应自然、放松。（见图 6-30）

（正确）　　　　　　　　　　（错误）

图6-30　持球过于紧张

⑩手指拨球力度弱。应加强徒手练习及上肢力量的练习。

【小提示】瞄篮时脚尖、鼻尖应正对球筐。应保持身体的稳定性，球出手时大臂靠近耳部，以提高球的弧线，且待球触碰球筐后再收手。

【教学指导】投篮命中率是球队取得胜利的重要保证之一。在教学过程中，应反复强调手形的重要性。初练习时，不要操之过急，应以徒手练习为主，待球员徒手练习掌握情况较好时，再逐步安排持球练习。练习时应以出手动作为重点，不应追求命中率及投篮距离，否则易导致投篮动作变形。基本掌握投篮的动作，球员需要花费一周的时间进行反复认真练习。特别要强调持球的位置、手形，推送球的完整技术动作、拨球及拨球后的手形。要求球员将注意力集中于投篮技术动作是否规范，不可盲目追求距离或命中率。

投篮的辅助性练习较为枯燥和单调，教师可多安排一些练习方法或游戏来调动球员学习的积极性。应根据球员掌握投篮的实际情况，逐步加大投篮的距离。

（五）后撤投篮

后撤投篮是荷球比赛中主要的投篮方式之一。后撤投篮是为了拉大与防守球员之间的距离以获得自由位置后投篮。其特点是可以快速移动摆脱防守球员，且后撤投篮的稳定性较好。后撤投篮分为一步后撤和两步后撤。根据防守球员的位置可选择交叉步后撤投篮、并步后撤投篮等。根据进攻球员移动的路线形状，如"V"形或"L"形，可分为"V"投或"L"投。

【准备姿势】双脚前后开立略大于肩，左脚在前，大脚拇指指根抵地，脚尖向着右前方40°~45°之间。右脚在后，脚后跟微微提起。身体略向右侧，身体重心在两腿之间。屈膝含胸，目视来球方向。（见图6-31）

（a）　　　　　　（b）

图6-31　后撤投篮准备姿势

【动作要领】（以交叉后撤步右脚支撑投篮为例）两脚脚掌内侧用力向后上方蹬地，在空中接球转体面向球筐。左脚迅速向右腿后交叉，脚尖指向球柱，落地的同时右脚向后交叉撤一大步。右脚前脚掌抵地的瞬间向上蹬地发力，左腿迅速向上蹬地抬腿，勾起脚尖，双手推送球。（见图6-32）

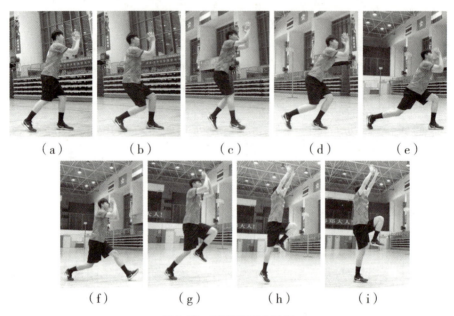

（a）　　　（b）　　　（c）　　　（d）　　　（e）

（f）　　　（g）　　　（h）　　　（i）

图6-32　后撤投篮动作要领

【结束动作】球出手后，左脚落地缓冲，保持身体的平衡。

"V"形后撤投篮，扫码学习

【练习方法】徒手模仿后撤一步练习。两脚左右开立小于肩宽，左腿屈膝，右脚向后撤一大步前脚掌抵地。左脚向后上方蹬地，左腿膝关节快速上抬高于髋关节，左脚勾脚尖。左脚蹬离地面的同时，右脚蹬地向上发力，双手推送，大臂靠近耳部。（见图6-33）

（a）　　　（b）　　　（c）

图6-33　徒手后撤步动作练习

【要求】后撤步幅大，要保持身体的稳定性。

【练习方法】跳起接球，后撤两步，模仿投篮。

【要求】

①向后蹬地跳起高度不宜过高，身体正直向前。

②第一步要快，第二步要大。

③后撤时逐步降低身体的重心，起伏不宜过大。

【练习方法】每人1个球，自抛自接后撤两步投篮。

变化一：面向篮球板或练习墙，向设定的目标传球，跳起接反弹球，后撤两步投篮。

变化二：双脚交换练习。

【要求】在头上方接球，后撤步时保持身体的稳定性。

【练习方法】2名球员一组，1个球。2名球员相距3米，球员传球至对方额前，球员接球后撤投篮。

变化一：增加防守球员，由消极防守调整为积极防守。

变化二：2名球员在距离球柱5~6米的距离隔柱移动传接球，传3次后投篮。

【要求】

①逐步加快传球的速度。

②后撤时脚不能拖地，逐步降低身体的重心。

【练习方法】3名球员一组，1个球，1个球柱。1名球员持球在球柱下助攻，1人在球柱下抢篮下球。投篮球员在距离球柱前3米处接球后撤投篮。

变化一：改变投篮的距离和方向。

变化二：助攻球员传球后上前防守。

【要求】强调第二步要大，以保持身体重心的稳定。

【练习方法】4名球员一组，1个球，1个球柱。1名球员持球在球柱下助攻，1名球员抢篮下球，另外2名球员远离球柱互为攻守。进攻球员采用"L"形或"V"形移动切至篮下，接助攻球员传球做后撤投篮。

变化一：选择不同的切入路线。

变化二：采用2对2攻防练习。

【要求】

①接球后撤时脚尖、鼻尖要对准球筐，投篮时身体要稳定。

②根据防守球员与球柱的位置关系、防守姿态等因素选择合适的移动方式。

③将要切过防守球员后快速制动，采用原地接球后撤投篮。

【练习方法】4名球员一组，每人1个球，1个球柱。在球柱下围成一个圆圈，按顺时针方向依次接球后撤投篮。先完成规定数目的球员获胜。

变化一：自抛自接投篮。

变化二：设置练习时间，比较进球数量。

【易犯错误及纠正方法】

①后撤步幅过小，不能有效拉开与防守球员之间的距离。要求球员在练习时降低身体重心来加大后撤的步幅。

②脚尖、鼻尖没有对准球筐。后撤时，应及时观察和判断对手的身体位置及球筐的位置，接球后撤的同时要及时调整身体姿态，使身体正对球筐。

③后撤时身体重心起伏过大。后撤时重心起伏大，破坏了身体的稳定性。球员在跳起接球后，应逐步降低身体重心，以保持身体的稳定性。

④后撤的节奏太快。第二步后撤过快且步幅过小，投篮时身体的稳定性差。应强调后撤时第一步要快，第二步要大。

⑤球出手后仍然在原地等待投篮的结果或继续向后撤。球出手后可利用防守球员回头看球的机会选择将其卡在身后，抢篮下球，补投或寻找自由位置。

【小提示】后撤投篮的关键是第一步要快，这样才能够快速拉开与防守球员之间的距离；第二步要大，除保持身体的稳定性以外，还可以影响防守球员的防守节奏。

【教学指导】后撤投篮是荷球比赛中最重要的得分方式之一，应反复练习。教练员应及时提醒、及时纠正错误。移动时，应使防守球员尽可能看不到球。要做好接球的准备，接球时向远离球柱的方向跳起接球。第一步速度快，第二步步幅大，脚尖、鼻尖对准球筐，蹬地发力投篮时应强调身体重心的稳定性。投篮后，应积极冲抢篮下球或快速移动至自由位置准备下一波次的进攻。

（六）侧移投篮

球员常采用横向左右移动摆脱防守球员后接球投篮，其优点是容易摆脱防守球员，难点是身体重心的稳定性不容易控制。

【准备姿势】双脚左右开立与肩同宽，身体重心在两脚之间，上体微微前倾。

【动作要领】（以向左移动为例）球员面向球柱向左侧横向移动，左脚向左侧蹬地起跳接球，接球后右脚经由左腿前向左做交叉步，左脚向左侧横跨一步支撑，身体正准球筐，左脚向上蹬伸，双手推球。（见图6-34）

（a）　　　　（b）　　　　（c）　　　　（d）　　　　（e）

（f）　　　　　（g）　　　　　（h）　　　　　（i）

图6-34　侧移投篮动作要领

【结束动作】左脚落地缓冲后右脚落点，保持身体的平衡。

侧移投篮，扫码学习

【练习方法】原地徒手向左（右）侧交叉步移动投篮。

【要求】右腿快速靠近左腿，勾脚尖，保持身体的平衡。

【练习方法】2名球员一组，1个球，1个球柱。球员向球柱下移动，距离球柱约5米的距离制动向左（右）移动，接助攻传球交叉步投篮。

变化一：跳起接助攻传球采用并步投篮。

变化二：改变投篮距离及方向。

变化三：自投自抢，抢到反弹球后补篮。

变化四：跳起接助攻传球采用单脚跳投篮。

【要求】注意移动的节奏变化，保持身体的稳定性。

【练习方法】3名球员一组，1个球，1个球柱。助攻球员在靠近球柱位置持球，1名球员进攻，另外1名球员防守。进攻球员横向移动快速摆脱防守球员后接球投篮。

变化：先原地向右（左）虚晃后，再向相反方向横移投篮。

【要求】投篮时，摆动腿要紧靠支撑腿，勾脚尖以保持身体的稳定性。

【易犯错误及纠正方法】

①脚尖、鼻尖没有对准球筐。要求球员在接球后及时调整方向，使身体面向球筐，脚尖、鼻尖对准球筐。

②投篮时身体稳定性差。要求球员摆动腿要紧靠支撑腿，勾起脚尖以保持身体的稳定性。

③走步。向左（右）移动右（左）脚发力跳起接球，第一步落地脚不是右（左）脚时，第二步应采用后撤一步投篮。

【小提示】接球后，球员要迅速调整好身体的姿态，脚尖、鼻尖正对球筐。接球后交叉步要快，两条大腿紧靠，摆动腿要勾起脚尖以保持身体的稳定性，并根据移动的速

度调整步幅的大小。

【教学指导】当球员正确掌握原地交叉步投篮技术后，再进行移动交叉步投篮练习。要求球员应加快移动速度，变换节奏以摆脱防守球员，以保持身体的稳定为目标。

（七）跨步转身投篮

跨步转身投篮多用于球柱下助攻（也称做球）球员投篮，常用于防守球员注意力不集中或防守球员远离助攻球员时所采用的一种投篮方式。其特点是隐蔽性强，命中率高，但不常用。

【准备姿势】双脚左右开立同肩宽或大于肩。身体重心落在两脚之间，双腿屈膝，双臂外展，目视来球方向。（见图6-35）

图6-35　跨步转身投篮准备姿势

【动作要领】（以右腿支撑投篮为例）左脚向前跨出一步接球，蹬地向左转体180°的同时右脚向后撤步为支撑脚，面对球筐，右脚蹬地、左腿向上摆动，双手推送球。（见图6-36）

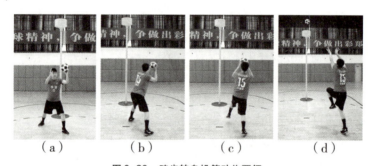

（a）　　　　　（b）　　　　　（c）　　　　　（d）

图6-36　跨步转身投篮动作要领

【结束动作】球出手后，左脚着地保持身体平衡，双手指向球筐。

跨步转身投篮，扫码学习

【练习方法】每人1个球，1个球柱。在球柱前2.5米处，自抛自接转身投篮。

变化：改变投篮的位置及距离。

【要求】转体快、动作协调连贯，保持身体的稳定性。

【练习方法】2名球员一组，1个球，1个球柱。1名球员在距离球筐6米处传球，助攻球员向前接传球后跨步转身投篮。

变化一：改变投篮的位置、距离或增加防守球员。

变化二：助攻球员利用球柱阻挡防守球员的移动路线后接球转身投篮。

【要求】

①跨步转身后，鼻尖、脚尖对准球筐。

②跨步的步幅要大、快速摆脱防守球员，重心低，并保持身体的稳定性。

【易犯错误及纠正方法】

①转身后身体没有面向球柱。要求球员快速转身的同时迅速调整身体姿态。

②向前跨步转身动作过慢而丧失投篮的机会。要求球员果断向前接球转身，出手投篮的速度要快。

【小提示】跨步转身投篮时要注意时机的把握，以增大助攻球员的得分机会。在实战中，要结合防守球员的实际情况，投篮要坚决、果断，这样才能够做到出其不意，攻其不备。助攻球员要观察防守球员的防守习惯，及时选择投篮的时机。

【教学指导】助攻球员应善于捕捉启动的时机，利用人墙、球柱和移动的节奏变化来摆脱防守球员。转身时要降低身体重心，转身要快、要稳，使身体正对球筐并迅速出手投篮。

（八）跳开投篮

跳开投篮多用于球柱下原地跳开投篮及切入跳开投篮等，其特点是快速摆脱防守球员。也可以采用单手投篮。

【准备姿势】双脚左右开立同肩宽。身体重心落在两脚之间，手臂外展，目视来球方向。

【动作要领】（以双脚跳开投篮为例）原地跳起接球后，双腿用力向远离球柱的方向蹬地起跳，身体面对球筐并将球举过头顶后投篮。（见图6-37）

（a）　　　　（b）　　　　（c）　　　　（d）　　　　（e）

图6-37　跳开投篮动作要领

【**结束动作**】球出手后，双脚落地，准备衔接下一动作。

跳开投篮，扫码学习

【**练习方法**】每人1个球，1个球柱。球员站在球柱下方，将球投至球筐，接反弹球后跳开投篮。

变化一：改变投篮的方向。

变化二：增加防守球员。

【**要求**】控制好身体在空中的稳定性。

【**练习方法**】2名球员，1个球，1个球柱。1名球员持球在距离球柱6米处，另外1名球员在球柱下助攻。进攻球员传球至助攻球员后快速切入，接助攻回传球后向一侧跳开投篮。

变化一：助攻球员传球后变为防守球员。

变化二：接球后，先原地向右（左）虚晃后，再向相反方向跳开投篮。

变化三：接球跳开后无法投篮，在空中回传球给助攻球员，由助攻球员跳开投篮。

【**要求**】

①可以选择用单脚跳开或双脚跳开投篮。

②切入的速度要快，助攻传球不宜过早。

③投篮时应尽力避开防守球员，并保持身体的稳定性。

【**易犯错误及纠正方法**】

①跳起后身体没有面向球柱。要求球员在起跳的同时迅速调整身体在空中的姿态。

②起跳过早或动作慢造成没有投篮的机会。球员起跳要果断，利用速度跳开，摆脱防守球员，并加快出手投篮的速度。

③助攻传球过早被防守。应使进攻球员靠近助攻球员时再传球。

④跳开的方向选择错误。应根据防守球员的防守姿态和距离及时选择跳开远离防守球员。

【**小提示**】跳开投篮的关键是对时机的把握，掌握好这一技术动作可以增加得分的机会。要善于观察防守球员的防守习惯，判断跳开方向是否安全，抓住机会，快速跳开来避开防守。

【**教学指导**】切入及跳开的速度要快，投篮时在空中的身体要稳定。快速将球举过头顶，投篮时应使身体正对球筐并迅速出手投篮。下肢爆发力与核心力量是影响跳开距离与投篮时身体在空中的稳定性的关键因素，平时应注重专项素质的练习，并结合实战多练习。

本章回顾

　　本章主要介绍了荷球比赛中常用的几种投篮技术，并对各种投篮技术的动作要领、练习方法、易犯错误及纠正方法进行了介绍。在荷球比赛中，行进间切入投篮及后撤投篮技术运用较多，正确掌握和使用需要花费较长的时间。因此，要反复强调动作的规范性并多加实战练习。练习方法建议参考马襄城主编《荷球高级训练教程》（人民体育出版社，2019 年版）一书。

思考题

1. 简述双手投篮持球的手形、易犯错误及纠正方法。
2. 简述后撤步投篮的动作要领、易犯错误及纠正方法。
3. 简述一种投篮技术的使用时机和注意事项。
4. 投篮后你的选择是什么？
5. 跨步转身投篮与跳开投篮应注意哪些问题？
6. 为什么强调切入时前几步要快？
7. 提高投篮注意力的练习方法有哪些？
8. 如何提高投篮时身体的稳定性？
9. 球员切过防守球员后有哪些选择？

第七章

抢篮下球技术

　　抢篮下球是一项复杂的技术，它包括抢占有利的位置、起跳动作、获取球和获球后的动作四个环节。四者紧密结合将获得更多轮次的进攻机会或直接投篮得分。因此，掌握抢篮下球技术显得尤为重要。

第一节　抢篮下球的原则和要求

双方球员投篮不中的球统称为篮下球。抢到进攻篮下球不仅能为球队带来多轮次的投篮机会，更能增强队友投篮的信心，同时也会给对手造成防守压力。抢篮下球的能力将影响着比赛的结果，也是衡量一个球队实力的重要指标。

一、抢篮下球的原则

（一）预判原则

要预判同伴可能投篮的位置，提前抢占有利位置，并在球出手的瞬间预判球的落点。

（二）抢占有利位置

利用快速的移动、人墙、球柱等抢占有利位置，或用身体躯干将对手挡离球柱一臂以外的距离，以便于抢到篮下球，又称卡位。

（三）把控起跳时机

起跳的关键不仅要求起跳腾空的高度，更重要的是把控好起跳的时机，过早或过晚起跳都将无法顺利获得球。要利用身体躯干卡住对手，使其无法起跳获取球。

（四）获取球后的快速决策

拿到球前应观察场上的情况，在接触到球的瞬间，应快速判断并选择投篮、传球给靠近球柱的同伴或有自由位置的同伴。

（五）先卡位后抢球

判断球的落点，利用躯干卡住对手，使对手远离球柱或远离球，然后再去抢球。

（六）积极干扰

当被对手卡在远离球柱的位置时，应利用各种方法分散对手的注意力，使其失去原有的位置或干扰其抢篮下球。

二、抢篮下球的要求

①通过语言或肢体动作告诉同伴是否已经准备好抢篮下球。
②先卡位，后抢球。自己可以抢不到球，但也绝不能让对手拿到球。

③根据主攻球员惯用的投篮区域提前卡好位置。

④当拿到球前或接触到球的瞬间，应快速选择投篮或传球给同伴。

⑤在防守场没有获得有利位置时，应优先防止对手在篮下投篮得分。

⑥没有获得有利位置时，应快速利用移动或人墙重新获得有利位置。

第二节　抢篮下球技术的内容与动作结构

一、抢篮下球技术的内容

在荷球比赛中，篮下球数量的多少直接影响到比赛的走向，掌握好抢篮下球的技术，就掌握了荷球赛场。因此，正确掌握并熟练运用抢篮下球技术，不断提高拼抢篮下球的意识和成功率，是球员帮助球队获胜的关键。优秀的荷球运动员，能够根据赛场上的情景，选择最合适的"卡位技巧"、起跳时机和拼抢球的方式，并且为队友提供清晰的临场指引。抢篮下球技术可分为抢进攻篮下球和抢防守篮下球两种。（见图7-1）

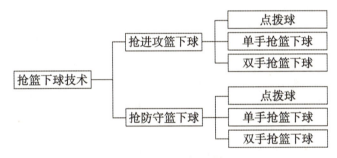

图7-1　抢篮下球技术的内容

二、抢篮下球技术的动作结构

（一）抢占有利位置

无论是争抢进攻篮下球还是争抢防守篮下球，正确的判断和快速的启动都是抢篮下球的技术关键。应通过脚步的移动及利用躯干将对手挡离球柱一臂以外的位置。抢占位置一定要考虑同伴惯用的投篮区域及判断球反弹后的落点。在进攻场如果没有抢占到有利位置，则可以选择利用人墙等方式重新获得有利位置；如果在防守场没有抢占到有利位置，应利用干扰等手段分散其注意力，力争再次抢占有利位置。

（二）卡位动作

双膝微曲，重心放至两脚之间，双臂侧上举，用躯干将对手卡在体后（侧）。根据球的落点挡住对手并使其远离球。

（三）起跳动作

起跳抢球是抢占位置后进行的一个连续动作。起跳不仅要求起跳腾空的高度，还要根据球的反弹高度、方向、落点，采取不同的方式用力蹬地起跳，使抢球手有利于在空中接近球反弹的方向和落点。

防守球员抢篮下球时，一般采用原地、原地上步或跨步双脚起跳的方法，也会采用助跑起跳的方法。

原地双脚起跳动作方法：双腿微曲，双臂经由体侧向外画弧向上摆动，两臂同时向上伸展。

单脚起跳动作方法：右（左）脚向前迈出一小步向上蹬伸，左（右）腿快速向前上方摆动。

起跳后，应保持身体在空中的稳定性，手臂伸向球。

（四）空中抢球动作

提前预判球的落点及选择起跳的时机是获得篮下球的重要保证。根据投手所处的位置，预判球反弹的方向、高度，个人的特点以及对手的身高、个人能力等，空中抢球动作可分为双手抢球、单手抢球和点拨球三种。

1. 双手抢球

起跳后身体在空中充分伸展，尽可能扩大制空范围，两臂同时伸向球的方向，当手指触到球的瞬间，立即用双手将球握住，腰腹用力，迅速屈臂将球持于头部上方或胸腹之间以便于连接下一个动作。双手抢篮下球的优点是空间占据的面积较大，缺点是抢球的高度和抢球的范围不及单手抢篮下球。（见图7-2）

图7-2　双手抢篮下球

2. 单手抢球

身体向球方向的一侧起跳，同时手臂充分向球的落点方向伸展。在最高点指端触及球的瞬间，迅速屈腕、屈指、屈臂用力抓握球，另一只手迅速扶球，将球持于头部上方或胸腹之间以便于连接下一个动作。单手抢球的优点是触球点高，在空中抢球的范围大，缺点是牢固性不及双手抢球。（见图7-3）

图7-3　单手抢篮下球

3. 点拨球

点拨球技术与单手抢篮下球相似，在空中运用手指将球迅速点拨给同伴。当遇到对方球员身材高大或同伴处于有利的位置时，多采用这种方法。点拨球的优点是可缩短传球时间，缺点是与同伴配合较难。（见图7-4）

图7-4　点拨球

（五）获得球后的动作

球员获取球后可以选择空中补篮、原地起跳投篮、后撤投篮、原地跳开投篮等，或助攻将球传给靠近球柱或处于自由位置的同伴。

第三节　抢篮下球技术的动作和练习方法

一、抢进攻篮下球的动作方法

降低身体重心，利用躯干挡住对手，将对手卡离球柱一臂以外或卡在球柱前的位置。判断球反弹方向的同时，利用躯干感受对手的移动方向，及时调整自己的卡位位置。当球触碰球筐弹出后，先挡人，再抢球，以免为了抢球提前移动而失去篮下有利的

位置或腾出空间有利于对手靠近球。（见图7-5）

图7-5　抢进攻篮下球

如果没有获得靠近球柱的位置，应利用人墙等方式再次获得卡位的位置。

抢进攻篮下球，扫码学习

二、抢防守篮下球的动作方法

防守卡位球员应提前判断对手可能提前选择卡位的位置，要先防止对手直接接球投篮得分或助攻。为了不被对手卡离球柱过远，应积极干扰对手，尽可能使其失去有利的位置。球出手的瞬间，预判球反弹的方向，先向一侧移动一小步，利用对手抬头看球的瞬间，采用绕跨步将对手挡在体侧或身后，抢篮下球。如果对手跳起补篮，应利用对手起跳的瞬间快速绕前防守。还应考虑与对手各站一边，这样可以获得抢到篮下球50%的概率。

抢防守篮下球，扫码学习

三、抢篮下球的练习方法

【练习方法】1名球员持球向头上方抛球，自抛自抢。
【要求】
①保持站位姿势，两膝弯曲，重心放在两脚之间。
②判断球的方向和落点。

③起跳时，前脚掌用力蹬地，提髋，双手向上摆臂。

④落地时保持身体的平衡，将球置于头上。

变化一：先原地起跳抢球，再练习移动抢球技术。

变化二：先练习双手，后练习单手。

【练习方法】球员面向练习墙（球筐），向墙上的标志点抛球，原地自抛自抢。

【要求】在最高点拿到球，落地时保持身体的平衡。

变化一：先练习双手，后练习单手。

变化二：跳起在空中接球后补篮。

变化三：跨步起跳抢篮下球。

变化四：拿到球后跳开投篮。

【练习方法】2 名球员在罚球线后站立，听口令同时抢占篮下位置。利用躯干感受对手的身体位置。

【要求】

①卡位时双臂向侧上方伸展。两膝微曲，重心放至两脚之间，利用躯干将防守球员（进攻球员）挡离球柱或一臂以外。

②不可以用推、拉、顶、下压或后仰的方法阻碍对手。

变化一：距离球柱 2.5 米背向球柱站立，听口令转身至篮下卡位。

变化二：2 名球员在篮下面向罚球点，增加 1 名球员持球并向罚球点轻抛球，1 名球员手触球后转身至篮下卡位。

变化三：在罚球线前背向球柱做立卧撑，听口令转身至篮下卡位。

【练习方法】2 名球员一组，1 个球，1 个球柱。1 名球员在距离篮筐 5～6 米处投篮，另 1 名球员在篮下根据球的落点和方向抢篮下球。

【要求】

①球不可以落地。

②自己可以抢不到篮下球，但应卡住对手使其也无法抢到球。

③判断球的落点，模拟先卡住人再移动接球。

变化一：改变投篮的距离、方向。

变化二：在空中抢到球后直接传给切入篮下的球员投篮，后同时抢篮下球。

变化三：抢到球后用不同方法及位置补篮。

变化四：增加防守卡位球员。

变化五：投篮后自抢并补篮。

变化六：卡位球员站在投篮球员身后，球出手的瞬间 2 名球员同时抢篮下球。

【小提示】卡位球员要熟悉每一位球员的投篮习惯和惯用的投篮区域，要预判投篮后球反弹的方向及落点，先卡住对手后再选择抢篮下球，不要盲目移动失去位置。

【教学指导】在练习过程中，应着重培养卡位球员在球出手的瞬间对球的落点和反弹方向的预判能力，增强卡位球员对争抢篮下球的欲望。练习初期要求投篮球员在固定区域投篮，使卡位球员逐渐体会抢球的感觉，当球员初步掌握抢篮下球技术后，可以通

过改变投篮的距离和方向来增加练习的难度。

【练习方法】2 名球员一组，1 个球，2 个球柱相距 5 米相对摆放。1 名球员持球站在球柱前面向对方球筐投篮，另 1 名球员在篮下抢篮下球。抢球后在原地面向对方球筐投篮。

【要求】

①球不可以落地。

②降低身体的重心，在球出手的瞬间判断球的落点。

变化一：扩大 2 个球柱间的距离。

变化二：增加 2 名防守球员。

【小提示】球出手的瞬间，降低身体重心以便于观察球的弧度，并判断球的落点及反弹方向。

【教学指导】要准确判断球的落点、反弹方向和落点，用躯干卡住对手后再跳起拿球。在练习的初期，要求球员在球出手的瞬间通过语言或用手指的方法指出球的落点，然后要求卡位球员在没有防守球员的情况下，球不落地抢到球，逐渐增强卡位球员的自信心和抢到篮下球的欲望。

【练习方法】3 名球员一组，1 个球，1 个球柱。1 名球员投篮，另外 2 名球员在篮下卡位抢篮下球。

【要求】

①球出手的瞬间进攻卡位球员一定要获得篮下有利的位置并抢到球。

②不可以借助推球柱或用肘推顶对手的方式获得位置。

③先用躯干卡住对手，判断球反弹的落点后再去抢球。

④用躯干卡住对手，自己可以跳起，但不希望对手有起跳的机会。

⑤卡住对手，能跨步接球就不要选择失去位置去接球。

变化一：任意 1 名球员抢到球后选择各种方式投篮。

变化二：没有抢到篮下球的球员应快速绕前防守。

【小提示】球出手的瞬间判断球的落点并利用躯干卡住对手是抢夺篮下球的关键。应先将对手卡离球柱一臂以外，在球出手的瞬间，降低身体重心，观察球的飞行轨迹，判断球的落点，先卡住对手再拿到球。

【教学指导】初练习时，篮下安排 2 名球员，1 人进攻卡位，1 人防守卡位，篮下进攻球员抢夺球后把球传至其他外围球员投篮时，防守球员采用在前防守，通过这些要求来降低进攻球员争抢篮下球的难度，使球员逐渐体会争抢篮下球的感觉；然后，逐步要求球员在把球传给外围投手的瞬间，积极卡位争抢篮下球。在练习过程中，应要求球员在卡到位置后不断通过防守球员的位置变化来扩大卡位的范围。

【练习方法】4 名球员一组，1 个球，1 个球柱。1 名球员助攻，另 1 名球员在球柱前 4～5 米处接球投篮，其他 2 名球员在篮下卡位抢篮下球。

【要求】

①进攻卡位球员一定要将对手挡在身后。

②投篮后应寻找下一个位置投篮。篮下卡位球员应根据投篮球员的投篮点选择自己的卡位位置。

③任一球员抢到篮下球后投篮，另一名球员防守投篮。

变化一：改变投篮的位置和距离。

变化二：投篮球员投篮后冲抢篮下球。

变化三：由原地投篮变为移动投篮。

变化四：接反弹至篮后的球并补投。

【练习方法】 4名球员一组，1个球，1个球柱。4名球员分别在外围做顺时针迎球移动接球，传4次球后，1名球员快速移动至篮下卡位，另外3名球员传3次球后接短传球投篮，篮下卡位球员通过判断球的落点和方向抢篮下球。（见图7-6）

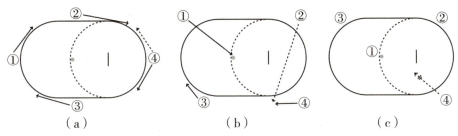

图7-6　"3-1"阵形抢篮下球练习

【要求】

①卡位球员要模拟先卡住自己的对手后再去抢球。

②每次接球时都应优先做好投篮准备。

变化一：篮下增加1名防守球员。

变化二：直线移动变化为反方向移动或靠近球柱的移动方法移动接球。

变化三：投篮球员投篮后快速移动至篮下冲抢篮下球。

【小提示】 应根据球反弹的方向及落点抢篮下球，力争在不失去位置的前提下拿到球。

【教学指导】 练习初期应注意移动中节奏的变化，先放慢传球的节奏，在保证传接球安全的前提下看准时机后再传球。篮下卡位球员要不断利用外围队友传球位置的改变来扩大卡位的范围。同伴投篮出手后应根据球反弹的方向和落点，用躯干卡住对手后再选择去拿到球。练习后期通过增加防守球员来加大传接球和争抢篮下球的难度，使球员逐步体会卡位的感觉，并通过实战发现问题。

【练习方法】 4名球员一组，1个球，1个球柱。2名球员在外围移动传球，另外2名球员在篮后卡位。篮下卡位球员试图去助攻，防守球员采用在前防守，进攻球员顺势转身将防守球员卡在身后抢篮下球。（见图7-7）

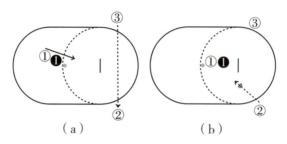

图7-7　在前防守情况下的卡位练习

【要求】

①如果防守投篮球员过于靠近投篮球员时应及时选择助攻切入。卡位球员要利用球柱、防守卡位球员身体的位置选择恰当的助攻时机。

②在没有获得好的位置时应及时通知同伴不要选择投篮；若处于好的位置应在同伴接球的瞬间告诉他大胆投篮。

变化一：抢到篮下球后选择投篮。

变化二：进攻球员选择假投，卡位球员接球后投篮。

变化三：助攻位置离球柱距离较远，防守球员选择守在前方，采用吊球接球投篮。

【小提示】防守球员身高较矮时应谨慎选择守在前方，以防止进攻球员选择吊球。

【教学指导】练习初期，为了降低传接球的难度可以不加防守，当球员熟练掌握后再增加防守球员，以增加练习的难度。还应提醒进攻球员观察对手和篮下防守球员的防守漏洞，及时选择传球或吊球。

提醒球员在卡位时，能跨一步接到球就不要选择失去位置拿到球。

【练习方法】5名球员一组，1个球，1个球柱。3名球员在距离球柱4~5米处呈三角的位置移动传接球并投篮。①号球员在篮下卡位抢篮下球，❶号防守球员采用在前防守在篮下干扰靠近球柱的传球。（见图7-8）

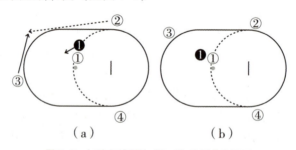

图7-8　加防守球员的"3-1"阵形卡位练习

【要求】

①传球5次以上才可投篮。

②卡位球员应根据球的方向不断改变自己的卡位位置，并利用躯干将对手挡至距离球柱一臂的位置。

③卡位球员应始终能够看到球。

142

④不允许运用犯规动作卡位。

变化一：增加防守球员，以加大传接球的难度。

变化二：防守球员在篮下采用在后防守时，进攻球员应快速传球给进攻卡位球员投篮。

变化三：变化移动的方式及传球的方向。

【小提示】外围传球球员应时刻观察篮下卡位球员的位置和防守球员的位置来选择传球的方向或选择投篮。卡位球员应提醒同伴投篮以增强投篮球员的信心。

【教学指导】练习初期应强调降低身体重心，并利用躯干感知对手的位置，让球员逐步习惯侧身看球卡位。卡位球员要在看球的同时，在球出手的瞬间预判球的落点和反弹的方向，先卡人，后拿球。

【练习方法】6名球员一组，1个球，1个球柱。2名球员在外围移动传接球，篮下2名进攻球员为同性，2名防守球员试图在前防守，进攻球员通过交叉或者挡挂到助攻位置，另1名进攻球员卡好位置。（见图7-9）

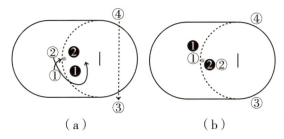

图7-9　篮下交叉、挡挂练习

【要求】当进攻球员是同性时，防守球员在做好一对一防守的情况下，应及时提醒队友随时准备交换防守，还应强调在助攻球员拿到球的瞬间不要犯规。

变化：助攻球员角色变化。

【小提示】如果进攻卡位球员没有好的位置，可以通过改变投篮的位置变无利为有利。

【教学指导】日常练习时要时刻提醒球员在一对一防守助攻时控制好与进攻球员的距离，要求提醒防守球员在助攻球员拿到球前不要犯规。另外，还应要求篮下进攻球员把握好卡位的位置和助攻的时机。练习初期可以通过让外围球员在没有防守的情况下进行练习，当球员体会到助攻和卡位的感觉后，通过增加防守球员防传接球来提升练习的难度。

【练习方法】6名球员一组，1个球，1个球柱。2名球员在外围移动传接球，另外2名攻守球员在篮下卡位。篮后❷号球员试图在前防守，②号球员利用球柱和篮下卡位形成的人墙挡掉防守球员助攻，①号球员抢篮下球。（见图7-10）

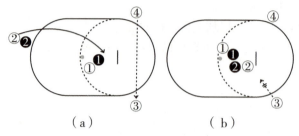

图 7-10 利用球柱进行助攻练习

【要求】

①卡位球员应根据球的位置及时调整卡位的位置。

②投篮后助攻球员应角色转换为卡位球员抢篮下球。

③防守球员注意在前防守时要人球兼顾。

变化：助攻球员或卡位球员角色转变为进攻投篮。

【小提示】防守卡位球员时，可根据助攻球员的位置切断接球，或干扰助攻球员顺利到达助攻位置。

【教学指导】在降低传接球失误率的前提下还应要求球员多观察防守球员和卡位球员的防守态势，要善于抓住对方抄球犯错的机会，及时拉开接球投篮。练习的初期，外围球员在没有防守的情况下进行传接球和投篮练习，而后再要求篮下防守球员不采用断球来降低传接球和投篮的难度，使球员找到传接球和投篮的感觉后，通过增加外围防守球员来提高传接球和投篮的难度。篮下防守球员试图抢断传球，可进一步增加练习的难度。

【练习方法】8 名球员一组，1 个球，1 个球柱。3 名球员在距离球柱 5 ~ 6 米处呈三角形移动传接球，另外 3 名球员跟随防守。篮下 2 名攻守球员在篮下卡位抢篮下球，篮下防守球员采用在前防守，篮下进攻球员应不断扩大卡位的范围及位置，3 名进攻球员寻找机会采用吊球或直接传球的方式传球给篮下球员投篮。

变化一：可采用篮下直接投篮或跳开投篮得分。

变化二：当防守球员距离投篮球员过近或跳起封阻球时，卡位球员选择在篮后或篮前接球助攻。

变化三：篮下接球后采用后撤步投篮或撤步后接向前跨步投篮。

【要求】

①卡位球员应利用躯干将对手卡在身后。

②传球的方向应有利于卡位球员将防守球员卡在身后。

③卡位球员在拿到篮下球的瞬间及时预判选择投篮或传球给有自由位置的同伴。

④卡位球员可选择语言或肢体语言提醒同伴在某个区域投篮。

【易犯错误及纠正方法】

①卡位位置越来越小。篮下进攻球员应利用躯干和脚步移动，尽可能扩大篮下空间和位置，切忌在移动过程中越来越靠近球柱。

②篮下球员投篮时防守球员处于合理防守位置。篮下进攻球员在接球的同时应继续保持比防守球员更靠近球柱的位置。

③起跳抢球时机不好。应降低身体的重心，在投篮球员出手的瞬间判断落点及反弹的方向，卡住对手后跳起抢篮下球。

④抢到球后传球时机过晚。篮下球员在抢到球之前或抢到球的瞬间观察队友的位置，及时将球传给有自由位置的球员投篮。

【小提示】在荷球比赛中，卡位球员位置的好坏将直接决定进攻的连续性。因此抢占有利位置一定要考虑到队友球出手的位置和球的落点。抢篮下球并不是简单的对篮下位置的争夺，而是根据各种实际情况，选择最佳的方式，在第一时间阻止对方拿到篮下球而使自己顺利抢到篮下球。因此，应先卡人后卡位置，再选择移动去获得球。

【教学指导】增强卡位球员背部的感觉能力对取得良好的篮下位置具有重要的意义，因此，应加强这一方面的练习。同时，要求球员在进攻球员球出手的瞬间能够正确判断来球方向、速度、角度和落点，并及时占据有利位置。

投篮后或助攻后应迅速转为卡位球员争抢篮下球，尽可能地在切入篮下后取得好的篮下位置抢到篮下球。

获得篮下球直接后撤投篮是卡位球员比赛中最重要的得分手段之一，因此，要加强获得篮下球后顺势后撤或原地投篮的练习。

本章回顾

抢篮下球技术在比赛中是获得球权的重要手段。本章主要介绍了抢篮下球的技术分析、抢篮下球的方法和要求、抢篮下球的原则及抢篮下球技术的教学，其中抢篮下球的方法和要求是球员重点掌握的内容。

思考题

1. 抢篮下球技术分为几个部分？
2. 抢篮下球的方法和要求是什么？
3. 抢篮下球的原则是什么？
4. 抢篮下球技术在比赛中的应用有哪些？
5. 进攻卡位时，背对防守球员和侧对防守球员哪种方式有利？为什么？
6. 单手抢球、双手抢球、点拨球分别在什么情况下使用？

第八章

防守技术

防守技术与战术的配合是荷球比赛取得胜利的关键因素，其中防守投篮是荷球防守技术中非常重要的技术之一。

防守技术是指防守球员通过采用合理的技术动作和手段，直接截击对手的传接球或迫使对手无法投篮得分。现代荷球比赛中强调攻守平衡，具备平衡的攻守能力是团队取胜的重要因素。同性间一对一的防守是荷球运动中唯一的防守方式，因此，对防守球员的思想意识、技术、技能及体能等方面提出了更高的要求。个人防守技术的好坏不仅反映球员个人的防守能力，更是团队防守的基石和制胜的关键。

第一节　防守的原则和要求

一、防守的原则

（一）集中注意力原则

先防人、后防球。防守球员要有自信心和防守的欲望，要自始至终保持注意力的高度集中，专心做好一对一的防守。力争做到人球兼顾。

（二）始终靠近球柱原则

防守球员应始终比进攻球员靠近球柱（团队在前防守除外）。

（三）一臂距离原则

防守球员应始终与进攻球员保持一臂的距离，这样才能快速有效地限制进攻者的进攻意图。

（四）防切入原则

在防守切入和防守投篮的选择中，应优先选择防止对方切入得分。

（五）身体稳定性原则

防守任何位置的球员都应保持身体的稳定性。进攻球员接球后撤后，防守球员应做到"球到人定"，盲目前扑、跳起封阻等防守动作将会造成因身体重心过高而失去防守位置。

二、防守的要求

（一）快速解读对手

防守球员应尽快了解对手的进攻能力和技术特点，迅速制定制约对手的手段和方法，利用手臂和躯干妨碍对手传接球和投篮。

（二）随时调整防守的身体姿态

一是防守时需要一个既稳定又机动的准备姿势，应降低身体的重心，并保持身体平衡，以利于快速衔接下一个动作。

二是防守球员的背部是进攻者切入的主要位置。应根据进攻球员的进攻意图和习惯及时调整防守的动作及方式。

（三）良好的心理素质

防守球员要有制约对手的欲望和信心，要有顽强的拼搏精神和永不放弃的毅力。

第二节　防守技术的分类及分析

一、防守技术的分类

在荷球比赛中，将球投入球筐是唯一的得分手段，而防守的目的则是限制对手的得分。因此，正确掌握并熟练运用防守的技术方法，是赢得比赛的关键。（防守技术的分类见图8-1）。

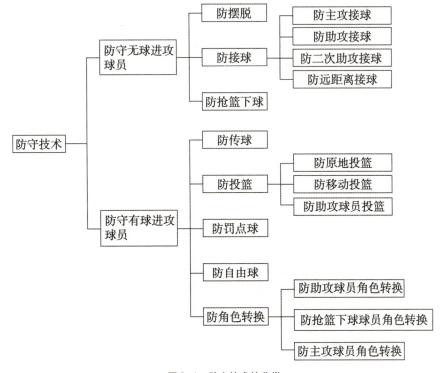

图8-1　防守技术的分类

二、防守技术分析

荷球比赛中，防守球员通过采用合理的技术动作和手段，直接截击对手的传接球或迫使对手无法投篮得分的技术动作被统称为防守技术。防守球员除了要有自信心和防守的欲望，还要自始至终保持注意力的高度集中，专心做好一对一的防守。

防守球员面向进攻球员，身体微微后倾，始终与进攻球员保持一臂距离（有球时应小于一臂距离并干扰其传球）。

【动作要领】（以左脚在前为例）两脚前后站立略比肩宽，屈膝，脚跟微微离地，身体的重心位于右脚上。左脚脚尖正向前方，位于对手移动路线的外侧，右脚位于对手移动的路线上；左手掌心向前置于额头的前上方封堵对手投篮或传球的路线，右手掌心向后置于体侧阻碍传球或截断球。（见图8-2）

图8-2　防守技术基本姿势

【要求】

①重心不宜过低或过高。重心过低则无法封阻进攻球员传球，重心过高则无法快速启动且容易被对手切入。

②始终与进攻球员保持一臂距离。

③进攻球员接球的同时，防守球员应做到"球到人定"。

④力争做到人球兼顾。

【易犯错误及纠正方法】

①防守球员上身僵直或过于前倾。身体前倾不利于快速向后移动防其切入，应做到身体微微后倾。（见图8-3）

（正确）　　　　　（错误）

图8-3　上身过于前倾

②防守球员两脚平行站立。两脚平行站立不利于快速向后移动且容易被对手切过。两脚应前后开立，并阻碍进攻球员的切入路线，使进攻球员无法从其背向切入。（见图8-4）

（正确） （错误）

图8-4 两脚平行站立

【小提示】防守有球球员时应保持小于一臂的距离，且手要试图防阻球。防守的首要目的是使进攻者无法投篮、延误传球或出现传球失误等。其次是使进攻者无法切入得分而选择投篮。应积极利用脚步的移动及手臂的干扰，使进攻者无法投篮或被动出手投篮。

【教学指导】防守球员的手臂要根据进攻球员的意图做出调整，进攻球员无球移动时，防守球员应侧身防守，人球兼顾，手臂处于进攻者的接球路线上，对进攻球员接球造成干扰。进攻球员准备接球时，防守球员应靠近进攻者并挥动手臂，影响其接球。进攻球员接球后，防守球员应做到"球到人定、手随球动"。一手在侧，一手举高，在侧的手臂防进攻球员传球，举高的手臂试图封阻接球或投篮。进攻球员持球时，防守球员要始终保持封阻其投篮和传球路线，手随球动，使进攻球员无法轻易传球。

要使球员了解正确的防守姿势，学会利用站位及干扰逼迫对手做不擅长的事情或向远离球柱的方向移动，使被动防守变主动防守。

第三节 防守技术及练习方法

一、防无球进攻球员

（一）防摆脱

防守无球进攻球员时，应根据其移动的特点及个人的进攻能力，利用脚步移动及防守动作干扰其进攻节奏或改变其进攻方式。防守球员应与进攻球员始终保持一臂的距离，尽量做到人球兼顾。

防守球员应根据对手的移动节奏，采用侧身跑、交叉步等移动方式逼迫其改变行动路线，利用站位及干扰逼迫对手做不擅长的事情。

进攻球员的基本移动路线见图8-5。

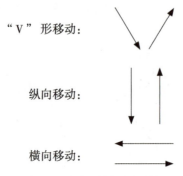

"V"形移动：

纵向移动：

横向移动：

图8-5 进攻球员基本移动路线

【练习方法】2人一组。进攻球员采用折线的方式向前慢跑，每跑3步变换1次方向。防守球员采用侧身跑的方式移动防守。（见图8-6）

图8-6 折线变向防守练习

变化：进攻球员变换移动节奏与速度。

【要求】防守球员始终面向进攻球员，并与其保持一臂距离。

【练习方法】2人一组。进攻球员采用折线的方式向前慢跑，每跑3步变换1次方向。防守球员背向进攻球员向前移动，采用侧身跑的方式移动防守。

变化：进攻球员变换移动的节奏与速度。

【要求】回头用余光观察进攻球员的移动路线，试图用躯干干扰其移动的路线，并始终比进攻球员靠近球柱。

【练习方法】3名球员一组，1个球，1个球柱。助攻球员在球柱前2米的距离持球，2名球员在球柱前6~8米的距离一对一防切入练习。

变化一：变换进攻球员的移动方向及节奏。

变化二：由消极防守转变为积极防守。

变化三：防跳开投篮或防后仰投篮。

【要求】

①防守球员始终与进攻球员保持一臂距离；身体重心处于两脚之间，不可盲目跳起

或过于前倾，导致身体失去重心。

②用余光观察进攻球员的脚步及身体的重心，提前用躯干封阻其移动路线，并用手臂干扰其传接球及投篮。

【练习方法】 3人一组，1个球，1个球柱。助攻球员在球柱前0.5米处或球柱后1米处持球，2名球员在球柱前2.5米处一对一防接球。

变化一：防守球员与进攻球员保持小于一臂距离，手臂上举。采用消极的防守使其顺利接到球。

变化二：防守球员与进攻球员保持小于一臂距离。采用积极的防守使其不能够顺利出手投篮。

【要求】

①防守球员与进攻球员保持小于一臂距离，一只手主动上举防接球。

②防投篮的同时，应利用脚步封阻其切入的路线。

③不鼓励跳起封盖。

【易犯错误及纠正方法】

①防守切入投篮时，身体重心过于前倾。身体重心前倾不利于向后启动。应将身体的重心置于后脚上，随时准备启动防守。（见图8-7）

（正确）　　　（错误）

图8-7　重心前倾

②两脚前后站立呈一条直线。两脚呈一条直线前后站立不能有效防阻进攻球员的移动路线。应利用双脚封阻其进攻路线。（见图8-8）

（正确）　　　（错误）

图8-8　两脚前后站立呈一条直线

③两脚左右平行站立。两脚平行站立不利于向后（前）启动，很容易被对手切过。两脚应前后站立，略比肩宽，以便于后撤防守。（见图8-9）

（正确）　　　（错误）

图8-9　两脚左右平行站立

④防守距离过近。防守距离过近易被对手切过。应根据自己的防守能力来选择与对手保持的距离。（见图8-10）

（正确）　　　（错误）

图8-10　防守距离过近

⑤防守距离过远。防守距离过远可使进攻球员轻松接球后投篮。（见图8-11）

（正确）　　　（错误）

图8-11　防守距离过远

⑥防守球员重心过高。重心过高不利于启动，容易被对手切过。（见图8-12）

⑦回头看篮下球。防守球员回头看篮下球的瞬间进攻球员可轻松摆脱其防守，应专心一对一的防守。

⑧用手臂阻挡进攻球员的移动。防守球员应利用脚步快速后撤（向前）防守，避免与进攻球员发生肢体的接触。

⑨跳起封阻球。跳起封盖易被进攻球员利用跳起的时间差切入投篮，应做到"球到人定"。

（正确）　　　　（错误）

图 8-12　防守球员重心过高

【小提示】防守球员要有防守的欲望和必胜的信心，应沉着、冷静与专注，并根据对手的进攻能力，与其保持适当的距离。通过积极的脚步移动及手臂干扰，迫使其停止行动或改变行动的方向与进攻的节奏。

【教学指导】正确的防守姿势和永不放弃的信念是高质量防守的前提。防守球员的背部是进攻球员的主要切过目标。训练中，应注重培养球员的防守意识及防守习惯，应强调始终集中注意力。

（二）防接球

无球球员会试图通过不断地变向、变速获得"自由位置"，因此防止无球队员接到球的难度较大。防守球员应根据球的位置，及时判断进攻者的意图、移动路线和速度，利用脚步移动、手臂干扰等手段，迫使进攻球员接不到球或接球后没有机会投篮。

1. 防主攻接球

进攻球员距离球柱较远时，防守球员可采用人球兼顾的防守方式。进攻球员距离球柱较近时，防守球员应专心做好一对一防守。通过观察进攻球员的眼神或队友的语言提示，及时判断球的位置及球可能飞行的路线与落点，挥动手臂阻碍对手接球或断球。

【动作要领】当球在进攻球员左侧时，防守球员应选择左手左脚在前防守，做到人球兼顾。如果进攻球员传球，可选择跨步上前阻碍对手接球。（见图 8-13）

图 8-13　前区人球兼顾防守

当球在前区而进攻球员在后区时，防守球员的身体应侧向球的方向，与对手的身体呈"L"形，做到人球兼顾，并始终比进攻者更靠近球柱。（见图 8-14）

图 8-14　后区人球兼顾防守

【练习方法】3 名球员一组，1 个球，1 个球柱。1 名进攻球员在球柱附近持球助攻，另 1 名进攻球员在球柱前 3 米处一防一接球后撤投篮。防守球员与进攻球员始终保持一臂距离。防守球员试图断球并干扰其接球。

变化一：转变为移动中的断球练习。

变化二：扩大练习范围，进攻球员可在任何位置接球，加大防守难度。

变化三：进攻球员接球后可根据防守球员的防守位置选择投篮或切入。

变化四：增加进攻和防守球员人数。

【要求】断球要果断、迅速，重心放在后脚上，不得与对手发生肢体接触。

【练习方法】3 名球员一组，1 个球，1 个球柱。助攻员在球柱前 1 米处持球助攻，进攻球员在篮前 3 米处接球后撤投篮。防守球员成基本防守姿势，进攻者接球后撤投篮的同时，防守球员积极上前干扰其接球。（见图 8-15）

图 8-15　三人防守投篮练习

变化一：转变为移动中的接球练习。

变化二：进攻者由原地接球变换为移动接球，以增加防守的难度。

变化三：进攻球员可根据防守球员的防守位置选择切入或投篮。

变化四：侧身看到球的防守。

【要求】防守球员始终与进攻球员保持一臂距离，手臂试图防阻球并向上举，不得下压。

【练习方法】3 名球员一组，1 个球，1 个球柱。①号球员在球柱前 6~7 米处持球，

②号进攻球员向篮后移动。❷号防守球员根据传球者的位置及传球的速度，判断球的落点试图断球。（见图8-16）

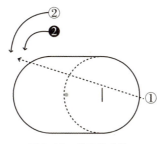

图8-16　篮下断球练习

变化一：防守球员采用拖后防守的方式，面向球柱断球。

变化二：采用盯人或人球兼顾的防守方式。

【要求】

①防守球员应根据球出手的速度、高度和角度判断球的落点，积极断球。

②要求进攻球员采用折线移动，并变换移动的节奏靠近球柱接球，以增加防守的难度。

【练习方法】5名球员一组，1个球，1个球柱。③号球员在篮前持球助攻，①号与②号球员于球柱前5米移动，❶号与❷号球员积极防守。（见图8-17）

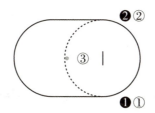

图8-17　篮下助攻情况下的攻防练习

变化一：进攻球员根据防守球员的防守位置选择进攻的方式。

变化二：防守投篮，由另一位防守球员快速至篮下，与助攻球员争抢篮下球。

变化三：两名进攻球员交叉后，同时或一前一后切入投篮。

【要求】

①2名防守球员采用开放式防守方式，身体面向另1名防守同伴。力争做到人球兼顾。

②防守球员始终与进攻球员保持一臂的距离，利用手臂干扰其接球。

③防守球员应降低身体的重心，以利于启动。

【练习方法】6名球员一组，1个球，1个球柱。3名进攻球员呈三角形在距离球柱6~8米的距离移动传接球。①号球员持球，②号球员迎球移动，再侧身向反方向移动。防守球员看到传球时应提醒同伴注意，❷号球员应根据球的位置及和对手的距离判断球的路线及落点，并防守其接球。（见图8-18）

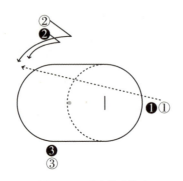

图 8-18　防守接球练习

变化一：防守球员只盯人，不抢篮下球。

变化二：进攻球员采用靠近球柱的"V"形移动。

【要求】

①防守球员不抢篮下球，始终盯人防守。

②传球 3 次后方可出手投篮，断球或传球失误 3 次后攻守互换。

③听到传球提示后，利用拖后防守方式面向球柱并靠近进攻球员，观察球的位置并试图断球。

④进攻球员投篮后应积极移动寻找自由位置。

【易犯错误及纠正方法】

①防守球员背向球的方向。背向球时，防守球员不容易做到人球兼顾。应将身体面向球的方向，人球兼顾，影响进攻球员的传球意图。（见图 8-19）

（正确）　　　　　　　　　　　（错误）

图 8-19　防守球员背向球

②断球时与进攻球员的距离过远。若断球失败，进攻球员接球后可轻松投篮。断球时，应先靠近接球球员并判断球的落点。

【小提示】防守时应集中注意力，降低身体重心，并与进攻球员始终保持一臂的距离。随着进攻球员的进攻意图和速度的变化快速做出相应的反应，迫使进攻球员无法接球或接球后无法投篮。应根据自己的防守能力断球，不鼓励因冒险断球而失去有利的防守位置。防守球员应根据进攻球员的进攻意图和能力快速制定制约进攻球员的手段。

【教学指导】练习中，应重视培养球员的防守意识、专注度和自信心。首先，要求球员端正态度，通过积极观察，逐步扩大防守的视野。其次，应反复要求防守球员与进攻球员始终保持一臂距离。防守远距离接球时，应根据球的位置和进攻者移动的方向，快速靠近进攻球员，根据队友的"吊球"提示，利用手臂断球。助攻球员持球于篮柱附近时，防守球员应降低身体的重心，集中注意力，积极干扰其接球。

2. 防助攻球员接球

靠近球柱的助攻位置俗称做球。助攻球员是场上的核心，荷球规则不允许运球或持球跑，进攻者必须依靠同伴间的传球，帮助处于自由位置的同伴接球后投篮。助攻球员距离球柱越近，进攻球员投篮的距离可能越靠近球柱；助攻球员距离球柱相对较远，有利于进攻球员切入投篮。助攻球员通常会利用球柱或人墙获得有利的助攻位置。防守助攻球员接球时，应预判助攻球员的意图和接球的位置，利用在前防守切断助攻球员的接球路线或阻碍其获得有利的助攻位置。

【动作要领】防守球员于进攻球员与球之间，面向或背向助攻球员，利用身体躯干使助攻球员远离球柱，或放弃助攻位置。

【练习方法】3 名球员一组，1 个球，1 个球柱。①号球员在球柱前 6 米处持球，②号球员从篮后上前助攻，❷号防守球员积极采用在前防守。（见图 8-20）

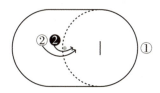

图 8-20 单人在前防守练习

变化一：变换移动的方向。

变化二：增加 2 名球员抢篮下球，以增加在前防守的难度。

变化三：防守球员在前防守时，进攻球员可根据防守球员的位置进行角色转换。

【要求】

①防守球员应预判进攻球员的进攻意图，并处于助攻球员与球之间的位置。利用身体封阻其传接球路线。

②利用语言提醒同伴当前的防守态势。

【练习方法】5 名球员一组，1 个球，1 个球柱。①号球员于球柱前 6 米处持球，②号球员抢篮下球，③号球员利用人墙挡挂防守球员获得助攻位置，❷号与❸号防守球员采用在前防守。（见图 8-21）

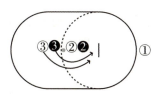

图 8-21 双人在前防守练习

变化：防守球员在前防守时，助攻球员可根据防守球员的位置转换角色，寻找自由位置投篮。如助攻球员无法获得自由位置，可再次利用球柱挡挂获得助攻位置。

【要求】

①防守球员应预判进攻球员的意图，快速缩小与进攻球员的距离，提前封阻其助攻位置。

②积极应对进攻球员的角色转换，缩小与进攻球员的距离。

③篮下同伴应利用身体的位置，快速为同伴让出防守的通道，帮助其缩小与进攻球员之间的距离。

【练习方法】4 名球员一组，1 个球，1 个球柱。①号与②号球员于球柱前 6 米处移动传接球，③号球员寻找最佳的助攻时机获得助攻位置，❸号防守球员采用在前防守阻碍助攻球员接球助攻。（见图 8-22）

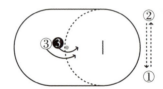

图 8-22　四人在前防守练习

变化一：增加防守球员人数，对①号与②号球员进行防守。

变化二：防守球员在前防守时，进攻球员可以根据防守球员的位置进行角色转换。

【要求】

①防守球员应根据球的位置变化积极改变防守的位置及方式。

②预判进攻球员的意图，并力争防守在助攻球员与球之间的位置。及时提醒同伴当前的防守态势。

【练习方法】6 名球员一组，1 个球，1 个球柱。①号与②号球员在距离球柱 6 米处移动中传接球，③号球员在篮下抢篮下球，④号球员利用球柱和人墙获得助攻位置，❸号与❹号防守球员应提前预判进攻球员的进攻意图，阻碍助攻球员获得最佳助攻位置。（见图 8-23）

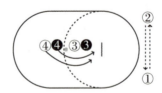

图 8-23　篮下双人在前防守练习

变化一：❹号球员在前防守时，④号球员可根据其防守位置寻找自由位置投篮。

变化二：①号、②号球员变化移动方向及距离，加大防守难度。

变化三：❸号球员帮助抢断传至助攻位置的球。

变化四：持球球员根据防守球员的意图选择传球对象。如❸号球员试图抢断传向助攻位置的球时，持球球员可直接将球传至③号球员。

【要求】防守球员应预判进攻球员的意图和移动路线，始终与进攻球员保持一臂距离，力争守在进攻者与球之间，迫使对手放弃助攻位置或失去最佳的助攻时机。

　　3.防二次助攻接球

　　【动作要领】防守球员应保持启动状态，助攻球员将球传向进攻者的瞬间，防守球员应快速向前封阻助攻球员再次接球。（见图8-24）助攻球员原地右手持球，防守球员应从助攻球员右侧在其传球的瞬间快速向前至助攻球员与球之间靠近助攻球员的位置防守二次接球；进攻球员采用侧移接球时，防守球员应选择移动路线最短、更靠近助攻球员接球的方向上前防守，逼迫助攻球员放弃助攻位置。

图8-24　防二次助攻接球站位

　　【练习方法】3名球员一组，1个球，1个球柱。1名球员在球柱前6~7米处移动接球，1名球员在球柱前2米处助攻，1名球员在后防守。防守球员根据助攻球员的接球方式和移动方向选择防守二次助攻的时机与方法。

　　【要求】

　　①防守球员应根据助攻球员的移动方式选择防守位置。

　　②助攻球员将球传出的瞬间，防守球员快速移动至助攻球员与进攻球员之间。

　　③如遇身材高大的助攻球员，防守球员应预判进攻球员的传球意图，防止其吊球至篮下投篮得分。

　　【易犯错误及纠正方法】

　　①防守球员没有预判助攻球员的行动意图，使其轻易获得最佳助攻位置。应加强预判，与进攻球员保持适当的距离，利用身体的位置切断或阻碍对手接球的路线。

　　②冒险断球，造成助攻球员接球后转身投篮。防守球员如果没有提前守在助攻球员与球之间，应谨慎选择断球。

　　③助攻球员接吊球后投篮。应根据助攻球员的身高和防守能力选择防守方式。

　　【小提示】助攻球员通常由女性球员担任。防守球员除专心防守外，还要力争做到人球兼顾。要根据助攻球员的位置和球的位置，采用在前防守提前阻断助攻球员的助攻路线。若助攻球员投篮命中率较高，防守球员应以防投篮为主。如果助攻球员接到球，防守球员应采取在其侧后防守的方法。如果助攻球员选择传球，防守球员应在其传球的瞬间快速绕前防守二次助攻。

　　【教学指导】在前防守时，防守球员应始终处于助攻球员与球之间。当助攻球员试

图向助攻位置移动时，防守球员应加速向前守在助攻球员前方，阻断其接球路线。

4.防远距离接球

进攻球员为了使防守球员看不到球，选择向远离球的方向移动，并使防守球员背向球以利于接球。

【动作要领】进攻球员向远离球的方向移动时，防守球员面向球柱并快速靠近进攻球员防守，并用余光观察持球球员，在球出手的瞬间判断球的速度、角度及落点，选择断球或防守进攻球员投篮。

【练习方法】3名球员一组，1个球，1个球柱。1名球员在距离球柱6米处准备传球。另外2名攻守球员距离持球球员3~4米处，听口令向远离球的方向移动，防守球员面向球柱并靠近攻球员防守，并用余光观察持球球员，在球出手的瞬间判断球的速度、角度及落点，选择断球或防守进攻球员投篮。

变化：增加1名球员呈三角形站位持球传球。

【要求】加强预判，注意力要集中，防切入。

(三) 防抢篮下球

进攻抢篮下球球员利用球柱、助攻球员获得较为有利的抢篮下球位置。防守球员利用积极的移动等方式分散其注意力而使其失去较为有利的位置。防守球员要做到人球兼顾。

【动作要领】（以在前防守为例）两脚开立略大于肩宽，降低身体重心，身体一侧向着球的方向。在进攻球员的体前或体侧靠前的位置防守，做到人球兼顾，防止其接球助攻或接球后投篮。（见图8-25）

图8-25　防抢篮下球

【练习方法】3名球员一组，1个球，1个球柱。1名球员在距离球柱6米处准备接球投篮。抢篮下球球员持球于球柱前1.5米处传球，球出手的瞬间采用在前防守，防止其二次助攻。

变化一：篮下2名球员抢到球后做后撤投篮或跳开投篮，另1名球员转变为防守球员干扰其投篮。

变化二：增加进攻球员。

【要求】降低身体重心，利用身体紧贴进攻球员或守在进攻者的体侧。

【练习方法】3 名球员一组，1 个球，1 个球柱。1 名球员在球柱前 6 ~ 7 米处持球投篮，另外 2 名球员在球柱两侧拼抢篮下球并防守对方抢到球后投篮。

变化一：2 名球员在球柱前 2 米处原地做高抬腿，球出手后迅速卡位。

变化二：抢到篮下球后，将球传给投篮球员后撤投篮。

变化三：投篮后提醒同伴球的反弹方向，3 名球员同时拼抢后补篮。

【要求】应提前预判球的落点及反弹的方向，利用躯干将对手卡离篮下拿到球。

【练习方法】5 名球员一组，1 个球，1 个球柱。3 名球员在距离球柱 5 ~ 8 米的距离呈三角形移动传接球。❹号球员采用在后防守，在移动中利用身体躯干将④号进攻球员卡在距离球柱一臂以外的距离，防阻其靠近球柱接球。（见图 8-26）

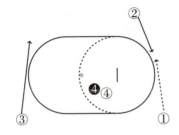

图 8-26 "3-1"阵形的在后防守练习

变化一：增加 3 名防守球员。

变化二：传球 3 次后投篮，若进攻球员抢到篮下球可后撤投篮，若防守球员抢到篮下球则转变为进攻角色。

变化三：更换卡位的对手。

【要求】降低身体重心，快速调整移动步法，用身体的躯干将对手卡在远离球柱的位置。应防止卡位球员利用左右移动来转移防守球员的注意力，并防止进攻球员采用突然绕前的方法将防守球员卡在身后接球投篮。

【练习方法】5 名球员一组，1 个球，1 个球柱。3 名进攻球员在距离球柱 6 ~ 8 米以外呈三角形移动传。❹号球员采用在前防守时，应在移动中防阻④号球员接球助攻或抢到篮下球后投篮。（见图 8-27）

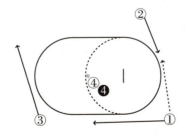

图 8-27 "3-1"阵形的在前防守练习

变化一：变换卡位的次数与时间。

变化二：①号、②号、③号球员采用靠近球柱的"V"形移动方法。

变化三：进攻球员接球后可选择原地或后撤投篮。

【要求】 降低身体重心，预判球的方向，提前防守在持球球员与卡位球员之间或体侧，防止卡位球员接球助攻。

【易犯错误及纠正方法】

①背向球的方向，看不到球。应做到人球兼顾。（见图8-28）

（正确）　　　　　　　　　　　　　　　　（错误）

图8-28　防守者背向球

②防守球员与球柱之间距离过近，被"卡"在柱子上。应降低身体重心，利用身体躯干使对手接不到球。（见图8-29）

（正确）　　　　　　　　　　　　　　　　（错误）

图8-29　防守者与球柱之间距离过近

③防守球员远离球柱。防守球员远离球柱将导致对手获得吊球机会后直接投篮得分。应利用脚步移动干扰等方法重新获得有利的位置。（见图8-30）

（正确）　　　　　　　　　　　　（错误）

图8-30　防守球员远离球柱

④身体重心过高。身体重心过高容易使对手利用躯干将其卡至远离篮下的位置。应降低身体的重心，在球出手的瞬间判断球的力量、角度、速度、弧度及落点，积极抢夺篮下球。（见图8-31）

（正确）　　　　　　　　　　　　（错误）

图8-31　身体重心过高

⑤没有及时封堵球传球的路线。在前防守时应观察并预判来球的路线。

⑥接球后拉开投篮。应专心守好对手，并提前预判。

⑦对来球方向及球的落点判断错误。应根据传球的角度、出手点的高低、速度和球出手后的运动轨迹判断球的落点。

【小提示】卡位的位置与时机是获得篮下球的重要前提。如果进攻球员靠近球柱，应积极采取移动等方式迷惑、干扰对手，变被动为主动。当球反弹到远端时，应利用身体躯干挡住其移动路线，根据球的落点抢夺篮下球。进攻球员拿到篮下球后，防守球员应快速绕前防守，防止其投篮或投篮不中后补篮。

【教学指导】防守时应积极观察进攻球员的移动习惯、移动速度和投篮能力并选择防守的方式。应先保证进攻球员始终在自己的视野之内，专心一对一守好对手，切勿因看球而丧失防守的位置。要充分利用身体的躯干体会进攻球员的身体位置，根据投篮球员出手的瞬间预判球的落点。应重视培养个人与整体的防守意识和拼抢篮下球的欲望，不断提高防守球员的技术水平和综合能力。

二、防有球进攻球员

进攻球员接到球前，防守球员应及时调整防守的距离和动作。在进攻球员获得球的瞬间，运用各种技术和手段对其传球或投篮进行干扰。

（一）防传球

防守球员要优先防进攻球员接球后传切上篮。进攻球员无法切入时应干扰其传球。当进攻球员接球的瞬间，防守球员应根据球的位置及时判断进攻球员的意图，调整身体的重心和防守动作，挥动手臂干扰其传球，或迫使其不能及时准确地将球传出。

【动作要领】两脚左右开立大于肩，身体的重心在两腿之间，举起双臂积极防阻传球。（见图8-32）

图8-32 防传球动作要领

【要求】利用身体躯干与手臂封阻进攻者的传球和切入路线，积极防阻传球。

【练习方法】4名球员一组，1个球。3名球员在6米左右的距离移动传球。1名防守球员在进攻者之间防守。

变化：增加进攻及防守球员的人数。

【要求】集中注意力，加强沟通，协同配合，积极断球。

【练习方法】5名球员一组，1个球。3名进攻球员相距6米左右移动传球。2名防守球员在进攻球员之间断球。

变化：变换练习的时间及距离。

【要求】应与进攻球员保持一定的距离，身体的重心不易太高。防守球员之间应相互提醒。传球失误的球员转换为防守球员。

【练习方法】8名球员一组，1个球，1个球柱。2名球员在球柱下一对一卡位，其他3名进攻球员在距离球柱6~8米的距离呈三角形移动传接球。3名防守球员一对一防传接球。

变化一：进攻球员处于自由位置时可以选择投篮。

变化二：卡位球员靠近球柱时，及时传球给卡位球员投篮。防守球员应积极守在前。

变化三：防守球员防守距离过远，进攻球员可采用切入投篮。

【要求】进攻球员传球时，防守球员应提醒同伴断球或紧逼防传球，防守卡位的球员应根据其意图防其助攻或投篮。

【易犯错误及纠正方法】防守距离过远。防守距离过远易造成进攻者接球后投篮，或利用防守球员快速向前防守的时间差及位置差快速传切上篮。防守球员与进攻球员要始终保持一臂或小于一臂的距离。进攻球员接球的瞬间，防守球员应做到"球到人定"，利用身体躯干及两腿将进攻球员的切入路线堵死，利用双手防止其传球。

【小提示】不要被对手的假动作迷惑，要及时发现对手进攻的特点、习惯和意图，有针对性地迫使其改变传球的动作、方向和时机等。应根据战术的需求，积极有效地紧逼防止对手传球，这样既可以延误进攻的时间，同时也可以打乱对手的进攻节奏。

在"死球"的情况下，所有防守球员应采取积极紧逼的方式封堵传接球，但应优先保证不被对手传切上篮或投篮。

【教学指导】在防守过程中，集中注意力，且与进攻球员保持适当的距离十分重要。防守时应根据个人的能力采取积极有效的防守动作和手段限制对手的进攻意图。练习中，应根据场上的情势预判即将发生的情况和已经发生的情况，及时用语言或肢体动作提醒同伴，并养成好的习惯，提倡"人球兼顾"。

（二）防投篮

防守球员应根据进攻球员的移动能力、投篮能力提前预判进攻球员的意图，先利用手臂试图干扰其接球，在进攻球员接到球的瞬间积极封阻球，防止其出手投篮或降低其投篮的命中率。

1.防原地投篮

【动作要领】（以左脚在前为例）两脚开立略比肩宽，降低身体重心并将身体重心移至右脚，左手手臂上扬干扰或试图封阻其投篮。（见图8-33）

图8-33　防原地投篮动作要领

【要求】防守球员应与进攻球员始终保持一臂的防守距离。进攻球员接球的瞬间，防守球员要做到"球到人定"，并与进攻球员保持小于一臂的距离，手臂试图封阻球，

并干扰其投篮。

【练习方法】 3 名球员一组，1 个球，1 个球柱。1 名球员在球柱前持球助攻，进攻球员在距离球柱 5~6 米的距离接球后双脚原地投篮。防守球员面向进攻球员并与其保持一臂的距离，当进攻球员接球的瞬间，干扰其投篮。

变化一：防移动中接球。

变化二：防向前起跳投篮。

变化三：防接球原地后仰投篮。

【要求】

①应与进攻球员始终保持一臂的距离并将身体重心置于两腿之间，手向上举封阻其投篮或传球。

②不鼓励跳起封盖，应避免身体接触而造成犯规。

③手臂不可以向下压迫防守，这样容易造成防守犯规。

2. 防移动投篮

荷球比赛多采用移动投篮。进攻球员通过移动改变路线使防守球员看不到球而错失防守的时机。因此，防守球员应根据个人的能力和经验试图看到球并防守进攻球员投篮。

【动作要领】 根据进攻球员目视的方向判断球的位置，始终与进攻球员保持一臂的距离，根据自己的判断及同伴的提醒，在体侧或头上方挥动手臂干扰或阻挡对手接球。当进攻球员将要接到球或接到球的瞬间，快速靠近进攻球员并用手臂试图封阻或干扰投篮。

【练习方法】 3 名球员一组，1 个球，1 个球柱。1 名球员在球柱下持球助攻，防守球员在距离球柱 2~3 米的距离面向进攻球员，进攻球员原地接球后撤投篮。

变化一：变换练习的距离、方向。

变化二：由消极防守变积极防守。

【要求】

①防守球员一只手向上举防头上传球，另一只手在体侧断体侧传球。

②应观察进攻球员右（左）脚的位置，右（左）脚在前时，应防左（右）侧后方撤步投篮。先采用并步向前防守。

【练习方法】 3 名球员一组，1 个球，1 个球柱。1 名助攻球员在球柱前 2.5 米的距离持球。进攻球员在 6~7 米的距离切入 "V" 投。

变化：由消极防守变积极防守。

【要求】

①防守球员应降低身体重心，积极防阻传球。

②防投篮时应卡死进攻球员的切入路线。

③快速移动防切入，并利用身体的躯干逼迫其绕行或移动至更远的距离投篮。

【练习方法】 5 名球员一组，1 个球，1 个球柱。1 名球员在球柱下助攻，2 名球员在球柱下卡位。进攻球员在距离球柱 6~8 米处接球后撤一步或两步佯装投篮，后传切呈

"L"形移动投篮。防守球员应与进攻球员保持一臂的距离，当进攻球员接球的瞬间积极防守。

变化一：防守助攻球员用声音提示传球的方向，防守球员积极断球。

变化二：由消极防守变积极防守。

【要求】

①降低身体重心以利于快速启动。

②集中注意力并与进攻球员保持一臂的距离。

【练习方法】3名球员一组，1个球，1个球柱。②号球员在篮前持球助攻，①号球员"V"形移动接球后投篮，❶号防守球员积极防守。（见图8-34）

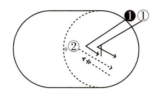

图8-34　防守"V"字形投篮

变化：投篮后抢篮下球。

【要求】应与进攻球员保持小于一臂的距离干扰投篮。

【练习方法】8名球员一组，1个球，1个球柱。④号与❹号球员在球柱前争抢篮下球，3名进攻球员以球柱为中心呈三角形移动传接球，④号球员根据❶、❸号防守球员的防守位置，及时接球助攻，外围进攻球员伺机切入上篮或接球投篮。（见图8-35）

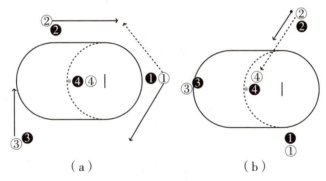

（a）　　　　　　　　　　（b）

图8-35　"3-1"阵形下的防守练习

变化一：由消极防守变积极防守。

变化二：投篮后抢篮下球。

【要求】

①防守球员应卡住进攻球员的进攻路线，防止对手从背后切过。

②防守时，应降低身体的重心，不要跳起前扑，以免失去重心被对手切过或造成身体接触犯规。

③移动中应提醒同伴切断其传球路线。

【易犯错误及纠正方法】

①防守球员与进攻球员的距离太远或太近。如果防守球员的防守距离太远，进攻球员很容易接球后撤投篮或利用跳起前扑的瞬间切过防守球员；如果防守球员的防守距离太近且没有封阻进攻球员的切入路线，进攻球员很容易切入上篮。

②进攻球员投篮后防守球员转身背对进攻球员或回头看球。进攻球员可利用防守球员回头看球的瞬间避开防守者球员寻找自由位置投篮或切入投篮、抢夺篮下球等。每位球员应集中注意力，专心做好一对一的防守。

③防守犯规。被进攻球员切入后二次犯规；因防守距离过远跳起封阻打手或球出手后的身体冲撞等。应清楚地了解荷球规则，养成集中注意力的习惯。

【小提示】 防守球员应与进攻球员始终保持在一臂的防守距离，集中注意力，团队之间相互配合，力争人球兼顾。根据进攻球员的投篮能力和投篮习惯与其保持适当的距离，先防切入，后干扰投篮。

【教学指导】 防守球员应降低身体的重心处于启动状态，当进攻球员接球的瞬间，先合理封堵其切入的路线，并利用脚步快速移动上前挥动手臂积极封阻球，迫使其放弃投篮或影响其投篮的命中率。

3. 防助攻球员投篮

防守球员应处于助攻球员与球柱之间的合理防守位置，并将一只手臂上举防止其投篮，另一只手臂防止助攻球员突然转身投篮或跨步转身投篮。

【动作要领】 两脚左右开立大于肩，膝关节微曲，身体的重心在两腿之间，两腿将助攻球员挡在体前。两眼观察助攻球员所视的方向，手臂举至上方防守投篮。（见图8-36）

图8-36　防助攻球员投篮动作要领

【要求】

①防守球员要高声提醒同伴助攻球员即将助攻的路线。

②利用两腿将助攻球员挡在体前，防止其向后抛投或跨步向前接球转身投篮。

【易犯错误及纠正方法】

①防守球员在助攻球员体侧或双脚在进攻球员两腿之间站立。两脚应卡住对手，使其无法原地转身后撤投篮。（见图8-37）

（正确）　　　　　（错误）

图8-37　防守站位错误

②防守时手臂位置错误。手臂应始终保持防守动作，防止对手向后抛投。（见图8-38）

（正确）　　　　　（错误）

图8-38　防守时手臂位置错误

【小提示】防守球员应优先防接球后撤步转身投篮，或跨步转身投篮。应养成防守的习惯。

【教学指导】防守球员应始终保持清醒的头脑，与进攻球员保持一臂的距离，卡住进攻球员的投篮路线。应积极封阻球，使其放弃投篮，降低其投篮的命中率。因此，一对一专心守好自己的防守对象非常重要。

（三）防罚点球

罚点球的命中率非常高。执行罚点球的球员受体能、心理因素等方面的影响可能造成投篮失误，因此防守球员应防止罚点球球员投篮不中抢篮下球后补投。

【动作要领】执行罚点球球员球出手的瞬间，同性防守球员在罚球区外迅速切至篮前抢篮下球或防守对手罚球不中后补篮。（见图8-39）

（a）　　　　　　　　　　　（b）

图 8-39　防罚点球动作要领

【要求】

①切入后用躯干挡住对手抢篮下球。

②防对手罚球不中后补篮。

【易犯错误及纠正方法】

①冲抢的时机较晚。应集中注意力。

②被进攻球员补投。应先快速切至篮前防投篮不中后接球投篮。

③防守球员犯规造成重新罚点球。球离手的瞬间其他球员才可以进入罚点球区，脚不要踩罚点球区的线及罚点球的线。

【小提示】球出手的瞬间，应迅速移动至篮下抢投篮不中的篮下球，应防守罚球球员投篮不中后的补篮，避免被对手卡在身后。

【教学指导】防守执行点球的同性球员一定要做好启动的准备，应集中注意力，在球离手的瞬间，迅速切入防守或争抢篮下球。还应另外安排一位男生抢篮柱后面投篮不中的球。如果是男生执行罚点球，不建议女生抢篮下球，以免受伤。

（四）防自由球

执行自由球具有距离球柱近、投篮方式和位置变化多，且命中率高等特点。在实战中应总结经验，勤思考，变被动为主动，积极干扰投篮或降低投篮的命中率。

【动作要领】执行自由球的哨声发出后，在发球球员的四肢和躯干有移动的瞬间，1名同性防守球员迅速移动上前防投篮。（见图 8-40）

图 8-40　防自由球动作要领

【练习方法】4 名球员一组，1 个球，1 个球柱。助攻球员位于执行自由球球员的一侧（或任意位置），1 名防守球员靠近球柱的一侧防守助攻球员，另 1 名防守球员在篮下一侧防守发球者。听哨音快速启动防进攻球员投篮。

变化：变换防守球员的防守位置。

【要求】

①进攻球员可根据防守球员的位置采用接球后原地投篮、后撤投篮、向前移动投篮或助攻球员角色转变直接投篮等方式，防守球员应协同配合，积极防守投篮。

②由于距离的原因，防守执行自由球球员的难度较大，每一位防守球员都必须一对一专心防守好自己的防守对象，特别是不能使其投篮不中后补篮。

【易犯错误及纠正方法】

①防守球员没有站在比进攻球员更靠近球柱的位置。应始终保持合理的防守位置。

②发球球员的四肢和躯干没有移动之前防守球员提前进入或踩线。应集中注意力，并在站位的时候不要踩线。

③挑起封盖球造成犯规。应快速上前干扰其投篮，并防止其他球员接球投篮，一对一积极防守。

【小提示】防守投篮球员一定要集中注意力，降低身体的重心，在执行自由球球员的身体躯干和四肢稍有移动的瞬间，快速启动上前干扰其投篮及补篮。

【教学指导】积极防守并干扰是影响其投篮命中率的关键。应先积极干扰执行自由球球员与助攻球员的传接球路线，影响其传接球的质量及节奏。每一位防守球员应各司其职，紧密配合，及时、快速移动上前积极干扰其投篮，或降低其投篮的命中率。

（五）防角色转变

角色转变是指场上球员在比赛过程中改变原定角色的总称。荷球比赛中的角色转变通常指助攻球员转变为进攻投篮角色或卡位角色；卡位球员转变为进攻投篮角色或担任助攻角色；主攻球员转变为卡位角色或助攻角色。

1. 防助攻球员角色转变

助攻球员在助攻的位置或将要到达助攻位置接球的瞬间，突然改变助攻角色变为进攻球员或卡位球员。防守球员应提前预判应对其角色转变。

【练习方法】5 名球员一组，1 个球，1 个球柱。②号与❷号球员在篮下卡位，③号球员在球柱前 2.5 米的位置助攻，❸号球员在助攻球员背后举手防守，①号球员在助攻球员前方 6 米左右的距离传球给③号球员，③号球员接球的瞬间向前跨步转身投篮，防守球员积极上前防守。（见图 8-41）

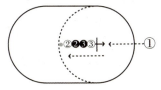

图 8-41　防跨步转身投篮

变化：增加1名防守球员防传球。

【要求】防守球员应集中注意力，提前预防可能出现角色变换。

【练习方法】5名球员一组，1个球，1个球柱。②与❷球员在球柱前卡位，①号球员在球柱前7米的距离持球准备传球。③号球员从球柱后试图绕前助攻，❸号球员采用在前防守阻止助攻做球。③号球员利用球柱或人墙向球柱后的左（右）侧移动接球后撤投篮。防守球员快速上前防守。（见图8-42）

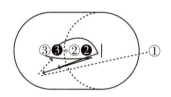

图8-42　防篮后拉开投篮

变化：增加1名防守球员防传球。

【要求】防助攻球员时，要保持一定的距离，通过人墙、球柱的缝隙及快速的移动防止其接球。因此，防守的距离不易过远。采用在前防守助攻接球时，大家应齐心协力，卡位球员应提醒防守持球的球员积极防守，防止其传球给助攻球员接球投篮。

【练习方法】5名球员一组，1个球，1个球柱。②号与❷号球员在球柱下卡位，③号球员在球柱前2.5米左右的距离助攻。①号球员在8米左右的距离传球给助攻球员，❸号球员在其体侧防守，③号球员接球的瞬间转身投篮。防守球员积极后撤防守干扰投篮。（见图8-43）

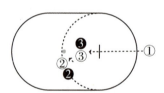

图8-43　防直接转身投篮

【要求】防守球员应加强预判，不可贸然绕前断球。应提前预判，防对手投篮。

【练习方法】5名球员一组，1个球，1个球柱。②号与❷号球员在球柱下卡位，③号与❸号球员在球柱前2.5米左右的距离持球助攻。①号球员在6~7米的距离移动接球投篮，③号球员迅速转身卡位抢篮下球。防守球员应快速移动防止对手卡位抢篮下球（见图8-44）。

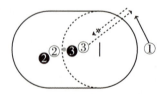

图8-44　防助攻球员抢篮下球

【要求】防守球员应集中注意力，加强预判，防止对手绕前卡位。

【易犯错误及纠正方法】

①助攻球员接球的瞬间直接转身投篮。在侧防守时，应准确判断来球的方向，断球应果断，如果没有机会，则应迅速后退阻止助攻球员转身投篮。

②没有及时跟进防止投篮。应集中注意力并与其保持小于一臂的防守距离。

③助攻球员接高吊球投篮。助攻球员身材较高，不易采用在前防守或谨慎采用在前防守。加强预判，在进攻方采用高吊球时球离手的瞬间及时回防。

④进攻球员投篮后，防守球员转身看球，助攻球员趁机卡位接投篮不中的球补投。应将助攻球卡在身后再看球。

【小提示】进攻球员利用防守球员注意力不集中转变角色，防守球员应相互提醒，协同作战，不给对手留下任何可乘之机。

【教学指导】要求球员多了解与思考助攻球员有哪些助攻角色转变的方式并加强防守练习。抓准时机，提前采取果断行动，使其没有机会转变角色或降低转变角色后投篮的命中率。

2. 防抢篮下球球员角色转变

争抢篮下球是夺取控球权的重要途径。它是"由攻再攻"或"由守转攻"的开始。如果防守球员身高、体重和卡位技术没有优势，很容易造成对手在篮下接到球后直接投篮或补投得分。因此，应根据投篮球员的位置、距离和球出手的角度、速度、弧度及时预判球的落点和反弹的高度，将进攻卡位球员卡在远离球柱的位置，使其不能补篮或拿不到球。如果位置不好应通过位置变化分散其注意力，或利用冲抢篮下球使进攻球员拿不到球，如果防守无效，应快速抢占防守位置防投篮。

【练习方法】6 名球员一组，1 个球，1 个球柱。②号与❷号球员在球柱下卡位，③号球员在球柱前 2.5 米的距离助攻，❸号防守，①号球员在球柱前 7 米左右的距离传球给②号并切过防守球员，接②号球员回传球后跳起准备投篮。❸号球员快速补防，③号球员迅速后撤接①号球员传球投篮。（见图 8-45）

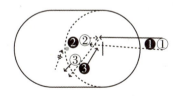

图 8-45　防切入分球

变化一：防守卡位球员快速补防投篮。

变化二：防守卡位球员防后撤投篮。

变化三：与队友交换防守对象。

【要求】防守球员被切过后应积极绕前防守或防其二次投篮。

【练习方法】6 名球员一组，1 个球，1 个球柱。③号与❸号球员在球柱下卡位，②号球员在球柱前 2.5 米的距离持球助攻，❷号防守，①号球员在球柱前 7 米左右的距离移动接球投篮，❶号防守。③号球员接投篮不中的反弹球或越过球筐的球后采用后撤

投篮或原地投篮。（见图8-46）

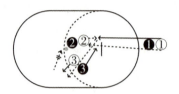

图8-46　防卡位球员直接投篮

变化：由消极防守变积极防守。

【要求】防守时应降低身体重心，准确判断球的落点，用躯干将进攻球员卡住，使其不能顺利移动接球。当进攻球员获得球后，应及时用手臂封阻球，干扰其投篮。

【易犯错误及纠正方法】

①防守时比篮下进攻球员更远离球柱的位置，被对手接球后直接投篮得分。无论何时都应比进攻球员更靠近球柱，防止对手直接投篮得分。

②球出手后，在对手背后盲目跳起断球，导致对手抢到球后补篮得分。当对手身高较高或有绝对的身体及位置优势时，不应盲目跳起断球，应先防止对手得分，及时站在合理防守位置上。

③对球的关注过多，导致对手近距离拉开投篮得分。防守时应专心防好自己盯防的人，做到先防人再防球。

【小提示】无论防守球员的位置是否比进攻球员靠近球柱，进攻球员接球前防守球员都应举手防投篮，如果对手接球后选择投篮，防守球员应积极防守。

【教学指导】知己知彼，才能百战不殆。应观察和了解对手的进攻能力和习惯，力争做到人球兼顾。应保持身体的平衡并始终将进攻者卡离球柱一臂以外的距离，使其无法转变角色或没有机会投篮。没有攻击性、压迫性的防守不会对进攻方产生威胁。防守球员要扩大防守视野，善于观察和了解对手的习惯，在专心做好一对一防守的前提下，应及时通过语言等手段提醒同伴场上的情势，密切配合、协同作战，积极在空中拦截传球或抢夺投篮后的反弹球，要有必胜的信念和勇气，更要沉着冷静，永不放弃。在教学与训练中要重视培养个人及团队的防守意识和能力，不断提高整体的防守水平。

3.防主攻球员角色转换

主攻球员在移动过程中或投篮后，常常积极冲抢篮下球或接到球后担任助攻的角色。防守球员应加强判断，切断进攻球员的移动路线，使其无法靠近球柱抢篮下球或移动至篮前助攻。要有顽强的意志和主动防守的习惯，可以利用做假动作等迷惑对手。

【练习方法】8名球员一组，1个球，1个球柱。4名进攻球员呈"2-1-1"阵形站位，另外4名球员防守。篮下助攻球员将球传给副攻球员后向一侧拉开寻找自由位置，主攻球员从侧面切入至篮下位置助攻，防主攻的球员切断其接球路线，不让其在助攻位置接球。外围球员投篮后，防主攻的球员快速绕至助攻球员与球柱之间，挡住对手不让其抢篮下球。

变化：主攻球员转换为卡位球员，防守球员不让其直接获得有利的卡位位置。

【要求】防守球员在做好一对一防守的前提下，预判对手的助攻意图，切断其在助攻位置接球的路线。球员防守时应尽可能做到人球兼顾，尽可能了解球的位置。

【易犯错误及纠正方法】

①防守时只看人不看球，不了解球的位置，无法提前切断对手跑至助攻位置的路线。防守时应人球兼顾，提前切断对手的移动路线，让其无法接球助攻。

②在篮下助攻位置盲目前扑断球未果，导致对手在篮下接球投篮得分。防守时若没有提前切断对手的移动路线，使其得到篮下助攻的位置，应及时通过语言告知队友，并做好防守。

【小提示】当主攻球员在助攻位置持球助攻时，防守球员要时刻防范其转身跳开或以其他方式投篮，一般来说，主攻球员的进攻手段较为丰富，防守球员应时刻保持警惕。

【教学指导】防守球员在防守时应时刻保持专注，荷球场上的移动非常迅速，球员的位置与角色变化时时刻刻都在发生。防守球员应尽可能迫使对手做最不擅长的事，降低其进攻效率，延误其行动，这也是成功防守的表现。防守球员应时刻观察场上的形势，预测对手的下一步行动，提前做好防守准备，这样才能从容应对对手的角色转变。当防守球员无法及时阻拦或延误对手的角色转变时，应通过语言及时提醒队友，做好团队防守。

本章回顾

本章重点介绍了防守的原则、要求和方法，并针对防守技术易犯的错误和纠正方法进行了详细的解析。要了解对手，通过力量或智慧变被动为主动。防守的关键在于保持一定的距离，进可防、退可守，破坏对手传接球及投篮的节奏。

思考题

1. 防守的原则和要求是什么？
2. 防守技术包括哪些内容？
3. 防守的基本姿势是什么？
4. 防守助攻球员的常见错误有哪些？
5. 防守移动投篮的要求是什么？
6. 简述一种防守角色转变的方法及易犯错误。

第九章

荷球战术

学习和领悟战术的指导思想，在实践中不断地总结并积累经验，逐步提升实战的能力。

　　荷球战术是个体性和整体性的统一，任何战术行动都体现着个体活动中显现整体的特征。比赛战术是一种集体的行动展现，但在实际运用过程中，球场上每名球员的战术行动集中反映出球员个人的技术能力和特长，具有明显的个体化特征。球员个体化的特征是在队友的帮助下进行的而不是孤立实施的，具有整体化的特征。战术的实现不仅要依赖于球员个人合理的、创造性的行动，更需要球员间的协同配合。因此，在处理整体与个体之间的辩证关系时，要在注重发挥集体力量的基础上，强调培养球员的个人特点和能力，注意发现和培养有潜质的优秀球员。

第一节　制定战术的目的与任务

一、制定战术的目的

　　制定战术的目的是把球员组织起来，根据每一位球员的特长，运用预先设计的阵形牵制或制约对方，以获得比赛的主动权。

　　以球为中心进行攻守对抗是荷球运动的主要表现形式。对球权的不断控制与争夺，使双方出现多种多样、千变万化的攻守阵形。现代荷球战术的基本特征是战术多样性和综合性的统一，即进攻战术手段的多元化、机动化和防守战术手段的综合运用化。荷球比赛的攻守日趋激烈，从而促使战术不断更新，其内容与形式也在不断丰富和完善。只有掌握实用且多样化的战术形式与方法，才能够更好地适应比赛中的各种变化，最大限度地完成特定的战术任务，以对付各种不同形式的攻守战术，从而争取比赛的主动权。战术的综合运用，即采用不同的进攻战术对付防守技、战术，或利用不同的防守技、战术制衡不同阵形特点的进攻战术。其主要表现为：进攻与防守的统一（进攻行动蕴含防守的成分，防守行动又孕育着进攻的意图）、集体行动与个人行动的统一、战术与技术的统一。

　　荷球战术是目的性和针对性的统一，任何战术的组织和运用都必须明确是以夺取最后胜利为目的的。在制定战术时，要从本队的实际情况出发，根据球员的身体素质、基本技术掌握的水平等条件，选择和制定符合本队实际情况的攻守战术形式和方法；同时又必须有针对性地去制约和限制对方的技术特征和打法，且需要根据场上情况的变化进行及时的调整。

　　任何战术行动都是攻守双方限制和反限制、制约和反制约的较量。比赛形势错综复杂、瞬息万变，首先，球员必须在统一思想的支配下，协调行动，协同作战，发挥集体的优势和力量。其次，除在行动上保持统一的原则和要求外，应鼓励球员有机动灵活的个人变化及特长的发挥，这样才能全面把握战机，充分调动每位球员的积极性，以达到克敌制胜。

二、制定战术的任务

制定战术的主要任务是以培养球员的战术意识和素养，以获得荷球战术知识，掌握战术的方法，具备荷球战术实践能力为目标，是荷球教学与训练内容中的一个重要组成部分。对本队将要采取和实施的战术进行认真系统地准备和推演，能够在比赛中熟练且有效地组织和实施攻守对抗，以达到夺取最后胜利的目的。

加强战术意识是参加荷球实践活动的重要前提，荷球知识面越广，实践越多，战术意识相对就越强。战术意识需要经过长期的训练来进行不断地总结和充实。

战术意识涉及范围较广，包括对比赛规程和规则的了解，对比赛对手技术及能力的观察和判断，对攻守配合方法及其变化的理解，个人在战术行动中的任务及对基本技术的合理运用，对战术、技术、体能和心理素质之间相互关系的了解、分析和运用等各方面知识的储备。

战术运用能力是指球员根据比赛情况，选择合理的战术配合方法完成个人和集体的战术任务，并及时对战术方案进行调整的能力，包括身体素质、心理素质、技术动作和战术方法等。

【小提示】在荷球战术训练中必须明确：战术配合本身就是合理运用和组合基本技术的形式，不论运用什么样的战术，即使是最简单的战术，也是以技术为基础来实现的。战术训练与技术训练要紧密联系，从某种意义上说，战术是攻守对抗中双方运用基本技术获取胜利的手段。整个战术体系是双方个人和集体之间为了取得胜利而将技术和战术紧密结合的一种方法。

第二节　制定战术的原则

一、重得分、重合作

投篮得分是取得比赛胜利的重要组成部分，进攻球员之间应随时准备创造投篮得分的机会；荷球规则不允许球员单打独斗，没有同伴的帮助，个人能力将无法实现。只有通过球员之间的良性协作配合，才能创造出有效的机会，以达到个人价值和团队胜利的双赢。

二、进攻看球、防守看人

进攻球员要时刻清楚球的位置和自己的位置，应努力创造条件利用速度和角度摆脱防守球员，使自己处于自由位置，以便顺利出手投篮。防守球员要始终将进攻球员控制在自己的视野和防守距离之内，阻碍其传接球和顺利出手投篮。防守球员要了解和掌握进攻球员的个人习惯和能力，在力所能及的前提下兼顾抢断球。

三、统一性

统一性原则是指教练员和球员在战术制定和运用中都要贯彻的指导思想和意图，强调以整体战术行动为主，通过对球员的约束，以达到统一思想、统一认识、统一行动。

四、灵活多变

灵活多变是指教练员和球员在比赛中应根据场上瞬息发生的不同态势随机应变。现代荷球比赛速度快、对抗激烈、情况复杂，且具有较大的随机性和不确定性。灵活多变是战术运用的核心和灵魂，要在比赛中把统一性和灵活性相互结合起来，依据临场的情况，鼓励个人果断地采取行动，出其不意，克敌制胜。

五、实效性

实效性表现在三个方面：效果，反映在球员攻守技、战术运用是否得当；效应，反映在球员攻守技、战术质量的优劣；效益，反映在球员攻守技、战术实施的最终结果。

第三节　战术的结构

荷球战术结构分为战术指导思想、战术意识、基本技术、基本阵形和战术方法五部分。明确战术要素的内涵及其相互的影响与制约，对认识、掌握和实施战术行动具有十分重要的意义。

一、战术指导思想

战术指导思想是制定战术的核心与前提，是教练员制订战术计划、确定战术方案、形成鲜明战术特点的理想模式和行动准则，对于本队战术的形成和运用具有重要的指导意义。战术指导思想有两层含义：一是长期性的指导思想，指持久的、贯穿于训练和比赛活动全过程的训练原则；二是近期性的战术指导原则，即对某一重大比赛有针对性地提出打法。指导思想正确与否，直接决定着比赛中战术的应用效果。正确的战术指导思想来自对荷球运动规律和客观实际的正确认识和把握。球队建设的重要任务是确立本队长期的战术指导思想，教练员根据战术指导思想有计划、有步骤、有针对性地进行战术训练，从而形成适合本队的战术风格和体系。

二、战术意识

战术意识是球员战术思维的反映，也是球员在战术活动中逐步形成的高级心理反映，更是大脑对战术活动的应答和反应形式，具有定向、抉择、反馈、支配等作用。球员对赛场上所出现的情况产生思维反应，并通过具体的行动加以表现，使球员能够在比赛中自觉地、有意识地、有目的地按照比赛的实际情况和战术意图支配和控制自己的行为。

三、基本技术

基本技术是球员之间有目的、有意识地在球场一定的区域内、结合时机等条件下合理地运用各种技术，实现攻守目的方法的总称。技术越全面、越熟练、越准确和实用，其战术实现的可能性就越大。荷球技术包括移动、传接球、投篮、抢篮下球和防守。技术和战术两者之间紧密相连，技术是构成战术行动的基础，没有技术也就无法顺利实现战术。

四、基本阵形

基本阵形是指战术活动中业已形成的稳定的、固定的行动方式。阵形是战术的基本要素，每一种战术阵形都反映了一定的战术内容，是战术行动的外部表现。每一种战术形式都被专门命名，具有比较明确的概念、使用范围、稳定的时空特征和完整的行动过程，例如"4-0""3-1""2-1-1""在前防守""在后防守"等。阵形既反映了球员的位置特点，也体现了攻守的连续性。战术阵形可以从位置、范围、攻守态势、对抗程度等方面去理解，从而体现出各种攻守战术的特点。

五、战术方法

战术方法是完成战术行动的程序，是从实践中总结出来的方法和形式，是构成战术行动的内在要素。战术方法依赖于球员的技术运用能力，同时也需要一定的基本阵形以保证球员技术的合理发挥。战术方法具体指球员的位置、进攻的区域、移动的路线、配合与行动的时机、技术动作的选择与组合等。同时，战术配合的方法必须综合培养球员观察、判断、理解、分析和协同作战意识等多方面的能力。

【小提示】战术指导思想是战术的灵魂，全队通过战术行动来贯彻执行。技术是战术的基础，是战术的物质载体和实际内容。阵形是战术的外在表现，方法是战术的核心，是球员团结协作完成战术行动的具体手段。战术意识是球员战术思维活动与应答能力的反映，用意识支配行动，以行动反映意识，两者的良性互动对战术运用具有重要意义。

第四节　战术的设计

根据球队球员的实际能力，选择相应的侧重点，制定能够反映本队技术水平与风格的战术打法是每一位教练员必须解决的首要问题。教练员经过缜密思考和精心设计，通

过与球员讨论，然后部署、实施具体的方案。战术设计必须符合实际，能够最大限度地发挥球员的特长，并通过比赛不断修正、创新，以验证所制定的战术打法的实用性、实效性和优越性。在设计战术打法时，教练员首先要认真构思，提出战术打法的模式，制定详细的战术环节与要求。其次，会同球员一起进行认真细致地研究与分析，对战术打法达成统一的认识。总之，战术要贯彻球队的指导思想，要符合球队的特点，更要符合球队的实际水平，使之能够在训练与比赛中实施，并在实践中进行检验、修正与完善。

一、战术设计的依据与原则

荷球战术设计主要依据荷球独特的规则、未来荷球战术发展的方向、球队的战术指导思想以及球队的实际技术水平。

独特的规则创造了无限的战术设计空间，在设计荷球战术方案时，必须考虑荷球是男女混合的团队球类运动，不得有过分的身体接触，荷球的场地大且可以在球柱的360°范围投篮，"合法防守"限制一臂内的距离投篮，主张一对一的公平竞争方式，只能传球不允许运球走，强调团队的合作，等等。因此，应根据荷球特有的规则培养荷球球员移动、传接球、投篮、抢篮下球、助攻等方面的能力，且注意攻守两区的均衡分配等。

在依据荷球的特有规则设计荷球战术、打法的同时，还必须遵循以下几个原则。

（一）长远性和近期性相结合

教练员要有逐渐形成本队打法与风格的思考。选择、设计的战术打法要和长远的竞技目标相联系，将阶段性、年度性的训练计划与近期的比赛任务相联系。

（二）原则性和机动性相结合

机动性融于战术的原则性之中。原则性的实质在于坚持本队的战术指导思想和贯彻本队所设计的战术打法，不管出现任何情况都要以本队战术打法为主，机动灵活地辅以其他的应变措施。机动性则强调发挥球员的主观能动性，根据场上攻守的具体情况，采取创造性的打法完成战术任务。

（三）均衡性和连续性相结合

教练员要从整个比赛的攻守动态过程来考虑荷球战术的设计。从战术开始发动到结束或转换的过程中，对球员的位置分布和移动、各个环节之间的联系、主攻与助攻等，都要保持相对的平衡，以便于转化。此外，教练员还要注意衔接与变化的连续性，争取做到有变不慌、有序不乱。

（四）针对性和优化性相结合

战术设计要有明确的针对性，在战术结构上要针对对手的弱点、缺点进行攻击，争取发挥本队的优势、长处。在阵容结构上要优化组合，在发挥全队竞技实力的基础上，有效地制约对方。在战术上要有带动全局的设计，要随机应变，出奇制胜。

二、战术设计的程序

（一）确立战术理念

在制定战术时，教练员首先应根据荷球运动整体的竞技特征和规律，将自己的执教实践与前沿趋势融为一体，形成自己的荷球战术理念。然后结合本队实际，明确具体的战术构建指导思想，进而确定符合实际的、行之有效的、能最大限度地发挥全队球员技能、体能等综合潜能的战术模式。

（二）构建战术模式

教练员根据战术理念确立战术指导思想，对所选择的战术打法进行初步设想。教练员要明确这是对战术配合的筛选、组合的认知过程，对于本队战术的形成具有主要的作用。因此，在制定战术时要研究战术的实质和原则、结合实践经验、根据本队的技术水平与特长进行阵容的优化组合搭配，提出相应的战术实施方案、变化和要求，并对战术打法的可行性进行综合分析。

（三）制定战术环节

任何攻守战术都是基于不同战术环节的组合搭配而形成的，战术打法设计的效果和实用性取决于战术环节是否明确、合理。教练员必须对诸如基本阵形、移动路线、基本配合、球员位置、球员职责、球的支配、攻击时机、打法变化、攻守转换等内容进行细致周密的考虑。同时在整个战术中还要注意攻守平衡、角色分配、内外结合、快慢结合、团队配合等要素，并根据场上情况提出应变的方案与措施，以提高战术打法的效能。

三、战术设计各要素之间的关系

进攻和防守是贯穿荷球比赛全过程的一对矛盾体，因此，对立统一规律是荷球战术组织运用的理论基础。双方对战术运用的较量，主要表现为相互对抗、相互制约、相互促进、相互发展。在实施战术的过程中，必须明确战略和战术、战术和技术、战术和谋略、意识和行动等的密切关系。

（一）战略和战术

战略和战术既是从属关系，又是依存关系，两者相辅相成。战略是对比赛全局的策划与指导，战术则是在比赛中具体所采取的行动和方法。在整个比赛的过程中，战略决定比赛的最终目标，占主导地位，战术服从于整体战略，但战术完成的质量最终决定着战略目标能否实现。

（二）战术和技术

战术和技术是内容与形式的辩证统一，技术作为战术的基础，是实施战术的具体手段和方法，荷球的整体战术依赖于掌握得基本技术的数量与质量，没有技术就没有战术。球员对基本技术掌握得越全面、越突出，对战术的实施就越有保证。战术则是技术运用的组织形式，为技术的创新性发挥创造必要的条件。某些特定的战术配合要求球员应当具备相应准确、熟练的技术，甚至需要对技术进行再创新。球员在比赛中通过组合基本技术、行动配合、相互帮助来创造进攻机会。战术在很大程度上决定着球队的发展方向、风格和特点，推动着球队技术的不断进步。

（三）战术和谋略

荷球战术与谋略密不可分，两者缺一不可。谋略是体现球员思维意识和应变能力的具体计策、计谋，是球员个人与集体之间智慧的体现。运用谋略战胜对手，掌握比赛进攻节奏、时间、空间的控制权，对完成具体的攻守任务和实现比赛的最终目标有着重要的意义。我国古代兵法中的谋略思想中关于攻守、进退、强弱、虚实、刚柔等的论述，以及知己知彼、避实就虚、欲擒故纵、声东击西、兵贵神速、兵不厌诈、审时度势、出其不意、先发制人、扬长避短、围魏救赵等成语所包含的深刻哲理和内涵，对于战术运用和战术决策有着很大的帮助。荷球比赛的攻守抗衡本身就是智慧的竞争，它不仅是实力的对抗，更是智力和心理的较量。因此，谋略对于荷球战术的运用具有较强的指导意义和实践意义，对比赛的胜负起着举足轻重的作用。

（四）意识和行动

战术运用的谋略不仅反映了教练员的指导思想与策略，更重要的是体现了球员的智慧和对比赛规律的认识与把握。再好的战术，让心中无谋、无术的人去施行和运用，也绝不可能在复杂的对抗中取胜。总之，"对抗出智慧、对抗出谋略"。

【小提示】战术配合应安排在基本技术教学之后，在球员熟练掌握了几种基本技术之后，再进行战术配合的教学。不管是进攻战术还是防守战术，都应该让球员先了解战术的配合方法、作用、运用时机和特点等。在教学中应抓重点，以点带面。例如在切入上篮时，重点强调如何摆脱防守球员取得自由位置投篮和传接球的时机和路线等。掌握了基本的战术配合之后，逐步增加对抗性的练习，以巩固提高配合的质量，掌握配合的变化规律。加强教学组织管理，对每一个教学环节要不断地严格要求，逐步提高战术意识，为学习整体战术配合打好基础。

第五节　战术的内容和体系分类

一、战术的内容

战术行动是以人为主体的对抗活动，荷球战术由进攻和防守两个部分构成。（见图9-1）

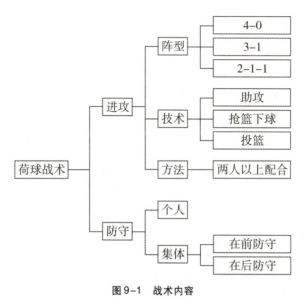

图9-1　战术内容

二、战术体系的分类

荷球战术体系是指由相互联系、相互制约的攻守战术构成的整体。随着荷球技术的发展、比赛规则的演变、竞赛制度的改革、球员专项体能的提高，实践经验的积累构成了内容多变、阵形多样、结构完整的荷球战术体系，并在实践中不断地进行总结与创新。

根据荷球运动的对抗特征，将荷球战术体系分为进攻与防守两大系统；根据参与战术行动的区域与人数，分为个人行动、配合行动和集体行动三个层次。明确各自隶属关系，将复杂的、多种多样的战术按性质、区域、人数特点和任务加以归类，构成完整的荷球战术体系网络。（见图9-2）

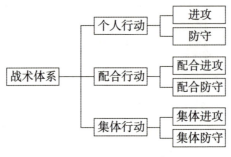

图 9-2　战术体系分类

（一）个人行动

包括个人进攻行动和个人防守行动。个人进攻行动主要表现为摆脱、切入、助攻、投篮、抢篮下球等。个人防守行动主要表现为防守无球球员、防守有球球员、在前防守和在后防守等。

（二）配合行动

包括进攻基础配合和防守基础配合行动。进攻基础配合包括传接球、助攻、投篮和抢篮下球等。防守基础配合包括穿过、绕过、交换防守、补防等。

（三）集体行动

包括全队进攻战术和全队防守战术。集体进攻包括"4-0""3-1""2-1-1"等阵形。集体防守包括在前防守和在后防守。

【小提示】无论是个人行动还是集体行动，都必须了解每一次行动的优势及劣势，努力发挥优势，克服劣势。

【教学指导】每一种攻守战术由于其运用的目的、区域、范围、阵形的不同，可演变出许多具体的、形式各异的战术配合，都有其特定的原则、方法及要求，需要根据场上的实际情况加以应变和调整。应鼓励球员勤思考，大胆尝试，在实践中逐步完善。

第六节　战术的运用

一、明确战术指导思想

首先要对如何处理战略与战术、技术与战术、战术与谋略、意识与行动之间的关系形成正确的认知。应根据对手技、战术的攻防能力进行分析与研判，从中找出规律，审时度势、争取时间和空间的主动。其次，要注意分清主次矛盾和两者之间的相互关系，以及在一定条件下两者之间的转化。从实际出发，严格贯彻战术指导思想和战术意图，充分发挥球员的主观能动性，充分解读进攻与防守、切入与中远投、外围与球柱附近、正面与后面、紧逼与消极、扩大与缩小、高度与速度、分散与集中、常规与特殊等之间的关系。

二、充分的赛前准备

赛前战术准备是指教练员对对手以往的比赛视频和技术统计进行认真分析、思考，并根据本队的具体情况，有针对性地制定比赛的战术实施方案。赛前战术准备的主要任务是确定方案、进行部署及对球员进行适当的心理、生理调整。

（一）确定方案

通过对以往比赛视频的观看和数据统计，确定行之有效的打法，使每一位球员清楚在比赛过程中如何运用有效的手段和方法，选择实用的战术打法，最大限度地发挥两个半区球员的自身优势，以争取比赛的胜利。

（二）战术部署

在确定战术方案的基础上，有针对性地进行攻防战术和技术的部署，其中包括宣布上场阵容，明确攻守两个区的主要打法，对关键环节提出具体要求，对比赛中可能出现的情况指出具体的应变对策，根据场上不同态势、不同阶段选用不同的策略，提醒球员在场上的注意事项以及学会把握战术变化的原则和时机的运用，等等。

（三）调整心理状态

激发球员积极参与比赛的欲望和敢于拼搏的竞技体育精神，针对比赛前和比赛过程中可能出现的不同心理反应进行适当的调整和干预，帮助球员在心理上具备承受各种压力的能力，使其以最佳的心理状态投入比赛。

三、制定战术实施的过程

在荷球比赛的各个阶段中，不论是进攻还是防守，都不是一成不变的，时机的出现有其必然性和偶然性。个人与集体对抗的积极性、双方的失误等都极有可能直接导致攻守状况的变化。因此，为了更好地实现战术意图，控制比赛的节奏，必须明确战术方法在攻守过程中如何有效地实施、快速地应对等。战术的实施可以分为三个阶段。

（一）开始组织

指上一回合攻守结束至下一回合的开始。其主要表现为攻守双方根据所运用的战术方案，迅速、有效、有组织地转入攻守，形成一定的阵形，逐步过渡到攻守配合攻击阶段。

（二）配合攻击

指有组织地通过球员之间的协同配合进行攻击或制约对方的行动。主要包括进攻球员的能力、防守球员的位置、球柱附近卡位的位置、助攻的方向、攻击的时间、配合中的变化、帮助与协作等。

（三）结束转换

指在完成一波攻防的同时，快速转入下一回合的攻守对抗。

【小提示】每一步行动都有利与弊，关键是怎样把控利益最大化及克服不利的因素。

【教学指导】知己知彼，才能百战百胜，教练员一定要认真做足功课，根据自己掌握的统计信息资料和视频资料等认真分析，并鼓励球员创造机会去完成任务。

第七节　进攻战术的方法

荷球比赛场地大、徒手移动对抗快速激烈、变化多样，决定了荷球进攻战术内容的复杂性。进攻战术教学内容既包括战术所需要的技术动作，又涵盖了战术本身的程序和方法；既对个人素质有相应的要求，又需要良好的综合素质来保证；既要有预见性和观察能力，又要有综合分析、决断和应变的能力；既要不断地掌握战术方法的数量，又要不断夯实已掌握战术方法的质量。

荷球运动经过一百多年的发展，在实践过程中逐步形成了许多行之有效的进攻战术方法。

一、配合进攻战术

配合进攻战术指两人以上进攻球员采用的配合方法，是整体进攻战术配合的基础。熟练掌握和灵活运用进攻配合的方法，对提高整体进攻能力和战术意识有着极其重要的作用。

（一）切入配合

切入配合指球员之间利用传球和切入技术所组成的简单配合，是荷球比赛中最基本的进攻方法。切入球员传球后，利用启动速度和身体位置的改变摆脱防守球员，接助攻球员的传球后投篮。空切是指无球球员摆脱对手，切至球柱附近取得助攻位置或卡位位置。助攻切入配合必须创造足够的切入空间、选择最佳的移动路线和传球时机。

【要求】

①传球时必须考虑球柱和接球者的位置关系，传球要准确、及时。

②必须有足够的切入和配合空间。

③切入球员应注意观察防守球员距离自己的位置，利用假动作或时间差快速启动摆

脱对手。

④球柱附近的助攻球员应把球传至切入者的腰腹之间。

⑤助攻球员应主动靠近切入球员，并缩短传球的距离。

【练习方法】2名球员一组，1个球，1个球柱。①号球员传球给②号球员后切入至篮前，接②号球员回传球上篮。（见图9-3）

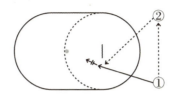

图9-3　双人切入上篮练习

【要求】

①见图9-3，①号球员传球时先迎向球跑。

②上篮后自投自抢。

【练习方法】3名球员一组，1个球，1个球柱。④号球员在球柱附近卡位，①号球员传球给球柱附近③号助攻球员的同时，做假动作突然加速切入，接③号球员的回传球上篮。（见图9-4）

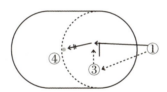

图9-4　三人切入上篮练习

【要求】

①切入的前三步步幅小，频率快，身体重心要低。

②可采用侧身切入。

③接助攻传球后要减慢或加快切入的速度。

④助攻球员要把握好助攻的时机和同伴接球的位置。

变化一：切入至球柱一侧或球柱后采用勾手上篮。

变化二：切入至球柱前采用单手上篮或双手低手上篮。

变化三：助攻球员采用跨步向前或后撤传球，缩短或增加助攻的距离。

变化四：增加防守球员，加大切入、传球的难度。

变化五：可采用接球后跳投、急停投篮、一步投篮等，要努力将球投进。

变化六：抢篮下球球员接球后可利用各种方法进行补篮，直至得分。

【练习方法】5名球员一组，1个球，1个球柱。④号球员抢篮下球，③号球员助攻，①号球员将球传至③号后切入上篮。④号球员抢得球柱附近球后变为助攻球员，③号球员排在⑤号球员身后，①号球员变为抢篮下球球员，依次循环练习。（见图9-5）

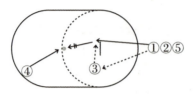

图9-5　五人切入上篮练习

【要求】

①启动时可采用左右、前后脚步变化及步幅、频率的变化。

②缩短助攻球员传球的距离。

③抢篮下球球员应尽可能做到不让球落地或补篮。

【练习方法】9名球员分成3组，1个球，1个球柱。④号球员做假动作切入至球柱附近卡位抢篮下球，③号球员传球给①号球员后切入至球柱附近助攻，①号球员接③号球员传球后做后撤步投篮假动作，并将球传至助攻位置切入上篮。④号球员抢得球柱附近球后至⑧号球员队尾，①号至⑥号队尾，③号至⑨号队尾，依次循环练习。（见图9-6）

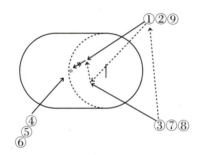

图9-6　多人切入上篮练习

【要求】

①切入球员做后撤步投篮时假动作要逼真。

②球柱附近球员可选择补投。

【练习方法】3名球员一组，1个球，1个球柱。①号球员横向移动，接③号球员传球后做后撤步投篮假动作，假想防守球员跳起封盖或迎面前扑，①号球员快速选择将球回传至③号球员并迅速切入上篮。（见图9-7）

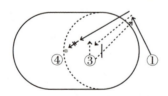

图9-7　横向移动切入上篮

【要求】

①进攻球员应观察防守球员身体位置及前脚腾空的瞬间切过。

②应尽可能从防守球员弱边切过。

变化一：球员横向移动时可选择任意方向。

变化二：①号球员传球时可选择原地跳起、向前跳起传球后切入。

变化三：①号球员可选择单手或双手传球后切入。

【练习方法】2名球员一组，1个球，1个球柱。①号球员传球给②号球员后，先选择向远离球的方向移动，后采用切入上篮。（见图9-8）

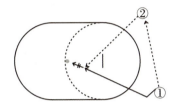

图9-8　反跑切入上篮

【要求】

①见图9-8，①号球员切入后，②号球员传球要及时、准确。

②移动时，应使防守球员看不到球。

变化一：改变切入方向及区域。

变化二：增加防守球员，加大切入难度。

【练习方法】3名球员一组，1个球，1个球柱。④号球员传球给①号球员后快速切入至球柱附近卡位，③号球员移动至助攻位置，①号球员将球传给③号助攻球员的同时切入上篮，④号抢篮下球。（见图9-9）

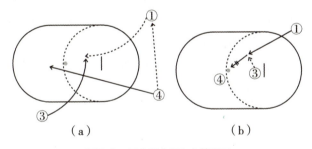

（a）　　　　　　　　　　（b）

图9-9　三人配合切入上篮练习

【要求】

①见图9-9（a），③号球员助攻时通过球柱或队友的帮助快速进入助攻位置。

②见图9-9（b），①号球员没有机会投篮，④号球员应及时选择投篮角色。

变化一：助攻球员传球后转换为防守球员，干扰上篮球员。

变化二：可多人分成三组在三个不同位置依次循环练习。

变化三：增加防守球员。

【练习方法】①号球员和②号球员移动并传接球，④号球员及时切入球柱附近卡位。进攻球员观察④号球员卡位位置，并选择投篮的位置，④号球员及时、准确地判断球的落点并抢篮下球。（见图9-10）

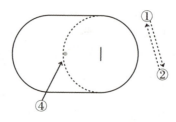

图9-10 投篮者与卡位者的配合练习

【要求】切入卡位要迅速，卡位时降低重心，双脚开立要大，用身体的躯干靠住对手，并预判球的落点。

变化：增加防守防④号球员，加大其抢篮下球的难度。

【易犯错误及纠正方法】

①助攻球员与切入球员战略性选择为同性球员。2名防守球员应快速选择交换防守补防。如果被防守，助攻球员可选择不传球，或选择传球后将防守助攻球员带离切入路线，或选择传球后迅速后撤接球投篮，或原地跳开投篮等。

②助攻传球距离过远被抄球。助攻球员应迅速判断并靠近切入球员的移动路线，将球由下至上传球至其胸腹之间。

③传球的力量过大。切入球员应告知队友自己的要求，并反复配合练习。

④助攻传球的时机不当。切入球员应告知队友自己的习惯动作和接球时机、位置、力度等，在实战中反复配合练习。

⑤切入速度过快无法接到球。应根据助攻球员的位置和持球的情况选择切入的时机、路线、接球的位置和方式。

⑥切过后被防守。切过后应根据防守球员的位置，选择放慢或加快节奏、利用躯干阻挡防守球员的移动路线或角色变化等手段干扰防守球员。

⑦切入后投篮命中率低。投篮命中率低除投篮技术原因以外，还与切入球员选择的起跳投篮点及选择的投篮方式等有关。

⑧采用弧线移动切入。两点之间直线最短，弧线移动容易被防守球员防守，应尽可能采用直线切入。

【小提示】切入球员应观察助攻球员的位置、球柱附近卡位的位置，并根据防守球员的脚步位置，及时选择从防守球员的背后切过。接球的瞬间，应根据防守球员的位置选择投篮点。助攻球员应根据切入球员的个人能力和习惯，及时、准确地将球传出。

【教学指导】提醒球员多观察场上攻防双方的位置关系，使防守球员尽可能看不到球，利用节奏、方向、距离选择最好的时机切入接球投篮。切入球员接到球后或切过防守球员后应利用身体的躯干卡住防守球员的移动路线，根据防守球员的身体位置选择适宜的投篮点和投篮方式。

（二）利用物体的配合

荷球规则规定，球员挡拆获利之后不允许直接接球投篮。因此，进攻球员可选择利用人墙、球柱限制防守球员的移动路线，以获得助攻位置或球柱附近卡位的位置。

【练习方法】8名球员一组，1个球，1个球柱。③号进攻球员利用球柱及④号、❹号抢篮下球球员的身体位置延迟❸号防守球员的移动，及时获得助攻位置。（见图9-11）

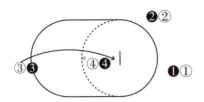

图9-11 利用球柱和人墙进行助攻

【要求】

①见图9-11，③号进攻球员应根据防守球员的移动路线，采用从左侧或右侧靠近球柱或人墙及时到达助攻位置。

②到达助攻位置后两脚开立大于肩，降低身体重心，双臂向侧前方弯曲防止防守球员断球。

【练习方法】8名球员一组，1个球，1个球柱。④号球员在球柱附近卡位，③号球员持球助攻。③号球员将球传至②号球员的同时，①号球员利用球柱挡住防守球员的移动路线，接②号传球后选择后撤步投篮。（见图9-12）

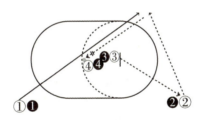

图9-12 利用球柱和人墙进行篮后投篮

【要求】见图9-12，①号球员要贴近球柱移动，使防守球员没有空隙挤过防守。

【练习方法】8名球员一组，1个球，1个球柱。①号、②号球员与防守球员在移动过程中呈一条线时，①号球员应观察防守球员的防守位置及其注意力，选择快速变向摆脱防守球员后接③号传球切入上篮。（见图9-13）

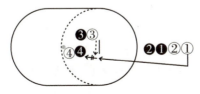

图9-13 利用人墙进行切入

【要求】

①应观察防守球员的脚步和身体位置，果断切入。

②若防守球员防守能力强，①号球员可采用接球后撤投篮避开防守。

【易犯错误及纠正方法】

①没有获得自由位置。应快速利用球柱及其他球员的身体位置，使防守球员没有空隙挤过防守而获得自由位置。

②利用人墙切入的目的被识破，防守球员提前在前防守。应利用速度、方向和节奏的变化使防守球员失去防守位置，或采用接球后撤投篮观察防守球员后选择投篮或切入。

【小提示】应根据防守球员的身体位置和脚步位置，利用速度、方向和节奏变化使防守球员按照设计的结果防守。利用防守位置和时间差快速切过防守球员，否则将无法达到预想的结果。

【教学指导】利用人墙挡挂卡位后不可以立刻选择投篮。因此，要将防守球员卡在远离球柱的位置，或使其主动放弃防守位置。①号或②号球员应观察防守球员的防守位置和脚步位置，果断选择摆脱防守球员或投篮。

二、集体进攻战术

集体进攻战术包括"4-0"阵形、"3-1"阵形、"2-1-1"阵形等。由于区域、范围、阵形的不同，基本进攻战术的运用可演绎出很多具体的战术配合。

（一）"4-0"阵形

"4"指进攻场的4名球员均为主攻球员。"4-0"阵形是通过移动和传球获得自由位置后，4名球员均可以选择投篮，"4-0"阵形是最理想的进攻阵形，进攻点多，每位球员都可以创造得分机会。缺点是防守球员比进攻球员更靠近球柱，如果投篮不中可能会失去下一波次的进攻机会。"4-0"阵形的目的是将防守球员吸引至远离球柱的位置后投篮。

"4-0"阵形，扫码学习

【练习方法】4名球员一组，1个球，1个球柱。按顺时针方向①至④号站位。①号球员持球，②号球员迎球接球；在②号球员没接到球之前，③号球员和④号球员应利用位置变化吸引防守球员的注意力；②号球员接到球时，③号球员迎球移动接球。（见图9-14）

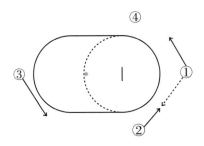

图 9-14　"4-0" 阵形迎向球移动练习

【要求】

①每次接到球后做后撤步瞄准投篮动作。

②相邻球员接到球前迎球靠近球柱移动。

③同伴接到球后向反方向移动。

变化一：变化移动的方向。

变化二：增加防守球员以增强传球的难度，使进攻球员体会在不同防守强度下的练习。

变化三：结合投篮练习，每传球 4 次及 4 次以上出手投篮。

【练习方法】4 名球员一组，1 个球，1 个球柱。①号球员持球，②号球员迎球移动后突然向远离球柱的方向移动，使防守球员背对球，①号球员传球给②号球员；②号球员接到球的瞬间，③号球员向反方向移动准备接球。（见图 9-15）

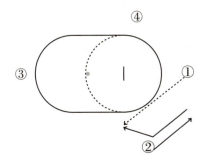

图 9-15　"4-0" 阵形迎球反跑移动练习

【要求】

①传球要预判落点。

②球员接到球后做后撤投篮的同时，观察同伴的位置和防守球员的位置后选择投篮或传球。

变化一：改变移动方向。

变化二：传球 4 次以上投篮。

变化三：增加防守球员，加大防守强度。

【练习方法】4 名球员一组，1 个球，1 个球柱。①号球员持球，②号球员向球柱方向移动，突然拉开接①号球员传球，③号球员以同样的方式移动接球。（见图 9-16）

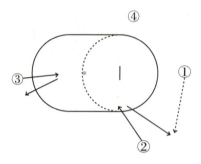

图 9-16　"4-0" 阵形 "V" 形移动练习

【要求】

①传球要准确，以接球后可直接后撤投篮为宜。

②球员接球后选择后撤投篮并观察对手。

③向球柱压迫后远离球柱移动要迅速。

④移动的节奏要有变化。

变化一：改变移动方向。

变化二：向篮后传球。

【易犯错误及纠正方法】

①进攻球员靠近球柱移动造成篮下拥挤。进攻球员通过移动吸引防守球员的注意力，并将防守球员吸引至远离球柱的位置。

②注重移动的形式，忽略移动的目的和防守球员的位置。要求球员利用篮下无人的机会，大胆选择或创造切入上篮的机会。

③传球被抢断。传球距离长容易被抢断，因此应加强传球的力度、角度、弧线和落点，并将球传至远离防守球员的一侧。

【小提示】如果没有其他有效的进攻方式，可大胆选用 "4-0" 阵形，特别是比赛快要结束时。投篮球出手的瞬间，4 名球员应积极冲抢篮下球，否则将会丧失连续进攻的机会。

【教学指导】"4-0" 阵形通常仅作为组织进攻的过渡阵形，因为一旦投篮失手，很有可能失去球权。进攻方一般会选择在防守球员注意力不集中、投篮命中率较高的情况下使用，但不会选择将其作为最主要的进攻阵形。在训练的初期阶段，"4-0" 阵形可以作为培养球员移动能力的练习内容，在移动的过程中应注意观察和预判同伴与防守球员的位置，要有投篮和切入的意识，抓住得分的机会，或对防守球员形成威胁。

（二）"3-1" 阵形

"3-1" 阵形的 "3" 指场上 3 名球员担任主攻球员的角色；"1" 指 1 名球员担任卡位角色的同时担任助攻的角色。"3-1" 阵形多用于外围进攻能力强、中远投命中率高，且球柱附近抢篮下球球员有明显的抢篮下球优势。"3-1" 阵形具有传球的距离长、控制的范围大、主攻的人数多等特点。缺点是投篮不中或没有卡位而失掉球权。

"3-1" 阵形，扫码学习

【练习方法】4 名球员一组，1 个球，1 个球柱。4 名球员顺（逆）时针移动传接球，④号球员移动至球柱附近，用语言或肢体动作提示外围球员投篮。（见图 9-17）

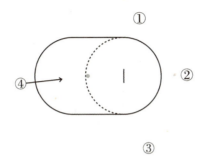

图 9-17　"4-0" 阵形转换为卡位 "3-1" 阵形

【要求】

①投篮后球不能落地。

②靠近球柱的球员应积极冲抢篮下球。

变化：④号球员抢到球柱附近球后将球传出并拉开，换任意 1 名球员继续抢篮下球。

【练习方法】4 名球员一组，1 个球，1 个球柱。①号球员移动至球柱附近助攻，④号球员传球给①号球员的同时切入篮下接助攻传球上篮。（见图 9-18）

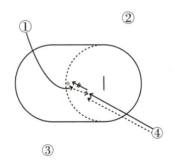

图 9-18　"4-0" 阵形转换为助攻 "3-1" 阵形

【要求】

①球员自投自抢。

②助攻球员与切入球员为异性。

③切入后没有机会接到球，转变角色为抢篮下球球员。

④助攻传球后把防守球员卡在身后转变角色为抢篮下球球员。

变化一：③号球员助攻，④号球员切入投篮。

变化二：增加防守球员。

【易犯错误及纠正方法】

①切入球柱附近后没有接到球。切入时应观察球的位置和防守球员的位置，把握好传接球的时机。

②没有取得抢篮下球的位置。抢篮下球技术不仅仅是位置的争夺，同时还包括起跳的位置、时机的判断、持球的部位及方法等。如果没有取得好的篮下位置，还可以选择助攻或拉开投篮。

③取得篮下有利位置的瞬间，外围球员没有及时投篮而错失一次抢篮下球的机会。当同伴控制球柱附近区域或将要控制球柱附近区域的瞬间，要迅速、大胆地投篮。

④没有获得助攻的位置。获得篮下助攻位置的瞬间，应保护好助攻的位置。如果失去助攻位置，应快速选择转变角色为抢篮下球或拉开投篮。

⑤外围的3名球员集中在球柱的一边。3名球员集中在球柱的一边反而使防守球员减轻了防守的压力。进攻球员应保持进攻区域平衡，并将防守球员吸引至远离球柱的位置使防守球员看不到球，以利于进攻。

⑥传球的距离过远被抢断。在选择远离球移动后应快速选择靠近球柱的移动，这样既可以缩短传球的距离，又可以使防守球员看不到球以减少失误。

【小提示】3名球员要保持进攻区域的平衡，应迅速选择补位以有利于投篮。抢篮下球球员应根据场上球的位置变化和第一攻手惯用的投篮位置，及时调整有利的抢到篮下球的位置，并在第一时间提示同伴大胆投篮。

【教学指导】"3-1"阵形是常用的进攻阵形，可以在任何位置以理想的方式组织进攻。训练中应强调抢篮下球球员要注意观察接球的位置和球的落点，预判防守球员的动机，优先选择助攻。进攻球员应根据抢篮下球球员的位置，选择合适的投篮方向，提高卡位球员获取篮下球的概率。

（三）"2-1-1"阵形

"2"指场上2名球员为主攻球员，两个"1"分别代表1名球员负责助攻，另1名球员负责在球柱附近抢篮下球。"2-1-1"阵形是根据球员远、中、近距离进攻的能力和担任角色的能力优化配置的较为常用的进攻阵形之一。其缺点是攻手的数量比"4-0"阵形及"3-1"阵形少。

"2-1-1"阵形，扫码学习

【练习方法】8名球员一组，1个球，1个球柱。在"3-1"阵形的基础上，③号进

攻球员利用人墙或球柱迅速摆脱防守球员，移动至球柱与球之间助攻，协助抢篮下球球员，组织有效的两点进攻。（见图9-19）

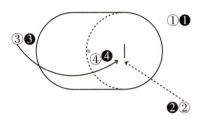

图9-19　"3-1"阵形转换为"2-1-1"阵形

变化： 如果被在前防守或将要在前防守，应利用球柱或人墙摆脱防守球员。

【**要求**】③号进攻球员应观察防守球员的防守距离和位置，快速选择从一侧到达助攻位置。

【**练习方法**】8名球员一组，1个球，1个球柱。③号球员从球柱后区移动至助攻位置，突然角色转变接球后转身后撤步投篮。（见图9-20）

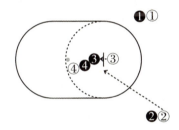

图9-20　"2-1-1"阵形下的进攻球员转身投篮

【**要求**】

①摆脱迅速。

②接球转身后撤第一步要快，第二步要大，投篮时身体稳定性好。

③防守球员先选择消极防守，后选择积极防守。

变化一： 接球后撤后被防守，可选择跳开投篮或后仰投篮。

变化二： 接球后撤后被防守，传球给其他球员。

【**练习方法**】8名球员一组，1个球，1个球柱。②号球员持球传给①号球员时，③号球员利用人墙摆脱防守球员接①号球员传球投篮。（见图9-21）

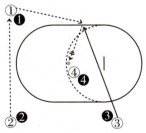

图9-21　利用人墙获得自由位置

【要求】将对手卡在距离球柱一臂以外。

变化：对方采用在前防守或封阻助攻的位置，可选择球柱或人墙摆脱防守球员。

【练习方法】8名球员一组，1个球，1个球柱。②号进攻球员利用球柱摆脱防守球员并接①号球员传球投篮。（见图9-22）

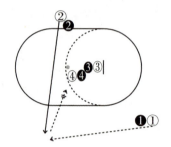

图9-22　"2-1-1"阵形下外围球员利用球柱获得自由位置投篮

【要求】②号球员靠近球柱移动时要掌握好与球柱之间的距离。

变化：②号球员没有获得自由位置，将球传给③号助攻球员再寻找机会。

【练习方法】8名球员一组，1个球，1个球柱。③号进攻球员将❸号防守球员卡在远离球柱的位置，接①号球员吊球投篮。（见图9-23）

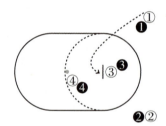

图9-23　"2-1-1"阵形下助攻球员接吊球投篮

【要求】

①防守球员在前防守。

②见图9-23，①号球员传球时应注意球的落点和传球弧线，落点以在进攻球员身后一臂的距离内接到球为宜。

③见图9-23，③号进攻球员扩大自己与球柱间的距离，获得有效的投篮空间。

【练习方法】8名球员一组，1个球，1个球柱。抢篮下球球员失去球柱附近位置时，应及时告诉同伴，并通过助攻球员与防守球员之间的位置绕过人墙重新取得有利的位置。

【要求】绕过人墙后将对手卡在身后的瞬间，进攻球员快速投篮。

变化一：如果进攻球员利用人墙获得球柱下的有利位置，防守球员并不积极移动试图获得防守位置时，被视为主动放弃防守位置，抢篮下球球员应即刻选择接助攻传球投篮。

变化二：如果没有机会获得球柱附近位置，换其他球员到篮下卡位。

【易犯错误及纠正方法】

①球柱附近球员与助攻球员之间的距离过远。应缩小两人之间的距离，防止防守球员挤过。

②抢篮下球球员没有获得有利的位置，助攻球员已开始组织进攻。应加强沟通，在抢篮下球球员将对手卡在身后获得有利位置的瞬间组织进攻。

③助攻和篮下抢篮下球球员获得位置后，主攻球员没有机会投篮。进攻球员要积极移动摆脱防守球员，在抢篮下球球员取得篮下有利位置的瞬间果断投篮。

④助攻接球时被防守球员背后抄球。助攻球员应用背部靠着防守球员，用身体感知防守球员的位置，将防守球员卡在远离接球的位置。

⑤助攻球员只能观察到 1 名进攻球员而丧失传球给其他有机会或即将有机会投篮的球员。助攻球员应提高观察能力，扩大视野，观察场上 2 名以上的进攻球员和防守球员的移动路线与防守态势，引导进攻球员到最佳的投篮点投篮，或主动缩短传球的距离，将球迅速传给靠近球柱或有得分机会的球员。

⑥球被断掉或没有机会投篮。要求助攻球员传球时将球举至头顶位置，力争做到"人到球到"。

⑦助攻球员没有机会接到球。如果防守球员采用压迫防守，助攻球员可以选择放弃助攻，转变角色为抢篮下球球员并由抢篮下球球员选择变换角色拉开投篮，或再次选择助攻。

【小提示】 如果防守球员身高低于助攻球员，助攻球员采用在前防守时应十分谨慎，防止对方吊球投篮。

【教学指导】 抢篮下球球员失去有利位置的瞬间，应立刻提醒同伴不要投篮；可以选择通过助攻球员与防守球员之间的人墙重新取得有利位置；或换另一位球员到篮下重新获得有利的位置。要引导球员学会沟通，善于沟通，助攻球员应选择有利的助攻位置，应了解同伴的移动习惯及投篮区域、距离，把握好传球的时机。

球员在场上的位置及担任的角色瞬息万变，每一位球员应根据同伴所处的位置和防守球员的位置及时选择担任的角色、移动的路线和投篮的位置。

（四）破解在后防守

在后防守指"2-1-1"阵形中防守助攻球员防在助攻球员的身后，和"3-1"阵形中防守在抢篮下球球员的身后或体侧远离球的位置。

破解的方法包括："2-1-1"阵形中，助攻球员采用接球转身投篮，或借助球柱、人墙到篮后接球投篮；"3-1"阵形中，抢篮下球球员诱使防守球员远离球柱，然后重新返回获得有利的抢篮下球位置，或角色变换为助攻球员，或通过传球改变球的位置等方法。

破解在后防守，扫码学习

【练习方法】6名球员一组，1个球，1个球柱。进攻球员将球传至球柱附近，④号球员借助③号助攻球员挡挂后获取靠近球柱获得有利位置。（见图9-24）

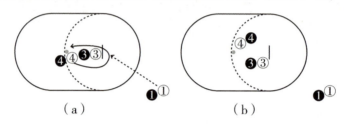

（a）　　　　　　　　　　　（b）

图9-24　通过挡挂获得卡位位置

【要求】球员应靠近助攻球员或球柱挡挂。

变化一：将防守球员带离球柱后突然返回获得有利的位置。

变化二：抢篮下球球员角色转变为投手或助攻球员。

【易犯错误及纠正方法】

①获取卡位位置时被判进攻犯规。借助助攻球员卡位时应观察防守球员的身体位置，切勿快速移动冲撞同伴或对方另一位防守球员。

②助攻球员或抢篮下球球员接球后没有机会投篮或接不到球。在卡好位置的同时注意观察防守球员，相互配合，攻其不备。

【小提示】抢篮下球球员获得或将要获得篮下有利的位置时，在后防守被视为失败。因此，防守球员应始终比进攻球员靠近球柱。进攻球员应积极快速调整球的位置，变被动为主动。

【教学指导】助攻球员帮助抢篮下球球员获取球柱附近位置后应立即组织进攻。球出手的瞬间将防守球员卡在身后以便于抢篮下球。

（五）破解在前防守

破解在前防守指利用球柱、人墙或移动的节奏变化提前到达篮前助攻的位置顺利助攻，或抢篮下球球员角色转变拉开接球投篮。

破解在前防守，扫码学习

【练习方法】8名球员一组，1个球，1个球柱。防守球员在前防守，④号球员借助球柱向外移动，接①号球员传球投篮。（见图9-25）

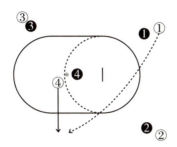

图9-25　借助球柱拉开投篮

【要求】④号球员应注意拉开的时机，不要提前远离球柱。

【练习方法】8名球员一组，1个球，1个球柱。④号球员向外移动吸引防守球员，突然改变方向至篮前助攻。（见图9-26）

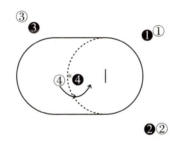

图9-26　改变移动方向直接助攻

【要求】外围球员在传球的过程中，抢篮下球球员应预判传球的方向并将防守球员卡在身后。

【易犯错误及纠正方法】

①拉开过早，意图被识破。应观察防守球员的位置和其注意力，把握住有利的时机，利用球柱及人墙，待球传出后再移动，以获得更有利的自由位置。

②篮下球员没有助攻的意图。应时刻观察队友的移动路线，预判队友和对手的下一步行动，用人墙、球柱和球的位置先选择卡住防守球员的移动方向，选择好的助攻时机以进行更有效的进攻行动。

③获取有利的位置后又失去了位置。应利用球柱、人墙和时间差快速摆脱防守球员获得有利的抢篮下球位置及助攻的位置，并想办法保持或扩大有利位置。

【小提示】外线和篮下进攻球员应目标一致，协同配合，优先将防守球员卡离球或球柱。如果被防守球员识破，应立刻转变角色，重新获得有利的位置。

【教学指导】要利用球柱、人墙及防守球员注意力不集中时快速获得球柱与球之间助攻的位置，将防守球员卡在身后。"3-1"阵形中，要求篮下球员注意观察进攻球员与防守球员之间的距离，进攻球员接球的瞬间的选择及防守球员的选择，利用防守进攻球员的球员犯错抢占有利的位置助攻切入。同性球员切入，助攻球员可以选择传球后接回

传球后撤投篮；异性球员切入时如果没有机会投篮，可以选择转变角色为助攻球员，男球员助攻可以选择转变角色为抢篮下球球员，或主攻手等。在"2-1-1"阵形中没有获取助攻的位置，应立刻选择转变角色。

（六）执行自由球

执行自由球是一种重要的得分方式。因为执行自由球的球员必须将球传至第2个球员后才可以投篮得分，因此，自由球的战术打法非常多。每个球队可以根据自己的技术风格和球员的特点，选择适合自己的得分方法。

自由球，扫码学习

【练习方法】8名球员一组，1个球，1个球柱。②号、③号女性助攻球员位于罚球线左右两端的延长线上，④号球员抢篮下球。①号球员将球传给任意一位助攻球员，接回传球后可选择切入、原地或后撤等方式投篮，其他球员抢篮下球。（见图9-27）

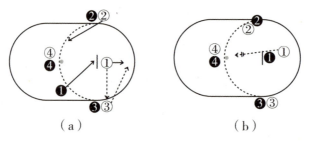

（a）　　　　　　　　　　　（b）

图9-27　有卡位情况下，双侧助攻自由球

【要求】

①传球速度快，回传球要准确。

②选择最简单的得分方式投篮。

变化一：球传至②号助攻球员，接回传球后投篮。

变化二：利用防守抢篮下球球员的位置错误接球投篮。

变化三：将球传至球柱附近的其他球员投篮。

【练习方法】8名球员一组，1个球，1个球柱。④号球员抢篮下球，②号球员将球传至①号球员接回传球快速投篮。如果❷号球员成功封阻球，则②号球员快速将球传至球柱侧方的③号球员投篮，或重新组织进攻。（见图9-28）

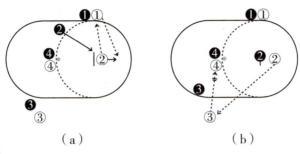

图9-28 助攻球员投篮

【要求】助攻球员的传球手形应对准进攻球员惯用的接球点，要快速准确，以便于快速获取自由位置投篮。

变化：②号球员接回传球后，④号球员向右侧方拉开接②号球员传球投篮。

【易犯错误及纠正方法】

①进攻球员犯规。进攻球员之间的距离小于2.5米；执行自由球传球飞行的距离不足1米；执行自由球双脚远离罚球点；球柱附近球员两脚分别在球柱的两侧站立；4秒钟延迟；踩线；提前进入自由球区；等等。应相互提醒，逐步养成执行规则的好习惯。

②防守球员犯规。踩线；提前进入自由球区；单脚站立支撑防守；等等。

③没有机会出手。要判断防守球员的防守能力和意图，提前决策或快速订正。

【小提示】执行自由球的方法很多，应根据对手特点的不同选择简单、有效的方法。

【教学指导】鼓励球员了解和创新执行自由球的方法。自由球的命中率较高，是得分的重要手段，因此，应挑选心理素质好、投篮命中率高的球员执行自由球。

第八节 防守战术的方法

荷球运动强调合作，球员除做好一对一的防守外，在每一波次的防守中要有目标性和针对性，即针对防守对方主攻球员来选择特定的合作方式。防守战术分为配合防守战术和集体防守战术。

一、配合防守

配合防守指防守球员2人之间所采用的协同防守配合的方法，包括同性间的补防、交换防守等，是组成全队防守战术的基础。熟练掌握和灵活运用配合防守对提升全队整体配合防守的能力和意识非常重要。

（一）补防

补防是指防守球员被对手摆脱切过后，另一名同性球员及时补防的一种配合方法。补防不仅可以有效地阻止对方切过后投篮，同时可以减轻同伴的防守压力，增加防守的

信心。补防的同时要观察和判断场上的情势，积极果断抢占有利的防守位置。

【练习方法】8 名球员一组，1 个球，1 个球柱。❹号球员在篮下在前防守，❸号球员在后防守，①号进攻球员摆脱❶号防守球员切入，❹号球员及时补防①号。（见图 9-29）

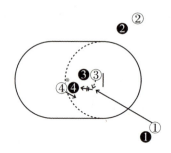

图 9-29　补防切入上篮

【要求】

①❹号防守球员补防要及时。

②球柱附近异性球员不得对切入球员有干扰动作。

【易犯错误及纠正方法】

①球员补防时易造成犯规或补防不到位。补防切入球员时要随着进攻球员移动的方向移动防守，并防守在进攻球员与球柱之间。不可用身体阻拦。

②2 人防守 1 人。队友没有被进攻球员切过盲目补防。要积极沟通，防止误判。

【小提示】进攻球员切入能力强，其他防守球员应有积极的对策配合防守。例如，干扰或阻止助攻球员传接球等方法。荷球运动采用的是一对一的防守，应加强沟通，减少漏洞和错判。

【教学指导】要鼓励球员之间讨论、总结比赛场上发生或可能会发生的状况，找出解决问题的对策与方法。例如，补防的时机、身体的位置、如何提醒等。

（二）交换防守

防守球员根据场上的进攻球员之间位置的变化及时交换防守的配合方法。

【练习方法】8 名球员一组，1 个球，1 个球柱。2 名进攻球员及 2 名防守球员呈一条线直线，②号进攻球员突然侧移或后撤拉开接球投篮。❶号防守球员及时交换防守②号进攻球员，同时提醒队友交换防守①号球员。（见图 9-30）

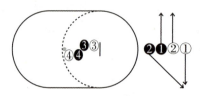

图 9-30　交换防守

【要求】集中注意力，及时用肢体语言或声音提醒同伴，干扰进攻球员的攻击意图，使其无法切过，或降低投篮的命中率。

变化： 2 名进攻球员同时采用切入上篮。

【**练习方法**】8 名球员一组，1 个球，1 个球柱。①号进攻球员摆脱防守球员切至篮下接球，❹号球员及时补防①号，❶号球员快速交换防守④号抢篮下球球员，防止其拉开接球投篮。（见图9-31）

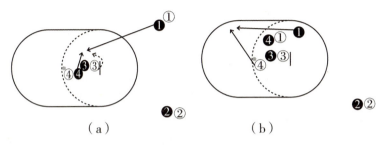

（a）　　　　　　　　　（b）

图9-31　交换防守

【**要求**】交换防守要果断、快速。

【**易犯错误及纠正方法**】交换防守不及时。防守球员应配合默契，被切过的瞬间提示队友补防，并快速交换防守另一名进攻球员。

【**小提示**】补防时要迅速果断，不能犹豫，并始终与进攻球员保持一定的距离，给对方压力。

【**教学指导**】通过组织球员观看录像视频、模拟练习等方法，对场上出现或可能出现的错误进行讨论，并找出补救的措施与方法。鼓励球员敢于担当，并从失败中不断总结经验与教训。

二、集体防守

荷球运动强调有目标、有针对性的集体合作，在做好自身防守任务的同时，球员之间应加强交流与沟通的能力，协同作战，破坏对方的进攻节奏，使其无法获得好的自由位置投篮。每一位防守球员不仅要专心守好自己的对手，还应根据要求，严格执行在后防守或在前防守。

集体防守包括在前防守和在后防守。防守在助攻球员、抢篮下球球员与球之间的位置，称为在前防守。防守在助攻球员、抢篮下球球员身后的位置，称为在后防守。

（一）在前防守

主攻球员需要助攻球员和抢篮下球球员的支持和帮助，如果在后防守不能有效遏制对手切入，则应采用在前防守。防守球员采用防守在助攻球员和抢篮下球球员的身前，切断其接球的线路，迫使其接不到球而放弃接球助攻的位置，或被迫远离球柱接球。

在前防守，扫码学习

1. 防守助攻球员接球

进攻球员常常采用"3-1"阵形向"2-1-1"阵形转换的过程中，获得篮前助攻的位置接球。防守球员应快速解读将要靠近球柱与球之间"1"位置球员的意图，并快速防守在球与助攻球员身体的前方，在不犯规的前提下迫使进攻球员无法到达助攻的位置、有位置接不到球或被迫远离球柱接球。

2. 防守抢篮下球球员接球

进攻球员从"4-0"阵形向"3-1"阵形转换时，防守"1"的球员应提前预判并防守在其与球之间，阻断主攻球员向球柱附近传球。因此，防守球员应防守在球与抢篮下球球员之间，使进攻球员无法到达球柱附近助攻的位置或接不到球。

【易犯错误及纠正方法】

①助攻球员身材高大，助攻球员接吊球后投篮得分。如果进攻球员采用吊球，防守抢篮下球的球员可以采用补防断球，或放弃在前防守快速绕回助攻球员身后防守，以防进攻球员获得直接得分机会。

②助攻球员接到球的瞬间，防守球员仍然采用在前防守。当进攻球员接到球或将要接到球的瞬间，防守球员应迅速改变为在后防守，并大声提醒队友。

③进攻球员借助球柱或人墙拉开投篮得分。在前防守时要提前预判进攻球员的传球意图，使其无法顺利接球投篮。

④助攻球员或抢篮下球球员通过快速传球造成防守球员犯错，组织有效的进攻或直接投篮得分。防守助攻球员应加强预判，积极对持球球员进行干扰，切断进攻球员的传球路线，及时提醒同伴加强防守，拖延组织进攻的时间，打乱对手的进攻节奏及进攻意图。

【小提示】当进攻球员身材较高时采用在前防守的风险较高，应慎重。应抓住时机，及时切断主攻球员和助攻球员的传球路线，增加对手彼此间的合作难度。

【教学指导】有攻就有防，防守时注意力要高度集中，注意力的持久与体能、意识、心理、个人能力等有关，因此，要求防守球员有必胜的信念，通过配合，打乱进攻球员的进攻节奏，变被动防守为主动防守，尽最大努力切断进攻球员的传球路线。防守主攻的球员通常是背对着球，因此，防守助攻的球员要提前预判场上的情势，及时提醒同伴注意调整防守的距离。

（二）在后防守

通常在对手中远距离投篮命中率较低、切入能力较好的情况下采用在后防守。采用在后防守可以增大抢到篮下球的概率，或最大限度地降低被对手切过的风险。

在后防守，扫码学习

1.防守主攻球员

防守主攻球员的目的是拖延其进攻的时间、节奏，使其无法顺利拿到球或没有机会投篮。防守主攻球员包括防守无球球员和防守有球球员。

①防守无球球员：防守无球球员时，要与其保持一定的距离。守的距离太近，容易被进攻球员切过；守的距离太远，进攻球员很容易接球投篮。防守时应观察进攻球员的进攻能力及个人习惯，例如身高、速度、移动路线、惯用的传球手臂、投篮时惯用的支撑脚、出手投篮时的距离、投篮点及命中率等。同伴之间应及时用语言相互提醒，积极协防，并始终与进攻球员保持一臂的距离，防止对方轻松获得进攻机会。

如果自己的防守能力足以对付进攻球员，则可以采用人球兼顾，寻找时机封阻或抢断球。

②防守有球球员：首先是防进攻球员传切，其次是防投篮。当进攻球员接球后，防守球员应做到"球到人定"，并试图干扰投篮，使进攻球员无法专心投篮。防守时，身体的重心应放在后脚上，不可以盲目跳起封阻、身体重心过高或防守的距离太近，这样易被切过。

2.防守助攻球员

①防助攻球员接球：防守球员面向球，防守在助攻球员体后干扰其接球。

②防助攻球员传球：防守球员应观察助攻球员身体面对的方向，及时提醒防守主攻球员的同伴可能传球的方向。

③防助攻球员投篮：防守球员应防止助攻球员接球的瞬间以突然跳开投篮、向身后抛投、跨步接球转身投篮等方式突袭投篮。如果防守球员防守的位置错误或防守不专心，助攻球员很可能抓住时机选择投篮。

3.防守抢篮下球球员

防守球员用身体躯干将对手卡在远离球柱的位置，使主攻球员在没有篮下有利位置的情况下出手投篮而失去投篮不中的篮下球。

①阻止抢篮下球球员取得有利的位置：如果抢篮下球球员没有取得好的位置，他会利用助攻球员及防守助攻球员之间所形成的人墙取得球柱附近卡位位置。防守球员应积极移动，采用从助攻球员与队友之间穿过或快速从队友身后绕过等方式取得靠近球柱的位置。④号球员穿过人墙，限制进攻球员靠近篮柱附近。（见图9-32）

②拖延进攻的时间：防守球员优先获得有利的抢篮下球位置，逼迫进攻球员采用绕过的方式重新获得有利的篮下位置，延长进攻时间。

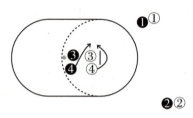

图9-32　限制卡位

【练习方法】6名球员一组，1个球，1个球柱。①号进攻球员传球给③号助攻球员，后做"V"形移动接③号助攻球员回传球后投篮。2名防守球员积极抢篮下球。（见图9-33）

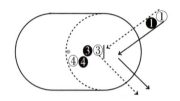

图9-33　防守卡位

【要求】防止被切过的同时，积极干扰投篮。防守球员避免被直接得分并力争拿到篮下球。

【易犯错误及纠正方法】

①被进攻球员切过。防守主攻球员时看不到球，因此，防守助攻的球员应及时提醒同伴注意保持一定的防守距离，并在不被切过的情况下干扰进攻球员投篮。

②防守助攻球员没有抢到篮下球。助攻球员传球出手的瞬间，❸号球员应快速转身将其卡在身后抢篮前的反弹球。

③主攻球员抢到篮前投篮不中的反弹球后补投。防守主攻球员在其球出手的瞬间，迅速反应回看是否有反弹球，并使主攻球员远离球柱无法拿到球。

【小提示】在抢篮下球时，若进攻球员获得靠近球柱的位置，防守球员应将对手卡在紧靠球柱而失去其他空间的位置，使其无法抢到篮下球。

【教学指导】在后防守看似简单，但能否得到有利的篮下位置，并抢到投篮不中的篮下球是关键。积极鼓励球员参与设计防守的配合方法和防守篮下球员角色变化等，最大限度地调动球员的防守积极性。

本章回顾

　　本章对荷球战术的目的、任务、原则、基本结构、战术的设计与运用等做了较为详细的介绍。希望在实战中不断总结、不断创新，逐步建立适合自己团队的战术体系，去争取更大的胜利。更多的练习方法建议参考马襄城主编《荷球高级训练教程》（人民体育出版社，2019年版）一书。

思考题

1. 什么是荷球战术?
2. 制定战术的目的和原则是什么?
3. 如何评价球员的战术意识及运用能力?
4. 简述荷球战术结构。
5. 战术设计的依据与原则是什么?
6. 简述战术设计的程序。
7. 简述三种进攻阵形的优缺点。
8. 图示5~8种助攻得分的方法及难点。
9. 根据球员位置列举(图示)几种诱使球员犯错的方法。
10. 简述《孙子兵法》在战术中的运用。
11. 什么是在前(后)防守?采用的目的及注意事项是什么?
12. 如何破解在前(后)防守?
13. 执行自由球及防守的犯规有哪些?

第十章

荷球体能训练

体能是荷球运动员在比赛中能发挥出良好竞技能力的重要基础和保障。

第一节　荷球体能训练的目的和原则

在荷球体能训练中，教练根据体能子项目的不同，采用不同的训练方法和手段，同时采取不同的身体训练方式，以提高各项体能指标，在此基础上提升运动员的运动表现，争取优异成绩。

一、荷球体能训练的目的

拥有良好的体能是一个高水平荷球运动员必备的条件，体能好的球员能在整场比赛中拥有很高的竞技水平，表现为力量充沛、不易疲劳、变向突破灵敏度高、队伍配合协调有序，从而为球队争取更多的赢球机会，给对手带来更大压力。而体能差的球员往往会很快出现进攻态度不积极、防守移动懈怠、投篮命中率低下、容易受伤等情况。所以，我们必须把体能训练作为一项重要指标来对待。

二、荷球体能训练的原则

（一）持续性原则

荷球运动员的体能训练不仅仅局限于比赛中，而是在整个训练大周期中，都要持续地、不间断地进行训练。根据运动员训练年限的不同，在不同的训练阶段采取不同的训练要求。但是训练过程是持续的，各个阶段都是上个阶段的承接和下个阶段的铺垫。如果训练的系统性和连续性出现间断甚至长时间停止，以往体能训练中获得的运动条件神经反射也会出现退步甚至消失。因此应不断地、持续地进行体能训练，从而使运动员的各项体能素质得到稳步巩固、提高。

（二）合理顺序原则

在体能训练的过程中，应注意各项体能素质的训练顺序，例如，在一节综合体能课上，首先应进行灵敏、协调素质的训练，然后进行力量、耐力素质的训练。在耐力课上，首先进行无氧耐力训练，然后进行有氧耐力训练。这样的顺序安排使得上一个训练不会影响下一个训练的发挥，从而更有效地利用训练时间。

（三）循序渐进原则

体能训练应当根据人体运动能力发展规律进行训练，训练的过程要循序渐进，逐步提高，切不可为追求一时的运动表现而制定不符合当时身体承受能力的体能训练。体能训练要根据训练对象所处训练阶段的不同制定最适合的强度和要求，才能由量变到质变，逐步提高运动员的体能水平。否则极易发生运动损伤和伤病，影响运动员的竞技生涯。

（四）全面性原则

全面性是体能训练的一个重要特点，因此体能训练才能称为运动员的基础训练。在体能训练过程中，逐步得到提高的不仅仅是单独各项素质，而是整体性的提高，在提高过程中各项素质和身体机能是相对全面的。人体是器官系统组成的整体，良好的体能训练同时取决于各项身体机能系统配合协调，例如，耐力素质的提升能显著地提升心血管机能，力量素质的提升能提升骨骼肌的机能，因此体能训练不能单单侧重某种素质，而是全面提升。在竞技能力方面也一样，要配合技术、战术、心理训练，使得运动员的竞技能力结构模型整体各项表现得到全面提升。

第二节　荷球体能训练的内容

体能的构成由身体形态、身体机能、运动素质三大方面构成，在本章节中主要对体能要素中运动素质这一方面进行阐述。体能训练中，可以分为一般体能训练和专项体能训练。不论是专项体能训练还是一般体能训练，体能训练的主要对象是运动素质。运动素质主要由速度、力量、柔韧、耐力、灵敏五大分项构成，因此，体能训练是围绕全面发展运动员的速度、力量、耐力、柔韧性和灵敏性等素质练习，并在此基础上结合技、战术训练，从而提高球员的竞技水平。

荷球体能训练的内容见图 10-1。

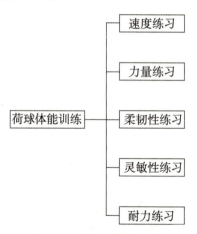

图 10-1　荷球体能训练内容

荷 球

第三节　荷球体能训练的方法

一、速度素质训练

速度素质是人体快速运动的能力，包括反应速度、动作速度和移动速度。它们分别表示人体对外界信号刺激快速反应的能力、快速完成动作的能力和快速发生位移的能力。

反应速度在荷球的比赛和训练中发挥着非常重要的作用，具有良好反应速度的球员可以更好地控制启动时机，获得自由位置，创造和把握得分的机会。

动作速度是技术动作中不可或缺的要素，在荷球运动中主要表现为传球出手前的动作速度和投篮出手的速度等。

移动速度是指人体在特定方向上的位移速度，即距离（s）与通过该距离所用的时间（t）之比。

荷球运动员的速度素质是指球员在短距离内迅速发挥出最大速度的能力、在一瞬间完成相应动作的能力和在短时间内移动出自由位置的能力。三种表现形式在荷球运动中都有很重要的应用，三者反映了荷球运动员的速度能力的相互辅助又相互独立的不同方面。反应速度是动作速度和位移速度的前提，动作速度和位移速度直接影响到速度过程的快慢。

（一）速度素质训练的目的

荷球运动不鼓励过分的身体接触，要求球员必须具备良好的快速移动能力。进攻者通过不断的快速移动变向来摆脱防守者，以获得自由位置和投篮机会。防守者也必须通过连续的快速移动来获得防守位置。比赛中机会往往发生在一瞬间，谁能抓住场上稍纵即逝的机会，谁就抓住了场上的主动权。所以，球员必须具备良好的速度素质。通过对速度素质的训练可以大幅度地提高球员的竞技能力，进而取得良好的运动成绩。

（二）速度素质训练的原则

1.结合专项训练的原则

速度素质的训练发展应当紧密结合专项进行，解析专项动作运动模型，从中提取到适合的动作模式，设计出专项所需的动作训练，否则，则会得到无效甚至相反的结果。例如，荷球动作速度中快速变向能力与游泳运动中交替打腿是截然不同的两种动作模式，所以说应结合专项，制定合适的训练方法。

2.强度适宜原则

速度素质强度的控制在体能训练中是很重要的，因为速度的快慢很大程度上取决于中枢神经系统的活跃协调和肌肉系统中的 ATP-CP 磷酸原系统和糖酵解系统快速爆发供能能力。因此，速度素质的训练应当用最大强度作为训练开始，然后在训练过程中不断进行干预，以使得运动强度达到当时机能系统所能承受的最大强度，同时不至于中枢神经系统和肌肉系统深度疲劳，这样才能有效地提高速度素质。

3.协同发展原则

速度素质并不是孤立发展的，它与身体机能中的感受器状态、大脑皮质兴奋程度和运动素质中的力量素质、协调能力相互协同发展，其中任意条件得到提升都会相应地提高速度素质，可以说，速度素质的表现是各个能力相互协同表现的结果。因此，发展运动素质应同时注意其他条件的存在，注意训练顺序，使得各个方面得到均衡提升。

（三）速度素质的训练方法

1.反应速度训练方法

信息刺激法： 指采用各种刺激源，如声、光、触等方式使运动员采用应答训练的方法，例如通过鸣笛、闪光等提高运动员对特定信息的反应速度。当球员处于初级训练水平时，在技术动作训练中，可以添加突然出现的、改变的信号，让球员尽可能快地做出积极应答，可以比较明显地提高其反应能力。

移动目标训练法： 指针对目标的变化特点而制定出相应的应对方法，例如投球后应根据方向及落点判断出自身应移动的位置抢篮下球。结合专项进行练习，并根据目标的具体变化做出相应的动作。

对应信号反应法： 指运动员对复杂信号的反应能力。例如在防守脚步训练中，跟随教练员口令的不同，改变移动方向；也可以在折返跑时，采用相同或者相似的训练方法，提高球员的反应能力。这种训练方法有利于提升运动员对多种复杂情况的反应能力。

荷球比赛是个体与周围环境互动的过程，个体对移动目标产生反应并做出选择。一般经历四个阶段，首先看到移动目标，然后判断其速度与方向，继而选择自己的行动方案，最后实现这个方案。因此反应速度训练既要重视视觉观察移动物体的能力，还要重视预判能力的培养，即预先确定移动目标的移动轨迹和速度的能力。

在防守训练中，要求防守者要降低重心，并将重心落在后脚上，这样在有效地防止对手切入上篮的同时，又可以在对手做出投篮动作时及时上步封阻，破坏对方的进攻节奏。

【练习方法】在场地中呈"V"形放置3个标志物，每个标志物间隔3米。球员听口令，做"V"形冲刺向后侧身跑。（见图10-2）

（a）　　　　（b）　　　　（c）　　　　（d）

图10-2　"V"形移动练习

【要求】球员看到指令后要快速做出反应，全力冲刺，急停要稳。

变化：球员看教练员的方向手势做移动。

【练习方法】2名球员一组，2个球。1名球员原地小步跑，另1名球员持球随机向左右两个方向抛球，球员快速反应跨步向前接球并将球回传，然后迅速回到起点。（见图10-3）

　　　　（a）　　　　　　　　　　　（b）

图10-3　跨步接球练习

【要求】球员应集中注意力并快速做出反应，球不能落地。

变化：抛球方向为前、后、左、右四个方向。

2. 动作速度训练方法

动作速度是指球员完成一个技术动作所需的时间。动作速度在荷球运动中是很多技术参数的评定标准，如投篮和传球的出手速度、抢篮下球时的起跳速度、切入时的蹬地速度等。动作速度快的球员通常能处于主动地位。

分解训练法：将一个完整动作根据动作的结构合理分为若干个环节，然后针对各个环节单独进行训练，提高球员的动作速度，针对其中的重点环节进行强化训练，最终将其连接起来，提升整体的动作速度。

加难减难训练法：在训练中，速度的增加并不总是渐增上升的，应根据训练状况的不同，进而采用增加难度或减少难度的方法进行训练。在减难训练中，通过减少运动员做出动作时受到的阻力，能够使运动员体会快速动作。在加难训练中，增加球员所需克服的阻力，然后突然减少到正常水平，用等同的力克服较少的负荷，从而增加其动作速度。

变换训练法：变更训练的环境、空间或时间，减小有效的训练面积，使其在更小的空间时间内完成较多的动作，增加球员的动作频率，提高动作速度。

【练习方法】3名球员一组，4个球，1个球柱。1名球员在距离球柱3米处做原地投篮，1名球员助攻，1名球员抢篮下球。投篮球员在1分钟时间内持续快速出手投篮。

【要求】确保出手的次数并提高命中率。球不能落地。

变化一：逐渐增加投篮距离。

变化二：改变投篮方向。

变化三：改变投篮方法，例如后撤投篮、跳开投篮等。

【练习方法】2名球员一组，1个球，1个球柱。1名球员在靠近球柱位置助攻，1名球员在距离球柱7米的位置冲刺切入上篮。25秒钟完成6次以上上篮。

【要求】全速冲刺的同时要保证上篮动作的完整性和稳定性。

变化：改变切入的距离和方向。

3.移动速度训练方法

移动速度是球员在场上发生的位移（s）与时间（t）的比值。荷球运动是一项进攻球员通过移动摆脱防守者从而获得可以投篮的自由位置的运动。因此移动速度在荷球运动中至关重要。

在移动速度训练中，采取增加难度或减小难度的方法可以有效提高其移动速度，例如下坡跑、负重跑等，提高本体感受器对下肢速度变化的敏感程度。

【练习方法】2名球员一组，间隔1.5米相对站立，设立2个间隔5米的标志物，球员在标志物区域内做任意左右快速变向，移动的距离自行把握，另1名球员尽最大的努力跟随其移动。

【要求】降低身体的重心，膝关节弯曲约120°。左右移动不超出标志物以外的范围。全速移动25秒为一组。

变化：运用各种步法练习。

【练习方法】"十"字移动训练。设立一个2米×2米的"十"字形标志物，球员在"十"字交叉点上保持防守姿势站立，面向前方。当教练员发出口令后，球员应迅速做出向前（后、左、右）的移动，并迅速回到起点。（见图10-4）

（a）　　　　　　（b）　　　　　　（c）　　　　　　（d）

图10-4　"十"字移动训练

【要求】反应迅速，控制好身体的重心。

二、力量素质训练

力量素质是人体神经肌肉系统在工作时克服或对抗阻力的能力。人体肌肉力量在工作中所能承载的负荷、可以克服的阻力大小是判断球员力量素质强弱的重要标志之一。荷球运动不鼓励过分的身体对抗，力量素质在荷球运动中多表现在球员自身完成技术动作时的爆发力和核心力量对身体控制的能力。

（一）力量素质训练的目的

力量素质是完成动作的保障，影响着动作的质量以及动作的延续性，拥有良好力量

素质的球员更容易在荷球比赛中获得进攻的机会，提升防守的能力。因此，力量素质在荷球的日常训练中尤为重要。

（二）力量素质训练的原则

为了能够有效地提高力量素质，增强球员肌肉力量，在"对抗阻力"的原理下进行力量素质训练。训练中应遵循以下原则。

1. 超负荷原则

在力量训练中，如果将肌肉所要克服的阻力维持在肌肉很轻松就可以完成的程度上，则力量水平很难提高，因为只有肌肉收缩时所承受的阻力或负荷超过已经适应的负荷量，处于超负荷状态，神经肌肉系统才能产生新的适应，其工作能力才能得到提高。所以只有打破"肌肉拉力—承载阻力"之间原已形成的平衡，才能使力量有所发展。

2. 适宜强度原则

单位时间内肌肉做功或用力的大小叫作强度。"没有疲劳，就没有提高"，受锻炼的肌肉所达到的疲劳程度是提高肌肉力量的重要因素。在运用强度原则进行训练时，必须因人而异，注意强度的适宜性。强度的高低对神经肌肉系统所产生的影响表现为：大负荷量，刺激深、力量增长快，易改变神经系统机能；中等负荷量，提高肌肉力量及速度、改善神经系统功能；中小负荷量，提高肌肉力量、速度及耐力；负重小，增多肌肉毛细血管和线粒体的含量。

3. 频率原则

在固定时间（一个训练阶段）内保持固定的训练频度即频率原则。为了保证体内营养物质的补充、能量代谢的平衡和相应的一系列形态结构和功能变化能持续向有利于力量增长的方向发展，在训练中应遵循频率原则，合理调配每次训练之间的时间间隔。对于训练强度或总负荷量较大的力量训练，每周可进行 1～2 次；中小强度的力量训练，每周 2～3 次。

4. 渐进性原则

肌肉功能变化发展的规律决定肌肉力量的提高是一个渐进的过程，因此，在力量训练中，负荷量的大小和强度的增加，必须从实际情况出发，由小到大、由少到多循序渐进地增加。不宜过大、过快。

5. 全面性训练原则

对任何一个运动项目来说，神经肌肉系统是作为一个系统参与工作并发挥功效的，其所有成分都是相互联系、不可分割的。某一环节的薄弱，往往成为限制其他环节的瓶颈，从而影响整体力量水平和竞技能力的提升。因此，根据力量训练的任务和目的，必须全面地、协调地发展整体力量素质。

6. 针对性训练原则

为了提高荷球技术水平，必须在肌肉全面训练的基础上，根据荷球的项目特点有针对性地进行训练，即针对性训练。其主旨在于选择与专项技术动作要求相一致的手段对肌肉进行力量训练，包括选择与专项技术动作结构一致的力量训练进行训练；选择肌肉的拉力方向与专项技术动作一致的力量训练进行训练；选择肌肉的工作类型与专项技术动作一致的力量训练进行训练；选择某一环节的运动幅度与专项技术动作一致的力量训练进行训练等几个方面。

7.全幅度训练原则

全幅度原则是指在进行力量训练时，使每次重复动作的幅度都尽可能地做到最大。这样可以动员肌肉各部分的肌纤维参加工作，并得到发展和加强。遵循全幅度训练原则进行训练时，要求每次重复从肌肉预先充分伸展的状态开始。

（三）上肢力量的训练方法

1.引体向上

【练习方法】球员采用正握（掌心向前）单杠，略宽于肩，手臂自然下垂，双腿弯曲抬起，收紧核心肌肉。通过背阔肌快速收缩将身体向上拉起，身体略微后仰，胸骨位于单杠上方时停顿1秒，然后缓慢下放至手臂伸直，8～12次为1组，完成4～5组。（见图10-5）

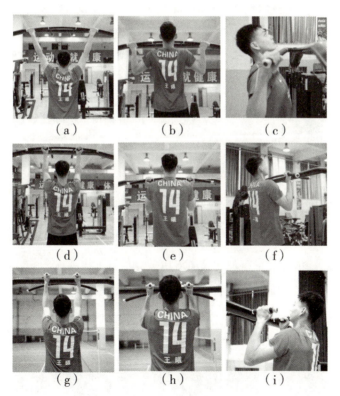

（a）　　　　　（b）　　　　　（c）

（d）　　　　　（e）　　　　　（f）

（g）　　　　　（h）　　　　　（i）

图10-5　引体向上

【易犯错误及纠正方法】收紧核心肌肉，减少身体晃动。身体上拉时吸气，下放时呼气。快速上拉，缓慢下放。稳定肩关节，不可快速下放，以避免损伤肩关节。

2.徒手俯卧撑

【练习方法】球员将双脚放在波速球上，双手置于体侧撑在地面上，收紧核心肌肉，肘窝朝向斜前方做俯卧撑，25次为1组，完成5~6组。（见图10-6）

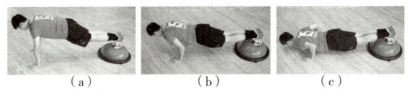

（a） （b） （c）

图10-6 徒手俯卧撑

【易犯错误及纠正方法】核心收紧，不可塌腰或弓身，保持身体为一条直线。慢速下落，快速撑起。

3.杠铃划船

【练习方法】身体自然站立，双脚脚尖向前，可轻微外旋，双脚距离与肩同宽，膝关节稍弯曲，背部挺直下沉，保持头部抬起面向前方，双手正握杠铃，重力方向自然垂于下方，使杠铃贴于胸腹部拉起，肘部靠近身体。以自身65%~85%1RM（最大肌力）循环变动方式，6~15次为1组，练习3~5组。（见图10-7）

（a） （b） （c）

图10-7 杠铃划船

【易犯错误及纠正方法】保持背部肌肉紧张，背部和脊椎不可弯曲，面向前方，膝盖弯曲角度不可太大，快速拉起，缓慢放下。

4.哑铃弯举

【练习方法】采用坐姿或站姿，身体保持直立，双手持哑铃，掌心方向朝上，保持肘部贴于身体双侧，弯曲肘部，以自身65%~85%1RM循环变动方式，每侧手臂4~12次为1组，练习3~5组。（见图10-8）

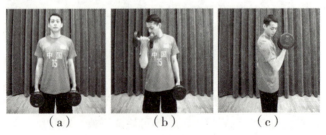

（a） （b） （c）

图10-8 哑铃弯举

【易犯错误及纠正方法】身体姿势保持正直，肘部不可外翻，肩部保持稳定，大臂不可向前摇摆代偿。

5.杠铃卧推

【练习方法】身体仰卧于卧推长凳上，杠铃位置处于胸大肌中线正上方，高度略低于卧姿肘部伸直高度。尽力将杠铃向上推离身体直到肘部伸直，略微停顿，缓慢恢复将杠铃向下靠近身体直至离胸部三指距离。以自身30%～60%1RM为负荷强度，3～6次为1组，练习1～3组。（见图10-9）

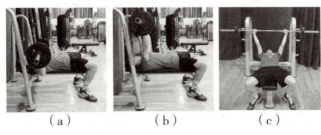

（a） （b） （c）

图10-9 杠铃卧推

【易犯错误及纠正方法】保持肘部位置不可外翻，双肘向身体内侧轻微靠拢，胸部保持上挺，肩部保持下沉。进行练习时，采用轻到中等的负荷强度，应做到快速全力推起杠铃，使功率达到最高，提高上肢爆发力，应避免慢速推起。

6.坐姿杠铃上推

【练习方法】身体正坐于练习凳上，双手持杠铃与胸前，握距略宽于肩，手心向下。用力将杠铃推至肩上直至肘部伸直，然后缓慢放下恢复至起始姿势。以自身60%～80%1RM为负荷强度，6～14次为1组，练习3～5组。（见图10-10）

（a） （b） （c）

图10-10 坐姿杠铃上推

【易犯错误及纠正方法】推举过程中肘部不可过于外翻，有意识地控制双肘向内，推举中保持腰部挺直，腹部核心始终收紧。肩上推举对于运动员力量水平具有很高的要求，训练初期应以熟练动作模式和发展肌力为主，避免在错误动作下使用过大重量造成损伤。在发展上肢爆发力阶段，也可采用轻到中等负荷强度（30%～60%1RM）做快速力量练习。

7.哑铃飞鸟

【练习方法】身体呈正立位站立，双手持哑铃自然垂于双侧，双脚与肩同宽，朝身体双侧方向用力抬起双臂，保持肘部稍微弯曲，抬起过程中身体微微前倾，同时保持腰部挺直，抬头目视前方，直至哑铃与双侧肩部平行，然后缓慢放下恢复至起始位置。以自身60%～70%1RM为负荷强度，8～12次为1组，练习5～7组。（见图10-11）

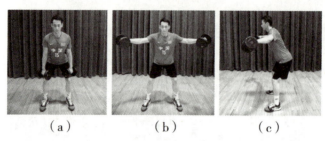

（a） （b） （c）

图10-11 哑铃飞鸟

【易犯错误及纠正方法】注意腰部保持挺直，双手持哑铃略微外旋，保持肩部双侧发力，不可耸肩。

8.直立划船

【练习方法】身体呈正立位站立，双手持杠铃于身体前侧，双脚与肩同宽，背部保持挺直，双手握杠铃距离略窄于肩，双手之间距离为20～30厘米，向上提拉杠铃，使其靠近下颌后缓慢放下恢复至起始位置。以自身60%～70%1RM为负荷强度，8～12次为1组，练习5～7组。（见图10-12）

（a） （b） （c）

图10-12 直立划船

【易犯错误及纠正方法】持握杠铃时手腕放松，不可过于紧张，注意肩双侧发力，腕关节位置不可高于肘关节。

9.反握引体向上

【练习方法】身体呈正立位站立，双手上抬掌心朝向身体正侧，握杠距离略宽于肩，上肢发力将身体抬离地面直至下颌超过杠，稍停顿1秒缓慢恢复至起始姿势。以8～12次为1组，练习4～5组。（见图10-13）

（a） （b） （c）

图10-13 反握引体向上

【易犯错误及纠正方法】保持核心肌肉收紧，身体不可摇晃，快上慢下体会肱二头肌发力过程。

（四）躯干核心力量训练

核心通常指躯干，包括脊柱和骨盆及其周围的肌群。核心力量存在于所有运动项目中。所有的体育动作都是以中心肌群为核心的运动链，强有力的核心肌群对运动中的身体姿势、运动技能和专项技术动作起着稳定和支持作用。任何竞技项目的技术动作都不是依靠某单一肌群就能完成的，它必须动员许多肌肉群协调做功。核心肌群在此过程中担负着稳定重心、环节发力、传导力量等作用，同时也是整体发力的主要环节，对上下肢体的协同工作及整合用力起着承上启下的枢纽作用。

1. 抗旋转——平板划船

【练习方法】球员双手持哑铃，双臂伸直以哑铃做支撑俯卧，保持核心肌肉收紧，身体呈一条斜线，身体重心由四点支撑慢慢转换为三点支撑，并将单侧哑铃提至体侧再缓慢放下。8～12次为1组，完成6～9组。（见图10-14）

（a） （b）

图10-14 平板划船

【易犯错误及纠正方法】全程保持身体平衡，腰部与身体呈一条直线，不可弯曲。

2. 抗伸展——平板支撑

【练习方法】俯卧，双肘弯曲支撑在波速球上，肩和肘关节垂直于地面，双脚踩地，身体离开地面，躯干伸直，头部、肩部、胯部和踝部保持在同一平面，核心肌肉收紧，眼睛看向地面，均匀呼吸。1～3分钟为1组，完成6～9组。（见图10-15）

图10-15 平板支撑

【易犯错误及纠正方法】控制核心稳定，减少身体晃动，采用腹式呼吸。

3. 抗侧屈——单侧负重行走

【练习方法】球员单手提重物（哑铃或壶铃），保持平稳站姿，两肩高度一致，目视前方，慢速行走。行走15米为1组，完成4～6组。（见图10-16）

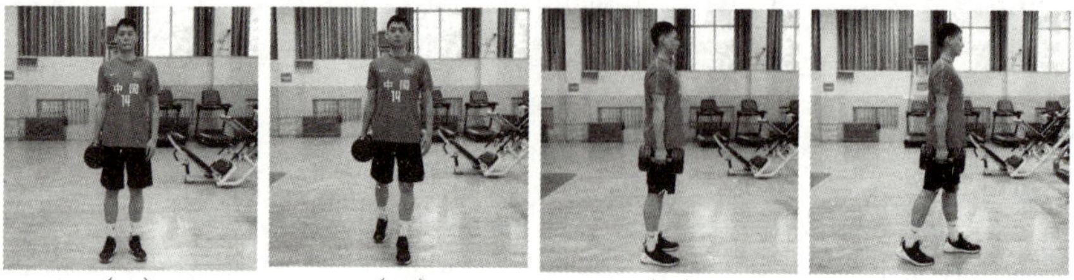

（a）　（b）　（c）　（d）

图 10-16　单侧负重行走

【易犯错误及纠正方法】保持身体平衡和躯干稳定，禁止左右摇晃。

4. 药球核心爆发力——站姿侧身抛球

【练习方法】球员双手持药球侧对练习墙，两脚开立，屈髋屈膝，收紧核心肌肉。上身旋转将球置于体外侧（远离墙的一侧），外侧脚踱地、蹬地，髋部伸展发力起身的同时上身旋转至面向练习墙，将球用力抛出。12～15 次为 1 组，完成 4～6 组。（见图 10-17）

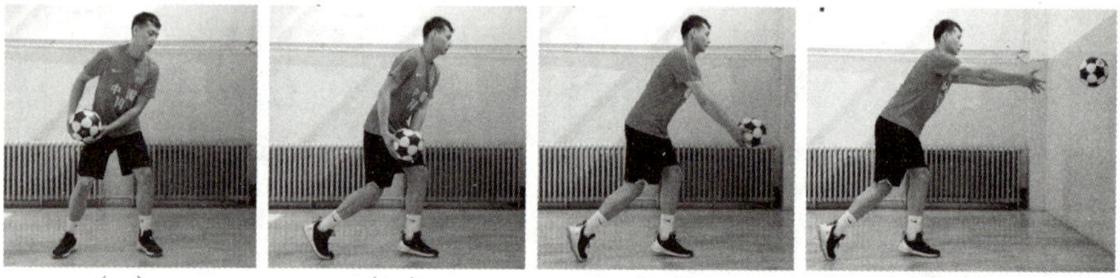

（a）　（b）　（c）　（d）

图 10-17　站姿侧身抛球

变化：采用单膝跪地侧身抛球。

【易犯错误及纠正方法】药球重量应由轻到重，用最大力量快速将球抛出，感受力量传递和髋部发力，避免手臂过度发力。

5. 药球核心爆发力——站姿抛球

【练习方法】球员双手持药球正对练习墙，两脚开立与肩同宽，收紧核心肌肉。躯干伸展，提起脚跟，抬高重心，将球举至头后，利用躯干力量快速将球抛至练习墙。12～15 次为 1 组，完成 4～6 组。（见图 10-18）

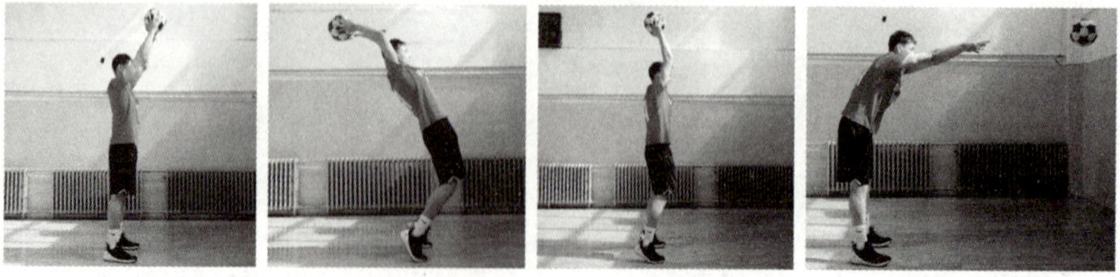

（a）　（b）　（c）　（d）

图 10-18　站姿抛球

变化：采用跨步过头抛球。

【易犯错误及纠正方法】应注意自下而上的力量传递，避免运动过程脱节而造成单纯依靠手臂发力，应利用躯干力量将球大力抛出，使球反弹至手中。

6.杠铃早安式俯身

【练习方法】身体自然站立，双脚距离稍宽于肩，将杠铃置于后背肩上，膝关节稍弯曲，保持上身挺直，做背屈动作。随后顶髋恢复直立状态。以自身60%~70%1RM的负荷强度，8~12次为1组，完成3~5组。（见图10-19）

（a）　　　　　　（b）　　　　　　（c）

图10-19　杠铃早安式俯身

【易犯错误及纠正方法】保持后背部挺直，抬头望向前方，膝关节弯曲角度不可太大，保持髋关节的稳定旋转，感受腘绳肌等后侧肌肉产生牵拉感。

7.侧撑

【练习方法】身体侧卧于地面，肘部撑地，将身体呈一条直线面对上方，髋部做侧屈伸动作。20个为1组，完成4~6组。（见图10-20）

（a）　　　　　　（b）

图10-20　侧撑

【易犯错误及纠正方法】保持身体的正直，髋部骨盆与身体保持一致，不可左右旋转。

8.负重臀桥

【练习方法】身体仰卧与地面平行，上背部固定，双腿弯曲90°与肩同宽，将杠铃置于下腹部，快速挺髋使身体呈一条直线，然后缓慢放下恢复至起始位置。以65%~85%1RM为负荷强度，8~12次为1组，完成3~5组。（见图10-21）

（a）　　　　　　　（b）　　　　　　　（c）

图 10-21　负重臀桥

【易犯错误及纠正方法】练习过程中保持核心收紧，使脊部始终保持直线，避免腰部过度发力，臀部不触碰地面，挺髋动作迅速有力。

9. 抬腿仰卧起坐

【练习方法】身体仰卧于地面上，双腿弯曲呈90°离地，双手置于胸前，腹部发力使身体前曲。20 次为 1 组，完成 5~7 组。（见图 10-22）

（a）　　　　　　　（b）　　　　　　　（c）

图 10-22　抬腿仰卧起坐

【易犯错误及纠正方法】注意控制呼吸节奏，身体蜷缩时呼气，恢复至起始位置时吸气。保持腿部抬高，避免造成身体过度晃动。

（五）下肢力量训练

1. 徒手深蹲

【练习方法】两脚开立同肩宽，双臂前伸平行与肩，挺胸并保持背部紧张。屈膝缓慢下蹲，大腿平行地面或稍低于膝关节，静止 1~2 秒钟，快速蹬伸至站立姿势。12~18 次为 1 组，完成 5~8 组。（见图 10-23）

（a）　　　　　　（b）

图 10-23　徒手深蹲

【**易犯错误及纠正方法**】徒手动作主要是为了构建正确的动作模式，应保持背部肌肉的紧张状态，避免低头、弯腰、驼背，缓慢下蹲。快速蹬伸。保持膝关节与脚尖向前，不可内扣膝盖，保持重心的稳定。

2.单腿下蹲

【**练习方法**】身体站立，将一侧支撑脚置于训练凳上，双脚距离约为1米，单腿自然下蹲，蹲至膝关节角度约90°为止，动作结束后恢复至起始位置。每侧8~12次为1组，完成5~8组。（见图10-24）

（a）　　　　　　　（b）

图10-24　单腿下蹲

【**易犯错误及纠正方法**】蹲下时身体保持正直，目视前方，支撑腿的膝关节不得内扣外翻并与脚尖指向同一方向。下蹲时，应注意保持身体平衡，避免躯干左右晃动。

3.单腿直腿硬拉

【**练习方法**】以右腿支撑为例，球员左手持壶铃，保证核心肌肉收紧，以髋部为轴，上半身前倾，左腿抬高与躯干呈一条直线，停顿1~2秒后恢复至站立姿势，8~12次为1组，完成5~8组。（见图10-25）

（a）　　　　　　　（b）

图10-25　单腿直腿硬拉

【**易犯错误及纠正方法**】身体始终保持一条直线，试图将壶铃靠近支撑脚内侧地面。通过后腿的延伸尽可能拉长身体，后脚脚尖回勾，脚跟后蹬，专注腘绳肌拉伸感。

4.杠铃硬拉

【**练习方法**】身体自然站立，双脚与肩同宽，杠铃位置置于双腿胫骨前侧、脚背正上方，下蹲抓杠，目视前方，保持腰背挺直，挺髋蹬地，将杠铃提离地面的同时靠近身体成直立，然后缓慢放回地面。以自身65%~85%1RM的负荷强度，3~6次为1组，完成3~5组。（见图10-26）

图 10-26 杠铃硬拉

【易犯错误及纠正方法】在练习过程中，以伸髋动作为主，避免过度屈膝，腰部始终保持挺直，杠铃要贴近身体，下放杠铃时感受腘绳肌拉伸感。

5. 蚌式开合

【练习方法】身体侧卧，髋关节自然向后，屈膝并加阻力带，脚踝紧贴，双膝向外侧打开，保持腰部及髋关节的稳定。（见图 10-27）

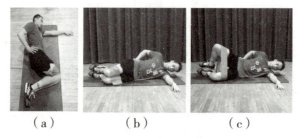

图 10-27 蚌式开合

【易犯错误及纠正方法】保持腰部稳定，不可扭转代偿发力。在对抗弹力带阻力的同时，缓慢合腿。

6. 提踵

【练习方法】球员双脚平行站在台阶上，前脚掌发力，脚跟悬空，做提踵。15 次为1 组，完成 5~8 组。（见图 10-28）

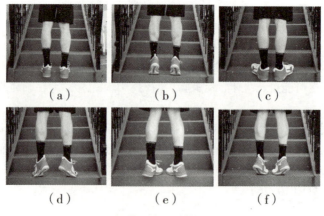

图 10-28 提踵

【易犯错误及纠正方法】脚跟抬起时要抬至最高点，下落时控制速度，并低于台阶水平面。该动作可变化为单腿提踵或增加负重，应根据不同的训练目标，设定负荷强度。

7. 杠铃深蹲

【练习方法】身体自然站立，双脚与肩同宽，双手持杠铃放于颈后，腹部收紧，腰背挺直，下蹲至大腿与地面平行，后恢复至起始姿势。以自身75%～85%1RM为负荷强度，4～10次为1组，练习3～5组。（见图10-29）

（a）　　　　　　（b）　　　　　　（c）

图10-29　杠铃深蹲

【易犯错误及纠正方法】保持腰背挺直，目视前方，膝关节不可内扣，脚尖方向略微旋外。切记不可弯腰。

三、柔韧素质训练

柔韧素质指人体关节按一定的运动轴运动的幅度以及肌肉、韧带等软组织的伸展能力，可以分为一般柔韧素质和专项柔韧素质。一般柔韧素质是指在运动项目中参与度最多的关节（如肩、膝、髋等）活动幅度；专项柔韧素质是指掌握专项运动技术所需要的特殊柔韧性。柔韧素质属于形态机能特征，不能像速度、力量那样为运动产生技术动力，但可以帮助控制动作，提高动作效果。除了控制肌肉的简单收缩和放松外，还可以在运动中协调肌肉群之间的工作，提高本体感受器和本体感受器感受外界刺激的能力。

（一）柔韧素质的训练目的

适宜的柔韧性训练可以提高球员的竞技能力。无论是个人项目还是集体运动，动作质量的高低都会受到柔韧性的影响。柔韧性较好的球员，可以更好、更快地完成训练。

（二）柔韧素质的训练原则

1. 充分热身原则

每个人的肌肉、韧带和关节囊软组织都是黏滞体，它们的黏滞性都和温度有密切的关系，温度越高，黏滞性越小，肌肉伸缩所受到的阻力就越小，在这样的情况下拉伸效果好，而且不容易受伤，因此柔韧素质的训练要在充分的热身活动后进行。

2. 循序渐进原则

循序渐进包含着两个方面的含义，一要长期坚持，经常牵拉。因为肌腱、韧带和关节囊的伸展性在长时间不活动的情况下会丧失其正常的伸展性，因此经常进行伸展性训

练可以保持和发展柔韧素质。二要渐进，即先易后难、逐渐增加难度。肌腱、韧带、肌膜和关节囊等致密结缔组织的抵抗能力较差，对其进行过度训练可能会使球员的关节、韧带与肌腱发生不可逆的畸变，这会直接影响球员的竞技能力，因此训练时动作要柔和，用力要缓慢。

3.动静结合原则

在进行柔韧性训练时，应采取以静力拉伸为主、动静结合的原则。静力拉伸主要针对的是伸展性，而动力拉伸主要针对的是弹性这一特性，这样既可以提高肌肉的伸展性，又可以提高肌肉的弹性。

4.交替结合原则

在发展柔韧性的过程中，必须将力量性训练与柔韧性训练相结合，交叉进行。单纯的柔韧性训练会降低关节的稳定性，而单纯的力量性训练又会降低柔韧性，因此要将两种训练方式有机结合在一起，使二者相辅相成。

（三）柔韧素质的训练方法

柔韧素质训练主要采用拉伸训练法，按照拉伸方式的不同，分为静力拉伸法和动力拉伸法，而这两种方式又都包括主动拉伸法和被动拉伸法两种训练方式。主动拉伸法是球员依靠自己的力量拉长自身软组织；被动拉伸法是在外力帮助下拉长球员自身的软组织。被动拉伸法拉长软组织的幅度优于主动拉伸法。因此，用拉伸训练进行柔韧性训练时，要把这两种方法结合起来，做到有动有静、动静结合。

柔韧素质训练的负荷量度需要通过负荷强度和负荷次数来确定，负荷强度不能超过被拉长肌肉力量的50%，训练水平较高的球员可以适量增加负荷重量，一般来说长时间中等强度拉力训练的效果较好。负荷次数取决于各个关节的特点、球员的年龄以及性别，青少年球员训练时的重复次数是成年球员的30%～40%，女子应比男子少10%～15%。

1.静力拉伸

静力拉伸通过缓慢的动作，将某些关节、软组织固定于一种姿势进行较长时间的拉伸。因为每一个位置的拉伸都会引起相邻软组织的拉伸，所以拉伸的顺序十分重要。

在进行静力拉伸时，在被拉伸部位感到"酸、胀、痛"的位置，停留保持15～30秒左右。

（1）胸大肌拉伸

【动作要领】 球员站至球柱一侧双腿前后开立，将小臂固定在球柱上，手肘抬至肩关节高度，屈肘使前臂向上，大小臂夹角90°，肩关节放松，同侧腿前屈，呼气，身体前倾。感受到胸肌充分伸展，保持30～60秒。（见图10-30）

图10-30　胸大肌拉伸

（2）三角肌拉伸

【动作要领】三角肌前束的拉伸，应将双手放在背后，五指相扣，手臂向后上方伸展，挺胸抬头，保持 15~30 秒。（见图 10-31）

（a）　　　　　　　（b）

图 10-31　三角肌前束拉伸

三角肌中后束的拉伸（以右臂为例），应将右手臂抬平，左手臂肘部夹住右手臂上臂，缓慢向左侧牵拉，保持 15~30 秒。（见图 10-32）

图 10-32　三角肌中后束拉伸

（3）肱二头肌拉伸

【动作要领】将手心向外抵在墙体或其他稳定的物体上面，使手肘朝上，肱二头肌朝下，向前方移动身体，当肱二头肌出现拉伸感时，保持 15~30 秒。（见图 10-33）

图 10-33　肱二头肌拉伸

（4）肱三头肌拉伸

【动作要领】以右臂肱三头肌拉伸为例，球员站立，背部、颈部伸直，将右手臂弯曲置于脑后，尽力触摸左肩胛骨，左手握住右手并向左侧施加拉力，保持 15~30 秒。（见图 10-34）

（a）　　　　　　（b）

图 10-34　肱三头肌拉伸

（5）梨状肌拉伸

【动作要领】 以左侧梨状肌拉伸为例，采用仰卧姿势，右腿向上屈膝，脚掌撑地，左小腿搭于右腿膝上部位，双手抱住右腿大腿，将双腿拉向胸部位置，使左侧臀部肌肉有明显拉伸感，保持 15～30 秒。（见图 10-35）

图 10-35　梨状肌拉伸

（6）股四头肌拉伸

【动作要领】 以左侧股四头肌拉伸为例，采用站立姿势，抬头、挺胸、收腹，双手自然垂于身体两侧；重心移至右腿，屈左膝，左手握住左脚踝，使左侧大腿前侧肌肉有明显拉伸感，保持 15～30 秒。（见图 10-36）

图 10-36　股四头肌拉伸

（7）臀大肌拉伸

【动作要领】 以左侧臀大肌拉伸为例，采用仰卧姿势，伸直双腿。左膝弯曲，双手抱小腿并慢慢拉向胸部，右腿始终与地面接触，使大腿后侧肌肉有明显牵拉感，保持 15～30 秒。（见图 10-37）

图 10-37　臀大肌拉伸

（8）小腿三头肌拉伸

【动作要领】以左小腿三头肌拉伸为例，采用站姿于墙前约一大步的位置，手推墙壁，双脚站立与髋同宽。右腿向前跨呈屈膝姿势，右膝关节在脚的正上方，将左腿伸直并保持足跟始终接触地面，保持 15～30 秒。（见图 10-38）

图 10-38　小腿三头肌拉伸

2. 动态拉伸（动力拉伸）

动态拉伸法是指有节奏地、动态地、通过多次重复同一动作的训练使软组织逐渐地被拉长的训练方法。动力拉伸能够提高活动中人体的柔韧性，并且不会引起牵张反射而抑制拉伸效果，图 10-39 中的动作分别是行进间抬腿（a）、箭步蹲（b）、抱膝走（c）、弓步拉伸（d）和左右侧蹲（e），每个练习持续 15～30 秒。

（a）　　　　（b）　　　　（c）　　　　（d）　　　　（e）

图 10-39　动态拉伸

四、灵敏素质训练

灵敏素质是指球员在外部条件突然改变的情况下，快速、准确、协调、灵活地改变身体空间位置、运动方向和随机应变的能力，是人各种运动技能和身体素质在运动中的综合表现。大脑皮层神经活动过程的灵活性和分析综合能力，是灵敏素质的重要生理基础，具有精确性高、运动时空感觉强等特征。它体现了球员自身竞技能力的高低，是衡量球员运动能力的关键因素之一。因此，可通过训练改善和提高各感受器官功能，以增强灵敏素质。

灵敏素质可分为一般灵敏素质和专项灵敏素质两类。一般灵敏素质是指球员在完成各种复杂动作时所表现出来的适应外部环境变化的能力，通常以起动、急停、变向、起跳、改变动作空间位置等形式表现出来；专项灵敏素质则是指球员与专项技术结合紧密的适应不断变化的环境的能力，一般表现在机敏、灵巧、准确等方面，要求球员具备较好的判断能力和反应速度，能够在空间、时间以及用力特征上有效完成相应的应答

动作。

（一）灵敏素质训练的目的

灵敏素质在荷球运动中不可或缺，对球员掌握、运用各种复杂技、战术和提高处理场上突变情况的能力有重要作用。在激烈的比赛中，具有高度灵敏素质的球员可以避开外界环境、人或球的干扰，自如地对突变情况做出应答、做好改变方向或急速停止的准备，并以快速、有效、流畅的方式执行动作。灵敏素质好的球员可以减少受伤的可能性，如果球员缺乏灵敏素质，就会降低在训练或比赛中技术动作的效率。

灵敏素质在提高运动成绩上有着非常显著的作用，但灵敏素质受遗传因素影响很大。为了提高运动成绩，教练员应尽可能采取各种方式，提高球员灵敏素质，使其更好地投入比赛。

（二）灵敏素质训练的原则

1. 全面原则

灵敏素质是由力量、反应、速度、协调性等多种素质组合而成的。提高灵敏素质水平的基础是全面发展各种运动素质，因此要加强全面身体素质训练。

2. 变换原则

发展灵敏素质主要采用变换训练法。变换原则包括训练形式的不断变换和难易程度的不断变换。鉴于灵敏素质训练强度较大，球员易疲劳，会出现体力下降、速度变慢、反应迟钝的情况，不利于灵敏素质的发展，所以训练方式的多样化可以提高球员的兴奋性，降低机体疲劳程度；逐渐增加训练方式的复杂程度，通过改变外界环境的条件、动作姿势等方式增加技术动作的复杂性和难度，从而提高球员的反应能力、平衡能力、观察能力、节奏感和掌握技术动作和战术的能力。

3. 适宜原则

灵敏素质训练持续时间不宜过长，为了提高训练效果，应将训练安排在每次训练精力最充沛、身体不疲劳、大脑最兴奋的阶段；训练次数不宜过多，训练时间不宜过长，将训练时间和休息时间的比值控制为1∶3，来保障氧气的补充和肌肉中高能物质的再合成。

4. 与专项相结合原则

荷球运动灵敏素质的训练要特别重视专项灵敏素质的发展，在球员了解荷球战术时空特征的基础上，多参加各种形式的比赛，提高在复杂条件下随机应变的能力；培养球员预判能力、反应能力、反应速度、柔韧性、爆发力，改善肌肉的弹性和关节、韧带的伸展性，使球员的素质能力均衡、协调发展；多进行专项脚步动作训练，提高身体重心的转换、手脚协调配合完成各种技术动作。

（三）灵敏素质的训练方法

灵敏素质是球员所具备的所有运动能力的综合表现，是在中枢神经系统的指挥下，将身体各种能力，包括力量、速度、协调、柔韧等综合地表现出来，可以让球员迅速对变化情况做出反应、及时有效地启动并准确地移动方向。灵敏素质的训练要求从小开始，在发展神经系统较优越的阶段（7～12岁）开始进行，可为发展灵敏素质提供良好的条件和基础。在进行灵敏素质训练时，为了取得良好的训练效果，教练员应采用各种手段，提高以下几种灵敏素质的训练效率：全身水平方向的改变；全身垂直的改变方向；在运动中控制身体各个部分快速、优质地完成技术动作。灵敏素质的练习方法、手段主要包括下列几种。

1. 徒手训练

在跑、跳等状态中个人随机迅速改变移动方向的各种跑跳、快速急停、突然起动、各种迅速转体训练以及在不同信号刺激下进行对应动作的训练，例如正向冲刺的过程中突然吹哨变换方向或者根据不同的信号闪烁进行对应的练习。

2. 组合训练

将各个技术动作衔接起来，将相邻或相似的技术动作连接在一起，以一套技术动作的规格和标准来完成。例如设计复杂多变的训练方式，采用"X"形跑、"V"形跑、"L"形跑等综合性训练。

3. 变换训练

改变完成动作的速度或速率、变换动作频率或逐步增加动作的频率、改变移动的方向、调整身体的方位和改变机体对信号做出的应答反应等。通过变化训练可以培养球员在新异和复杂环境下的主动性和创造性。

4. 限制训练

以非常规姿势完成动作，限制完成动作的空间、位置。例如进行10米×10米的荷球对抗，使其在缩小的距离下不断增加完成动作的频率，借此提高动作的灵敏度。

5. 分解训练

将组合或成套的技、战术动作分解为各种单个的基本技术动作、战术配合，通过不断地分解和组合训练，提高球员的各种感知觉。

6. 绳梯训练

利用绳梯的便捷性，设置在上坡或者下坡路面，然后分别设置不同的训练要求，例如纵向绳梯单个移动训练和横向快速单腿移动练习。绳梯组合的手段有很多，教练员可自行根据训练需求安排。

7. 小栏架训练

小栏架训练可自行设置距离与高度，有多种变化组合，可以采用变向跑、直线跳跃等方法提高球员的灵敏素质。

五、耐力素质训练

耐力素质指球员在坚持长时间运动时的抵抗神经、肌肉疲劳的能力，对降低球员机体疲劳有重要作用。荷球运动属于技能主导类对抗性项目，在这一项目中，耐力素质对比赛结果有决定性作用，为保持训练和比赛过程中的动作强度和动作质量，要求球员能

够持续在较长时间（很长时间）内维持机体机能，具备良好耐力素质的球员，能够取得更好的训练和比赛效果。

通常情况下耐力素质可以分为有氧耐力和无氧耐力。有氧耐力指机体在氧气供应比较充足的情况下机体进行长时间运动的能力；无氧耐力则是指机体以无氧代谢（磷酸原供能和糖酵解供能）为主要供能方式，坚持较长时间工作的能力。根据耐力素质对荷球运动的间接、直接关系和影响，又可将耐力素质分为一般耐力和专项耐力。

（一）耐力素质训练的目的

机体抗疲劳能力的强弱，对球员是否能够保持较长时间的高水平运动有直接影响。耐力素质的提高可以增加机体心血管系统、血液循环系统、呼吸系统的功能，改善机体有氧代谢能力，从而提高抗疲劳的能力。

机体在比赛中或比赛后消除疲劳、快速恢复，可以缩短训练间歇，增加重复次数，完成训练任务和比赛目标。耐力素质通过作用于呼吸和心血管系统，可以促进血氧供应，增加机体对物质、能量的贮备，优化其生理、生化功能。

在机体的训练、提高过程中，各个素质之间是相互联系、不可分割的一个整体，耐力素质的提高可以为其他素质（力量、速度、灵敏等）的发展奠定物质基础，促进其他素质的发展。

现代荷球竞赛正朝着更紧张、更激烈的趋势发展，比赛结果不仅仅体现在技、战术水平上，很大程度上也是体力、意志品质的比拼。耐力训练可以培养球员的心理素质，形成顽强、勇于克服困难的作风。如果球员不具备良好的耐力素质，将很难适应当今比赛的需要，在体力、心理以及技、战术的发挥上将处于下风。因此，必须重视球员耐力素质训练在体能训练中的地位。

（二）耐力素质训练的原则

1. 多样性原则

耐力训练要长年进行，训练内容要多种多样，逐步提高对各种新异刺激的适应性，从而避免因训练内容单调，而引起思想上的厌倦，导致训练质量的下降。

2. 有效性原则

耐力训练要严格按照心率变化指导运动时间以及运动强度，在有效的时间内达到所需求的运动强度，从而避免训练白白耗费时间，造成球员身体上的疲倦，训练效果也大打折扣。

3. 安全性原则

加大对荷球球员耐力训练生理学上的研究，积极避免在耐力训练中球员由于疲劳所引起的伤病或者不适感，用生理生化指标来衡量球员的运动效果及训练监控，在最大程度上保证球员的训练安全性，确保训练效果。

4. 恢复性原则

进行专项耐力训练时，球员身体要承受的负荷较大，注重专项耐力训练后的恢复，加强恢复理论的研究。专业球员每次进行耐力训练并不一定都完全恢复，这就要求球员具有较强的有氧氧化供能的能力，让身体尽快恢复。

（三）荷球专项耐力素质训练的要求

①在阶段训练计划中，在准备阶段前期应更多地发展有氧耐力，在准备阶段后期和赛前阶段则应更多地发展无氧耐力。

②荷球球员的耐力训练首先要提高有氧耐力水平，其次再采用无氧阈的训练方法提高荷球专项耐力水平。

③荷球球员的耐力训练，要突出专项耐力。专项耐力训练要先增加运动量，再增加运动负荷的强度。

④荷球耐力素质训练安排，原则上要每次训练后机体充分恢复再安排下一次耐力训练。然而，在荷球训练实践中，球员每次进行耐力训练并不一定都完全恢复，这就要求球员具有较强的有氧供能能力，使体力迅速恢复。

（四）耐力素质的训练方法

1.无氧耐力的训练方法

（1）ATP-CP磷酸原无氧供能系统的训练

磷酸原供能系统训练时间每次在5~10秒之间，主要功能物质为磷酸原分解供能，不产生乳酸，能够在短时间内爆发出极大的能量，在荷球运动中有着重要的作用。组数在4~6组之间，以机体能维持当前状态最大强度为准。组间休息时间约为1分钟，休息时间过短不利于磷酸原储能的恢复，休息时间过长则会使得训练神经兴奋消失。例如短时间的冲刺跑，10秒竭力冲刺训练，15秒俯身登山跑，10次快速波比跳。这些短时间强爆发的训练都有益于提高磷酸原供能系统的相关活性。

（2）糖酵解无氧供能系统的训练

糖酵供能系统训练时间每次在20秒~2分钟之间，主要供能物质为肌糖原无氧酵解。此训练产生乳酸，因此每次训练产生乳酸量越大证明强度越高。组数为3~4组，组间休息不低于3分钟，使得消耗的肌糖原及时得到补充从而保证下组训练强度。例如高强度间歇跑，距离控制在400米左右，间歇时间以心率下降到120次/分左右为宜，重复3~4组，这种训练可以极大地刺激到身体血液对高浓度乳酸水平的适应，从而提高无氧训练刺激的耐受度。

2.有氧耐力的训练方法

有氧耐力的训练时间不低于20分钟，一般为半个小时到一个小时之间，主要供能物质为肝糖原、肌糖原、脂肪氧化功能，不产生乳酸，对氧气的要求较大，运动强度较小，组数较少，一般为1~2组。例如可以采用放松越野跑，球员可自行控制强度，在整个训练课过程中强度上下不规律起伏，从而提高球员对训练负荷不确定性的适应，也能起到放松心情缓解高强度训练过后的紧张感。在有氧训练过程中负荷心率一般控制为120~160次/分之间。

3.一般耐力素质的训练方法

一般耐力素质表现在球员的有氧代谢能力、对体内能源物质的储存能力、支撑运动器官承受长时间工作的能力，以及球员的心理控制和对疲劳的耐受程度方面。发展球员一般耐力的基本途径，在于改进球员在疲劳状态下充分动员机体的能力，具体表现为提高球员摄取氧、运输氧以及利用氧的能力，保持适宜糖原、脂肪在机体内的储存量，提高肌肉、关节、韧带等支撑运动器官对长时间负荷的承受能力以及球员对心理调节控制的能力。在实践中主要采用长时间单一的训练，如跑步、骑自行车等来发展机体利用氧代谢的能力和增加主要工作肌群及关节、韧带的工作耐力；也采用长时间变化内容的运动训练来发展球员的一般耐力，可以减轻局部运动装置的工作负荷，着重培养球员有氧代谢的能力。长时间、小强度是发展耐力训练负荷的基本特点，但是总的负荷量必须能够使球员机体进入相应的疲劳状态，使机体消除疲劳的生理、心理过程活跃，从而促进机体对长时间持续工作适应程度的改善和提高。

4.专项耐力素质的训练方法

球员专项耐力水平在有氧代谢能力、体内能源物质储存、支撑运动器官承受长时间工作的能力、球员的心理控制和对疲劳的耐受程度等方面表现出鲜明的专项特征，在荷球比赛过程中，球员通过快速、多次的急停，快速启动，滑步，跳跃等技术动作，摆脱防守球员，取得自由位置。在这一过程中无氧乳酸代谢占其代谢过程的较大比例。所以，无氧乳酸代谢的能力是荷球专项耐力的重要因素。

荷球运动比赛时间较长，要求球员具备优异的耐力素质，在比赛过程中持续表现出最佳技能和体能。所以，在训练中要注意安排长时间的专项对抗训练或专项训练，安排超过正式比赛时间的训练等。

【练习方法】超长时间比赛法。在平时教学比赛中有意地延长比赛时间，或者是减少进攻组/防守组的休息时间，来延长球员的运动时间，以增加球员的专项耐力。

【练习方法】计时单打练习。3名球员1组，1名球员在球柱附近助攻，另外2名球员互为攻守，防守球员与进攻球员始终保持一臂距离，进攻球员要在15秒内得2分。

【要求】进攻球员自投自抢，助攻球员传球准确。

【练习方法】计时2对2训练。计时12秒内，进攻方始终进攻，防守球员全力防守，12秒后攻守交换。

【要求】进攻球员自投自抢，球员要在同伴抢球时获得自由位置。防守球员与进攻球员始终保持一臂距离。

【教学指导】荷球体能训练应因人而异，循序渐进，在保证健康的基础上，建立球员正确的运动模式，逐步提高基础体能水平，不应一味追求快、重、高。将体能训练与荷球专项相结合，是荷球体能训练的关键，教练员应熟悉并掌握体能训练的原理，合理地进行训练安排，创新训练手段与方法，增加训练趣味性，促进球员体能水平全方位提升。

本章回顾

本章主要介绍了荷球运动应具备的身体素质及训练方法，并对各种体能训练的目的、原则、动作要领、练习方法进行了介绍。球员具备优秀的身体素质离不开日常的体能训练。因此，熟练掌握体能训练原理对于提高球员运动表现、减少运动损伤具有重要意义。

思考题

1. 简述荷球体能训练的五大方面。
2. 请列举三项核心力量训练手段，并说明该训练手段的目的。
3. 简述耐力对荷球运动员在赛场中的重要性。

第十一章

竞赛组织方法及裁判法

　　本章主要介绍了荷球竞赛的组织方法、竞赛规程的制定、竞赛制度、编排的方法及裁判法等。学习和掌握这些方法，将对竞赛的组织工作和临场执裁工作起到很大的帮助。

荷球竞赛的目的是增强人民体质，提高运动技术水平，创造优异的成绩，丰富社会文化生活。荷球竞赛组织工作的成功与否将直接关系到竞赛的顺利进行及举办竞赛任务的顺利达成。因此，荷球竞赛的组织工作及裁判法是非常重要的。掌握和了解荷球竞赛组织方法及裁判法是竞赛组织者、参与者、体育工作者和体育爱好者都应该熟悉和了解的。

第一节　竞赛组织方法

一、筹备工作

（一）成立筹备委员会（简称筹委会）

根据比赛的规模、性质、时间安排，在主办单位的领导下，由承办单位组织成立筹委会。

筹委会的工作内容包括竞赛计划的安排及竞赛任务的确定、竞赛的规模和时间、拟订竞赛的组织机构、制定竞赛规程等。

1.竞赛计划的安排及竞赛任务的确定

确定竞赛的名称（比赛冠名）、计划及任务。

2.竞赛的规模和时间

竞赛队伍的多少直接关系到比赛场馆的需求和时间的长短。要根据参赛队的数目多少和场地情况确定竞赛的天数。如果无法判断参赛队伍的数量，可采用预报名的方法了解参赛队的情况。

3.拟订竞赛的组织机构

拟订竞赛的组织机构是荷球竞赛组织工作的重要环节。机构设置要合理、精练，职能划分要明晰。根据比赛的规模，拟定组织委员会（简称组委会）的组织机构及负责人名单。

组委会包括综合办公室、竞赛部、宣传部、对外联络部（外事）、大型活动部、后勤部、财务部、安保部、医疗服务部等职能部门。

4.制定竞赛规程

根据主办单位的竞赛计划和时间安排起草竞赛规程。

（二）成立组委会

组委会是在主办单位的领导下，由各方代表组成的。组织委员会是竞赛组织工作的最高领导机构。组委会主任（执行主任）负责组织、领导和协调竞赛的全面工作，审议下设各机构的负责人和人员名单，审议批准竞赛活动的各项实施方案及裁决竞赛工作中出现的重大问题。

各职能部门的设置及工作内容如下。

1. 综合办公室

办公室是竞赛组织工作的综合办事机构，主要职责及工作内容包括：

①负责制定本部门的工作流程；

②拟定及发布竞赛的有关文件；

③组织召开会议；

④对外联络（联系上级主管部门、业务主管部门等）；

⑤文档管理；

⑥接待工作；

⑦制作部门联系人通讯录；

⑧检查各部门任务落实情况；

⑨上报本部门所需物品清单和财务预算；

⑩制定并邀请领导出席开（闭）幕式、颁奖仪式、表彰活动流程；

⑪邀请领导出席开（闭）幕式、颁奖仪式等活动。

2. 竞赛部

竞赛部是竞赛组织工作的业务机构，主要职责及工作内容包括：

①负责制定本部门的工作流程；

②制定竞赛规程（中文或英文），交办公室发送；

③组织参赛队伍报名（电子报名、纸质报名）；

④编排竞赛日程、编印秩序册；

⑤在仲裁委员会的指导下组织裁判员、审判官员培训及分工；

⑥检查场地、器材；

⑦印制成绩公告、运动员比赛表、换人卡、暂停卡等各种用表；

⑧统计和发布成绩公告；

⑨检查裁判员、审判官员的装备、器材、记录软件等；

⑩检查比赛成绩显示系统、广播、计时表；

⑪制作参赛队的联络方式；

⑫上报本部门所需物品清单和财务预算；

⑬比赛进行中和结束后的组织管理工作；

⑭制定各项工作预案。

3. 宣传部

宣传部是竞赛组织工作的宣传机构，主要职责及工作内容包括：

①负责制定本部门的工作流程；

②准备对外宣传资料；

③组织新闻机构发布新闻；

④联络及安排直播（电视、网络）、录像、摄影；

⑤设计、布置主会场背景墙、新闻发布背景板、海报；

⑥设计、制作各部门胸卡；

⑦准备开（闭）幕式、颁奖仪式、表彰活动的领导讲话稿；

⑧设计、制作会议车辆标识、引导牌、赛场地贴及会场布置等；

⑨上报本部门所需物品清单和财务预算。

4.后勤部

后勤部是竞赛组织工作的保障机构，主要职责及工作内容包括：

①负责制定本部门的工作流程；

②落实比赛的场地和器材（电源、网络、比赛用球、训练用球、灯光、音响、空调、显示屏、对讲机等）；

③落实记录台、运动员区的桌椅；

④落实男女运动员休息室（卫生间、更衣柜、淋浴区）；

⑤落实裁判员休息室、竞赛办公室、贵宾室物品；

⑥安排官员、教练员、运动员食宿；

⑦落实观众席的安全、卫生；

⑧落实医疗服务区；

⑨交通安排（接送时间、地点、车辆安排）；

⑩负责官员、运动员接送站，官员、裁判员、运动员比赛接送，会议用车；

⑪上报本部门所需物品清单和财务预算；

⑫制定各项工作预案。

5.安保部

安保部负责竞赛工作中的安全工作，主要职责及工作内容包括：

①负责制定本部门的工作流程；

②制定安全保卫计划和突发事件预案；

③对竞赛设施、生活设施、消防、观众安全例行检查；

④联络公安、消防部门及安保，维持赛场秩序和安全；

⑤规划交通预案；

⑥处理突发事件；

⑦按安全部门要求上报外籍人员个人信息；

⑧上报本部门所需物品清单和财务预算。

6.大型活动部

大型活动部负责开幕式、闭幕式等工作，主要职责及工作内容包括：

①负责制定本部门的工作流程；

②各项活动的引导员、礼仪小姐的选拔和培训；

③组织开幕式、闭幕式、颁奖典礼、欢送晚会的表演；

④落实服装、道具；

⑤按照活动流程预演；

⑥上报本部门所需物品清单和财务预算；

⑦制定各项工作预案。

7. 医疗服务部

医疗服务部负责比赛场地的救治工作，主要职责及工作内容包括：

①负责制定本部门的工作流程；

②安排急救车辆；

③安排现场医务治疗人员（准备所需医疗器械、止血物品、冷冻物品等）；

④运动员赛前防护扎贴；

⑤准备治疗区的标识、治疗床。

8. 对外联络部

对外联络部负责对外的事务，主要职责及工作内容包括：

①负责制定本部门的工作流程；

②收发邀请函；

③资料翻译；

④会议和活动主持等文件的翻译。

9. 财务部

财务部是竞赛工作中非常重要的部门。要根据经费的预算，本着勤俭节约的精神，对每一项经费开支都要进行认真核算，制定严格的管理办法和计划，以确保竞赛活动的顺利进行与经费的按时核销。

规模较小的竞赛可将宣传部、对外联络部、大型活动部并入综合办公室，将安保部、医疗服务部并入后勤部。规模较大的竞赛可设接待部、场地器材设备部、电子技术部等机构。

（三）组织编排

1. 了解和熟悉情况

①学习竞赛规程和竞赛规则，了解竞赛的内容、形式、时间安排、比赛单位、组别、参赛办法、奖励及计分方法。

②要掌握竞赛的场地器材情况和裁判员的人数、水平等情况。同时准备有关设备，绘制各种比赛用表。

2. 检查报名情况，审查报名资格

①检查报名是否逾期，检查各单位报名是否符合竞赛规程的规定（报名截止时间一到，即不接受任何报名）。群众性的、基层的荷球竞赛则要注意检查有无漏报、错报的情况，一经发现，要尽快与报名单位取得联系，及时补报和订正，以便让更多的队伍参与竞赛活动。

②要严格审查运动员的参赛资格，若有疑问，及时了解清楚，尽快做出处理，以保证竞赛的顺利进行。

3.填写电子版竞赛表格

应将各参赛队上报的电子版竞赛表格录入计算机并认真核对。（见表11-1）

表 11-1　2019 年全国荷球锦标赛暨全国学生荷球锦标赛报名表

队伍名称：　　　　　　　　　　参赛组别：

联系人：　　　　　　　　　　　手机：

序号	姓名	性别	号码	身高（CM）	身份证号
1					
2					
3					
4					
5					
6					
7					
8					
9					
10					
11					
12					
13					
14					
15					
16					

注：　　　　　　教练员：　　　　　　　　手机：

　　　　　　　　　　　　　　　　　　　单位盖章：

　　　　　　　　　　　　　　　　　　　2019 年　 月　 日

4.编排竞赛秩序和制定竞赛日程

①编排竞赛秩序。根据竞赛规程的规定和场地器材的情况，计算出比赛的需用时间（计算场数和轮数）。然后遵循要求和方法进行编排，编排时通常是采用抽签的方法把参赛者定位或分组定位。竞赛秩序编排后，要确定具体的比赛时间、地点和场次，并在此基础上制定出竞赛日程。

②制定竞赛日程。编排和制定竞赛日程时，要考虑到各参赛者竞赛时间、场地的机会均等（例如白天、晚上、室内、室外等）；要考虑到比赛的密度、强度和休息时间的合理性。

（四）编印秩序册

竞赛秩序册是竞赛的组织者组织管理比赛的依据，是组织完成一次竞赛活动的综合性的完整文件，同时也是教练员、运动员和裁判员参加比赛的依据。它既是比赛的时间表，又是比赛的成绩册。竞赛秩序册要在比赛开始前发给参赛队、裁判和各职能部门。

竞赛秩序册的内容如下：

①封面：封面内容有比赛名称、时间、地点、主办单位、承办和协办单位（赞助单位）等。封面上要印有运动会会徽和"秩序册"的字样。

②目录：按顺序排列秩序册的所有内容。

③竞赛规程及补充规定。

④竞赛组织委员会成员名单和办事机构成员名单；竞赛委员会、仲裁委员会成员名单和裁判长、裁判员名单。

⑤各代表队名单：按有关规定顺序排列（按照报名前后的时间、按照代表队英文字母的顺序），内容有队名、领队、教练、医生和运动员名单，运动员名单内容有照片、号码、姓名和性别。

⑥大会活动日程：包括运动员、裁判员报到的时间，各代表队训练的时间安排，组委会会议时间，裁判长、领队、教练员联席会议（抽签、服装颜色、运动员身份审核等），竞赛安排，比赛结束及离开时间，及各有关注意事项等。

⑦竞赛日程：具体明确分组的情况，各场比赛的时间、地点、比赛队等。

⑧比赛成绩表：绘制各种成绩表格，根据比赛的结果进行填写。

⑨比赛场地平面示意图。

（五）组织裁判员学习

竞赛前要组织裁判员学习，统一判罚尺度，保证严肃、认真、公正、准确地执行任务。赛前必须对场地和器材进行细致的检查（地是否平坦、灯光、荷球筐的高度、场地的尺码、两筐是否相对、角度是否水平），发现有不符合竞赛标准的要及时解决。

（六）安排赛前适应场地训练

①根据竞赛时间安排每天的训练场地及训练的时间。

②按照报名前后的时间或按照代表队英文字母的顺序安排赛前训练场地。

（七）召开组委会及联席会议

召开组委会会议或裁判长、领队、教练员联席会议。由组委会成员介绍竞赛活动的组织工作情况，裁判长明确执行的规则及要求，听取意见和解决有关问题（更换错误号码、服装颜色等），组织抽签（分组定位），检查身份证（护照）、学生证等资格信息。

二、竞赛进行中的工作

（一）积极协调，做好保障

竞赛活动是一项综合性工程，组织竞赛、临场管理、宣传报道、后勤保障、医护、

安保等工作缺一不可。竞赛的组织者要与竞赛的各个职能部门保持信息的畅通，加强各方的协调与配合，确保比赛的顺利进行。

（二）临场管理

临场管理是组织好竞赛的重要环节，它直接影响比赛的顺利进行。裁判员要公正执法，运动员要规范职业道德，工作人员的服务要热情。对临场比赛中出现的技术问题、违反体育道德的现象，对场地器材、饮食卫生、安保中可能出现的隐患都要及时发现解决。要提倡精神文明，对违规违法的人或事要坚决、严肃、快速地处理。

（三）成绩统计与成绩公告

对比赛阶段的成绩必须尽快做出准确的统计和记录，及时发送当日的成绩公告，也便于参赛队进行分析研究，观众及时了解竞赛的进程和结果，以便于成绩公告、汇编成绩册和宣传报道。

三、竞赛结束的工作

（一）排定名次，做好颁奖工作

①竞赛部门要尽快核对比赛的成绩、名次的排定，交裁判长在闭幕式上宣布。

②要根据竞赛规程的规定提前准备好奖品、奖金，与其他奖项同时颁发，比赛结束时评选活动也应结束（精神文明奖可在比赛进行中开始评选）。

（二）印发竞赛成绩册

①组委会要对比赛的成绩进行审查核对，确认无误后装订成册，交裁判长签字。

②发给各参赛队（可以在竞赛秩序册中记录），并上传网络公示。

（三）赛后总结

竞赛活动结束以后，各部门要对竞赛工作做一个全面认真的书面总结（成绩、不足、建议），上交给主办单位（各种文件、记录表格、原始成绩），以便今后查阅。

第二节　制定竞赛规程

根据竞赛计划制定有关荷球竞赛的具体政策与规定。它是荷球竞赛的指导性文件，也是竞赛组织者和参加者进行工作和比赛的法律性文件。因此，必须制定竞赛规程。

一、制定竞赛规程的依据

（一）依据荷球竞赛计划

竞赛规程是多年度或本年度竞赛计划的延伸，它的内容要与竞赛计划的安排相适应。其内容可以根据现实的情况进行修正和补充，但不能脱离计划的安排。

（二）依据竞赛的目的和任务

竞赛规程的所有内容是为了使竞赛活动得以顺利进行和圆满结束，是为了使竞赛活动达到竞赛的预期目的。

（三）依据竞赛的客观条件

竞赛规程的制定要充分考虑本次竞赛的经费开支、场地设施、社会和组织者的需求以及参赛者的实际情况，同时也要考虑国际和国内有关竞赛的规律和要求。

二、制定竞赛规程的原则

（一）完整性原则

竞赛规程是管理竞赛和参与竞赛的法律性文件，制定竞赛规程时必须注意其完整性，即竞赛规程的条文要规范，条款要清楚。谨防出现内容遗漏、条款表述不清。

（二）可行性原则

竞赛规程的内容既要考虑达到竞赛的目的，完成竞赛的任务，又要考虑到人力、财力、物力的开支、使用和时间的安排是否合理，以及竞赛规程的制定是否切实可行。

（三）公平性原则

竞赛规程是所有参赛队共同遵守和执行的规范和准则，其内容应使各队在客观条件相同的前提下进行公平竞赛，要保证其公平性。规程一经确定，竞赛各方必须严格执行。若有的细节确实需要进行修改或补充，也必须经组委会和竞赛部门审议批准后执行。

（四）连续性原则

每年都要举行的比赛，竞赛规程不要做大的改动（时间安排、竞赛办法），以利于运动员训练周期的安排和运动水平的发挥。基层比赛的规程一般也不要有大的改动。

三、竞赛规程的内容

竞赛规程一般由以下内容组成，在制定竞赛规程时可以根据具体情况对其内容进行

取舍和补充。

（一）目的任务

根据竞赛活动的要求，简要说明举办竞赛的目的和任务。

（二）主办、承办和协办单位

注明竞赛的主办单位、承办单位和协办单位。

（三）时间和地点

①竞赛时间要明确比赛开始至比赛结束的年、月、日。
②写明举办比赛的具体地点。

（四）组别

要明确竞赛分哪些组别及要求等。

（五）参加办法

1.参加单位、人数和运动员资格
①明确哪些单位可以参加比赛，规定各单位领队、教练、医务人员、管理人员的人数和运动员人数。
②规定运动员的参赛资格和标准（如代表资格、运动等级等）。
③对运动员的资格要严格规定和审查，防止以假充真，造成比赛的混乱。
2.报名、报到时间和报名规定（包括网络报名）
①明确规定报名的开始与截止时间。
②规定报到的时间与报到须知。
③要明确比赛可以报几名运动员参加。
④注明竞赛抽签时间和地点。
3.对服装、器材的要求
明确严格按照国际荷联裁判规则规定的服装和器材要求执行。（有特殊要求的应注明）

（六）竞赛办法

①必须在竞赛规程中写清楚此次比赛采用的规则。但可以根据竞赛的性质、层次对现行的规则进行修改和补充。
②确定竞赛采用的竞赛制度。如循环赛、淘汰赛或混合赛等。若比赛分阶段进行，要写清楚各阶段的竞赛制度、两阶段比赛的衔接办法、成绩计算和名次排列。
③具体的编排原则和方法。如循环赛编排采用哪种轮转方法；单淘汰赛设立几名种子，怎么确定种子等。

④明确计分方法和确定名次的方法。如排列名次的方法、积分相同时如何判定名次等。

⑤比赛中违反规定的处罚方法。如弃权的处理、违纪的扣分等。

（七）录取名次与奖励

规定竞赛名次的录取和奖励的办法。包括对全明星阵容、最佳男女投手奖、体育道德风尚奖等的奖励名额和各种奖项的奖励内容（奖杯、奖状、奖章及奖金等）。

（八）裁判员

选派裁判员的等级、报到时间、服装、运动鞋、哨子及学习时间。

（九）其他事项

①对有关经费、交通、食宿等问题进行说明。

②未尽事宜，另行通知。

③规程解释权的归属单位。

◉例1

2019年全国荷球锦标赛暨全国学生荷球锦标赛

各省、自治区、直辖市、新疆生产建设兵团体育局社体中心（群体处、体总秘书处），各有关院校：

2019年全国荷球锦标赛暨全国学生荷球锦标赛定于7月18—22日在鄂尔多斯市举行。现将竞赛规程印发给你们，请积极组队参赛。

一、竞赛日期和地点

2019年7月18日至22日，内蒙古自治区鄂尔多斯市。

二、竞赛组织

主办单位：国家体育总局社会体育指导中心

　　　　　中国荷球协会（筹）

　　　　　中国大学生体育协会

执行单位：中国大学生体育协会荷球分会

　　　　　北京亚特拉斯体育文化发展有限公司

协办单位：内蒙古自治区教育厅体育卫生艺术与劳动教育处

承办单位：伊金霍洛旗体育局

　　　　　×××公司

三、参加单位

各省、自治区、直辖市、计划单列市、新疆生产建设兵团，解放军，各行业系统，全国各高校，各高级中学，各荷球俱乐部可组队参赛。

四、竞赛设项及分组

（一）四人制

（1）大学生 A 组。除大学生 B 组以外的普通高校组。

大学生 A 组必须是参加全国统一高考正式录取且未享受任何体育加分政策的全日制在校本科生、研究生。

（2）社会组及大学生 B 组。大学生 B 组包括体育院、系体育专业学生，以及"高水平运动员"特招的学生。

（3）高级中学组。

（二）全区赛

（1）社会组及大学生组。

（2）高级中学组。

注：参赛队不足三队将取消该组别赛事。

（三）资格及审查

（1）由中国大学生体育协会荷球分会协助主办单位对代表学校参赛的运动员资格进行审查。请各校代表队报到时交验二代身份证、学生证、大学生录取花名册。对于弄虚作假者，一经查出，将取消比赛资格。

（2）运动员须经县级以上医院本年度体检合格，身体健康。

（3）运动员代表户籍所在地或学籍所在学校参赛。

五、参加办法

（1）各参赛队可报：领队 1 人，教练员 1~2 人、工作人员 1~2 人。全区赛每队运动员最多报 16 人（男、女各不少于 6 人），四人制比赛每队运动员最多报 8 人（男、女各不少于 3 人）。

（2）参赛运动员须身体健康，2019 年经县级以上医院体检合格，并在报名表加盖医院公章。各参赛队务必自行办理意外伤害险（往返赛区途中及比赛期间），并承担参赛过程中的一切医疗费用。保险单请在报到时提交给组委会，否则不允许参赛。

（3）每名运动员只能代表一个单位一个组别参赛。

（4）学生组别参赛要求：

①参加学生组别的运动员须代表学籍所在学校参赛。

②参加大学生比赛的运动员必须是按照教育部关于全国高等学校招生、录取的有关规定（以及相关的特殊招生政策），经考生所在地高等学校招生委员会（办公室）审核录取（已在教育部高校学生司注册备案）的在校在读全日制学生（含研究生和双学位学生）。

③参加中学生比赛的所有运动员必须是按照各省市中等学校招生、录取的有关规定（以及相关的特殊招生政策），经考生所在地学校招生委员会（办公室）审核录取的在校在读全日制中学生。

④为加强监督，参赛运动员名单将于报名截止后 5 个工作日在中国学生体育网（http://www.sports.edu.cn）予以公示。

⑤ 参加学生组别的运动员必须在"中国学生体育竞赛管理系统"进行网上注册和报名（具体要求见附件2）。

⑥ 2019年应届毕业生（大学、中学）可以参加本届全国学生荷球锦标赛。香港、澳门地区的参赛运动员必须持有学校允许参赛的证明。

六、竞赛办法

（1）比赛第一阶段实行分组单循环赛制，第二阶段实行淘汰赛制。分组方式根据报名情况确定，分组抽签在报名截止后由大会组委会主持进行，并在赛前技术会议上宣布分组名单。

（2）执行中国荷球协会（筹）审定的《荷球竞赛规则》和比赛补充规则。

（3）每队自备两套不同颜色、号码清晰的比赛服装及替补席服装，要求符合荷球比赛相关规定（男短裤、女短裙）。

（4）自备队旗（或校旗），规格为2米×1.5米，报名时交大会会务组。同时可自带宣传条幅。

七、裁判和仲裁

（1）组委会设立仲裁委员会，成员由主办单位选派。

（2）参赛队对比赛如有异议，可向仲裁委员会申诉。

（3）主要裁判员由主办单位选派，辅助裁判员由承办单位选派。

（4）各参赛队需自带一名裁判员参加裁判工作，交通、食宿费用自理（标准同运动队）。未带随队裁判员的单位需向主办单位缴纳裁判费用×××元人民币。

八、名次录取与奖励

（1）每组录取前8名给予奖励（不足8队减1录取），前3名颁发奖牌、奖杯、证书，4—8名颁发证书。

（2）比赛各组别设"体育道德风尚奖"，评选办法另行通知。

（3）比赛各组别设"最有价值球员奖"（MVP），根据比赛得分技术统计确定。

（4）获得各组别前3名的教练员颁发"优秀教练员"证书。

九、经费

（1）各队食宿及往返交通费自理。

（2）为确保饮食卫生和安全，组委会为各参赛队提供统一安排的宾馆，食宿标准为×××元/人/天（标间）。

（3）全区赛每队缴纳参赛费××××元，四人制单区赛每队缴纳参赛费×××元。报到时由承办单位收取。

十、报名及报到

（1）各代表队于2019年6月28日前将报名表一式二份（包括全队人员对应的电子照片、队服号码）分别发电子版至组委会和中国大学生体育协会荷球分会，逾期不接受报名。

①组委会

联系人：×××

电话：186××××4190

E-mail：chinesekorfball@126.com

②中国大学生体育协会荷球分会

联系人：×××

电话：（×××）185××××6889

E-mail：wfl@tust.edu.cn

报名表务必将联系人的手机号码和传真号码填写清楚。正式报名后报名表不得更改，不得更换运动员。

（2）各参赛队于2019年7月17日报到，适应场地训练，19点召开教练员、裁判员联席会。

报到地点：内蒙古自治区鄂尔多斯市伊金霍洛旗全民健身体育活动中心（内蒙古自治区鄂尔多斯市伊金霍洛旗伊金霍洛街）。

联系人：×××

电话：186××××4190

（3）裁判员须7月16日中午12点前报到学习，自备深色长裤、运动鞋、浅色上衣，并经赛前培训考核合格后方可上场执裁。如不按时报到将取消执裁资格，并按未带随队裁判员处理。

（4）报到时须交验：派出单位盖章的报名表原件、保险证明和2019年县级以上医院体检证明，并一次性向承办单位缴纳食宿费、竞赛服务费。

第三节　竞赛制度的分类与原则

对组织编排及完成竞赛的方法，我们称为竞赛制度，简称"赛制"。

一、竞赛制度的分类

常用的竞赛制度有：循环赛制（见图11-1）、淘汰赛制（见图11-2）、混合赛制（见图11-3）和佩奇赛制（见图11-4）等。在组织竞赛时，组织者应根据比赛的目的和任务，以及参赛队伍的数目、时间长短、场地条件及训练水平等实际情况来考虑选用哪一种赛制，以便使比赛顺利进行和圆满结束。

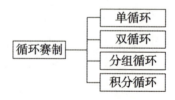

图11-1　循环赛制内容

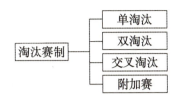

图 11-2　淘汰赛制内容

图 11-3　混合赛制内容

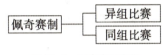

图 11-4　佩奇赛制内容

二、竞赛方法的原则

竞赛过程和结果的随机性，经常会出现意料不到的情况，竞赛结果除了技术水平以外，还常常受到心理、环境、临场发挥、裁判、观众等多方面因素的影响，为了保证竞赛结果的合理性，我们提出竞赛方法的基本原则。

（一）机会均等原则

通过竞赛规程的制定、竞赛制度的选择、科学合理的抽签及编排等技术操作，尽量使参加竞赛的各方都能在机会均等、同等条件下进行比赛。

（二）公平性原则

裁判员对各方的执法尺度也应是完全一致的。只有建立在符合规则精神基础上的一致才能公平合理、机会均等。因此，竞赛组织者要为参赛者最大限度地提供条件。

（三）完整性原则

竞赛的结果应符合参赛者的竞技水平，这是体育竞赛基本的，同时也是必要的前提。运动水平高的参赛者获得最后的胜利是正常结果，也是普遍的规律。

第四节　竞赛制度与编排方法

一、循环赛制

循环赛制（简称循环赛）是指所有参数队相互之间都轮流进行比赛，最后按照其在循环比赛中得分的多少排定名次的竞赛方法。循环赛包括单循环赛、双循环赛、分组循环赛和积分循环赛等。

循环赛的特点是：

①比赛场次多，接触对手多，有更多的互相学习、实战锻炼的机会；

②最后排定的名次基本符合各队的实际运动水平，偶然性小；

③不足的是比赛的时间长、占用场地多（参赛者数量多时不易采用）；最后几轮的比赛可能会出现消极比赛现象。

（一）单循环赛

所有参赛者都轮流比赛一次，最后按其在同一循环比赛中得分的多少排定名次，称作单循环赛。

1.场数和轮数的计算

两个参赛者相互比赛一次，称作一场比赛。计算循环赛比赛总场数是便于根据实际比赛场数计划比赛的场地和时间、人力、物力的安排。

单循环的计算方法：$X = N（N-1）\div 2$。（X = 比赛场数，N = 参赛队数）

例如：8个队参加单循环赛，比赛的总场数是 $8 \times （8-1）\div 2 = 28$ 场。

所有参赛者（包括轮空者）赛完一场，称作一个轮次。

比赛轮数的计算方法是：参赛者数是双数时，比赛轮数是 $Y = N-1$；参赛者数是单数时，比赛轮数是 $Y = N$。（Y = 轮数，N = 参赛者数）

例如：6个队参加单循环比赛时，比赛轮数是 $6-1 = 5$ 轮；7个队参加单循环赛时，比赛轮数是7轮。

2.编排比赛秩序表

单循环赛轮次的安排方法具有可变性，可以根据项目不同的特点和需要，采用各种不同的轮转编排方法。常用的编排方法如下。

（1）逆时针轮转法

参赛队为双数，一般都采用此方法来编排各轮的比赛。如6队参加比赛，选出1、2、3、4、5、6个序号。其第一轮比赛将1、2、3号自上而下依次写在左侧，再将4、5、6号自下而上与3、2、1号对应写在右侧，然后用横线分别将左右号码连接，为第一轮的比赛顺序。（表11-2）将第一轮比赛表中的1号固定不动，其余号码按逆时针方向，轮转一个位置，即为第二轮比赛秩序，以此类推（单数为"0"轮空）。

表 11-2　6 支队单循环赛秩序表

第一轮	第二轮	第三轮	第四轮	第五轮
1-6（0）	1-5	1-4	1-3	1-2
2-5（0）	6-4	5-3	4-2	3-6（0）
3-4	2-3（0）	6-2	5-6（0）	4-5

参赛者是单数，如仍按逆时针轮转将会出现一些因轮空休息而带来的不合理现象，会造成其中某一队连续多次遇到轮空的队的对手。例如，有 7 个队参赛时，6 号队在后四轮比赛中与前一轮刚轮空的队进行比赛，这对 6 号队是不公平的（见表 11-3）。如果是 5 个队参赛，4 号队将遇到这种情况。

表 11-3　轮空队与参赛队比赛轮转表

第一轮	第二轮	第三轮	第四轮	第五轮	第六轮	第七轮
1-0	1-7	1-6	1-5	1-4	1-3	1-2
2-7	0-6	7-5	⑥-4	5-3	4-2	3-0
3-6	2-5	0-4	7-3	⑥-2	5-0	4-7
4-5	3-4	2-3	0-2	7-0	⑥-7	5-⑥

（2）顺时针轮转法

克服这一不合理现象的方法是采用顺时针轮转法（见表 11-4）。其第一轮比赛与双数队相同，只在最后一个数后补 0。第二轮是固定 0 号不动，其余号码按顺时针方向转动一个位置，各轮次以此类推。还可以采用固定右上角 0 号不动，其他号则用逆时针轮转来进行编排。（见表 11-4）

表 11-4　5 支队单循环赛秩序表

第一轮	第二轮	第三轮	第四轮	第五轮
1-0	2-0	3-0	4-0	5-0
2-5	3-1	4-2	5-3	1-4
3-4	4-5	5-1	1-2	2-3

（3）"大轮转、小调动"法

如遇开、闭幕式，节假日或东道主的特别需要，可在某种轮转方法的基础上，把部分比赛顺序进行调动。在做调整时，必须将整个轮次一起调整，决不可只将某轮次中的一场比赛调整到另一轮次中进行。例如，有 6 个队参加，在安排比赛顺序前各队已排定位置，为使实力相当的队在最后一轮比赛，使整个竞赛气氛达到高潮，可以先排出第四、三、二、一轮比赛顺序。（见表 11-5）

表 11–5 "大轮转、小调动"单循环赛秩序表

第一轮	第二轮	第三轮	第四轮	第五轮
1–3	1–5	1–6	1–4	1–2
5–2	6–3	4–5	2–6	3–4
6–4	4–2	2–3	3–5	5–6

3. 制定竞赛日程表

比赛秩序表编排好后,把各轮次的比赛制定成竞赛日程表印发给参赛队。在制定竞赛日程表时应注意做到公平、合理,在场地(室内、室外等)、时间(白天、晚上等)和比赛间隙的休息时间等方面力求各参赛队最大限度的机会均等。(见表 11–6)

表 11–6 2019 年全国学生荷球锦标赛

比赛类别	日期	轮次	场次	时间	参赛队	场号	备注 1
全区	22 日	一	1	14:30	大 2:大 5	①	大学组
			2	16:00	大 3:大 4	①	大学组
	23 日	二	3	11:00	大 5:大 3	①	大学组
			4	14:30	大 1:大 2	①	大学组
	24 日	三	5	11:00	大 3:大 1	①	大学组
			6	14:30	大 4:大 5	①	大学组
	25 日	四	7	11:00	大 1:大 4	①	大学组
			8	14:30	大 2:大 3	①	大学组
	26 日	五	9	8:00	大 4:大 2	①	大学组
			10	9:30	大 5:大 1	①	大学组

4. 单循环赛成绩记录表

比赛成绩记录表的内容有比赛单位名称、比分、积分、积分相等时排定名次的方法、名次等。体育竞赛项目众多,计算成绩的方法也各不相同,但都必须在竞赛规程中将计分方法、确定名次的方法做出明确的规定。特别是要把在有多个参赛队积分相同的情况下如何最后确定名次的方法说明清楚。

(二)双循环赛

所有参赛者相互之间都轮流比赛两次,最后按其在两个循环比赛中的得分多少排定名次的方法,称作双循环赛。

双循环赛的场数和轮数,均为单循环赛的一倍。双循环赛比赛轮次表的编排与单循环赛相同,只要排出第一循环的轮次表,第二循环可按表重复一次。也可重新抽签排定位置(第二循环的比赛如何进行,应在竞赛规程中明确规定)。

（三）分组循环赛

当参赛者数量较多、比赛时间较短时，可以安排比赛分多个阶段进行。在多个阶段中把参赛者分成若干小组进行单循环赛，按其在小组循环比赛中的得分多少排定名次的方法，称作分组循环赛。

分组循环赛时，为了使各组运动员的水平接近，合理分组，一般采用"确定种子"分组或"蛇行排列"分组的办法。

1. 确定种子分组

"种子"的资格可以依据参赛队在上届比赛中的名次或实际的运动水平来确定。种子的数目一般是组数或组数的倍数。分组时首先将种子抽签平均分到各组中去，然后再抽签确定其他参赛队的组次和位置。例如，16支队参加比赛，设4名种子，分四组。先将4名种子随机抽签分入四个组，再将其他12支队随机抽签平均分入四组；如是8名种子，则先将种子随机抽签分入四个组（如果需要也可以分批抽签，先抽4名，再抽4名），其他队再随机抽签分入各组。

2. 蛇形排列分组

若8名种子的顺序是按照运动水平依次排列的，则可以用蛇形排列的方法将种子分入各组。蛇行排列分组是将参赛者按照上届比赛的名次或参赛队实际运动水平从高至低依次排列，再依次进行分组，这样分入各组的运动水平最为接近。例如，16个队分成4组，其蛇形排列分组的方法如下。（见表11-7）

表11-7　蛇行排列分组

第一组	第二组	第三组	第四组
1	2	3	4
8	7	6	5
9	10	11	12
16	15	14	13

3. 确定名次

如果分组循环赛以后阶段，比赛仍采用单循环赛进行，则以最后阶段循环比赛的成绩排定名次。若比赛采用混合赛制，则以最后阶段所采用赛制的比赛成绩排定名次。

（四）积分循环赛

积分循环赛，又称瑞士赛、积分编排赛，是依据参赛队在比赛中的积分，逐轮编排比赛顺序，最后以参赛队积分的多少排定名次的竞赛方法。

1. 积分循环赛的特点

①比赛的场数和轮数较单循环赛要少，并且场数和轮数的安排比较灵活。

②比赛结果的偶然性小，名次排列较合理、准确，并能较妥善地解决比赛中经常出现的"平局"问题。

③比赛过程中除第一轮外，其他各轮都由积分相同者、相近者编对比赛，对抗性强，争夺激烈。

2. 场数和轮数的计算

积分循环赛的比赛场数＝参赛数÷2×轮数。

例如：比赛有16支球队，赛5轮，共要进行16÷2×5＝40场比赛。

积分循环赛的比赛轮数一般为单淘汰赛轮数的一倍。可根据比赛的时间长短、录取名次的多少，适当增减1～2轮，一般不要少于7轮。积分循环赛的轮数最好是单数，轮次的多少必须在比赛开始前确定并且公布。

3. 比赛顺序的安排

比赛开始前，先给参赛队编号，所编号码可按技术水平高低排定或自然排定。第一轮比赛的对手原则上是以强对弱，可以分为强组和弱组，互相抽签确定对手。参赛者最好是双数。

第二轮及其以后各轮比赛，根据参赛者比赛所得积分，由高到低按顺序抽签编排：首先积分相同者编对，其次积分相近者编对。已经相遇赛过的对手不再互相比赛，同单位的参赛者避免过早相遇。编对时，按单数轮次小号在前、双数轮次大号在前的秩序排列。

4. 积分循环赛的运用

①积分循环赛的最后名次是按照所获得的分数来确定的，所以这种竞赛方法只限于按获胜场、局、分来判定比赛胜负的竞赛项目。

②各轮比赛（除第一轮外）都是与上一轮比赛积分相同或相近的对手进行比赛，这就要求采用这种竞赛方法的项目，根据各自项目不同的特点，制定出相对合理的计分方法。

③如果参赛队是单数时，可由承办单位"补双"。补上者，一般记成绩，不计名次。另外还可以在第一轮将较弱的三个参赛队进行单循环赛。循环赛后计算他们相互比赛所得分数的一半，以便使他们的得分与其他参赛队的得分拉平。以后各轮均由得分接近的较弱的三个参赛队进行单循环赛。

二、淘汰赛制

淘汰赛制简称淘汰赛，是指所有参赛者按照排定的顺序进行比赛，胜者进入下一轮，负者退出此赛，直至产生最后一名获胜者的竞赛办法。淘汰赛包括单淘汰赛、双淘汰赛和交叉淘汰赛等。

淘汰赛有两种类型：一种是参赛者严格按照比赛秩序表的顺序，一对一进行比赛，胜者进入下一轮，负者退出比赛，直到最后产生冠军。这种形式多在球类、摔跤、拳击等对抗类竞赛项目中采用。另一种是按一定的顺序，让参赛者逐个表现其成绩，可以在不同时间、不同地点用及格赛、预赛、复赛、决赛来淘汰差的，决出优胜名次。这种形式多在田径、游泳、举重等竞争类竞赛项目中采用。

淘汰赛的特点是：

①可以在较短的时间内、较少的场地条件下，安排大量的参赛者进行比赛。

②比赛具有强烈的竞争性，激烈精彩。

③不足之处在于，参赛者学习、交流、锻炼的机会少，排定的名次有限，比赛的结果有一定的偶然性。

（一）单淘汰赛

参赛者失败一次即退出比赛，直至产生最后获胜者的竞赛方法，称作单淘汰赛。

1.场数和轮数的计算

①单淘汰比赛场数＝参赛者数−1。

例如，有16支球队参加单淘汰赛，共要比赛15场。

②单淘汰的比赛轮数＝所选择的作为号码位置数的2的乘方数的指数。

单淘汰的比赛的轮数与比赛中为参赛队选择的号码位置数有直接的关系。不论参赛队有多少，其选择的号码位置数必须是2的乘方数，所选定的号码位置数是2的几次方，比赛轮数就是几轮。例如，有16支球队参加比赛，选择的号码位置数是16，16是2的4次方，那么就有4轮比赛；有32支球队参加比赛，选择的号码位置数是32，32是2的5次方，那么就需要进行5轮比赛。

2.选择号码位置数和分区

（1）选择号码位置数

进行单淘汰比赛时，要给每个参赛队编上一个号码，安排一个比赛位置。单淘汰赛参赛队的号码位置数，必须是2的乘方数。常用的号码位置数是：16、$2^5 = 32$、$2^6 = 64$、$2^7 = 128$。例如，8支球队参加比赛，8恰好是2的乘方数，则选择8为号码位置数，每队一个号码，一个位置，比赛3轮结束。（见图11-5）

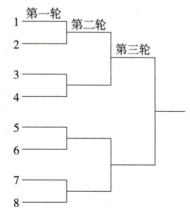

图11-5 8支队伍单淘汰赛

若参赛的队数不是2的乘方数，则选择最接近参赛队数的2的乘方数为号码位置数。例如，13支球队参加比赛，则选择16为号码位置数，比赛4轮结束；28支球队参加比赛，则选择32为号码位置数，比赛5轮结束。

（2）分区

单淘汰比赛时要把号码位置分成几个相等的部分，称为"分区"。把全部号码位置分成两半，每半区称作1/2区（上半区、下半区）；再把上半区和下半区各分成两半，每个区称作1/4区；再把每个1/4区分成两半，每个区称作1/8区，以此类推。（见图11-6）

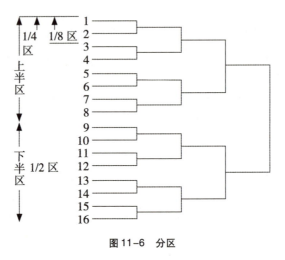

图11-6　分区

3. 种子定位

（1）查表定位

单淘汰比赛时，如果参赛者数恰好是2的乘方数，那就可以选择与参赛队数相同的数为号码位置数，使每个参赛者都有一个号码位置，两两相对进行比赛。但为了避免水平高的参赛者过早相遇、过早淘汰的不合理现象，在比赛前就必须设立"种子"，种子资格可依据上届比赛的成绩或实际的运动水平确定。种子的数目应根据参赛者数目的多少来决定，一般也是2的乘方数。种子的序号按照其运动水平的高低依次排定。种子要公平、合理地分布到比赛的各个区中去，种子的号码位置，可以查"种子位置表"（见表11-8）确定。

"种子位置表"的查法：按比赛所设种子数目，从表中依次逐行由左向右取出小于或等于比赛号码位置数的号码，这些号码就是种子定位的号码。例如，有120人进行单淘汰赛，必须选用128个号码位置。若设8名种子，则可从表中依次取出小于或等于128的8个号码位置：1、128、56、64、33、96、97、32，这些就是种子所在位置的号码。

表11-8　种子位置表

1	256	129	128	85	192	193	64
33	224	161	96	97	160	225	32
17	240	145	112	81	176	209	48
49	208	177	80	113	144	241	16

续表 11-8

9	218	137	120	73	164	201	56
41	216	169	88	105	152	233	24
25	232	153	104	89	158	217	40
57	200	185	72	121	136	249	8

（2）"跟种子"定位

除了查表给种子定位外，还可按照种子排位的高低，采用"跟种子"的方法将全部种子定位，其结果与查"种子位置表"的种子定位是一致的。

如果设立 4 名种子，"跟种子"定位方法如下：

首先将 1 号种子定位在上半区的顶部 1 号位置，将 2 号种子定位在下半区的底部 16 号位置。其次是将 3 号种子"跟" 2 号种子定位在下半区顶部 9 号位置，将 4 号种子"跟" 1 号种子定位在上半区的底部 8 号位置。如果设立 8 名种子，那就再将 5 号种子"跟" 4 号种子定位在同一1/4区的顶部 5 号位置，将 6 号种子"跟" 3 号种子定位在同一1/4 区的底部 12 号位置，将 7 号种子"跟" 2 号种子定位在同一1/4 区的顶部 13 号位置，将 8 号种子"跟" 1 号种子定为在同一1/4区的底部 4 号位置。若选择号码位置数是 64、128、256，种子的数目再多一些，也可以按照"跟"种子的规律进行种子定位的。

（3）"种子分级分批"定位

在实际运用中，"跟种子"定位方法有一定的局限，一是种子的排序比较复杂，二是种子的定位过于死板。现在在实际运用中普遍采用"跟种子"定位方法基础上发展起来的"种子分级分批"定位的方法。

"种子分级分批"定位时，1 号种子和 2 号种子的号码位置不变，3 号种子和 4 号种子则随机抽签定位在 8 号和 9 号位置上，5 号、6 号、7 号、8 号种子也是各自随机抽签定位在 4 号、5 号、12 号、13 号位置上，这使得种子的定位更加合理方便。

4.轮空和抢号

（1）轮空

当选择的号码位置数大于实际参赛者数目时，就会多出一些号码，空着没有参赛者进入，这就出现了"轮空"。轮空就是指在第一轮的比赛中有的参赛者没有对手，休息一轮。例如，13 人参加比赛，选择 16 为号码位置数，就会有 3 名参赛者在第一轮没有比赛，轮空。轮空号码的位置，可以查"轮空位置表"确定。

（2）抢号

当选择的号码位置数小于实际参赛者数目时，就出现了参赛者多、号码位置不够的情况，这样就需要在第一轮比赛前，安排一定场次的预选赛，将多出的参赛者淘汰，使实际参赛的人数与号码位置数相符，使每人都有一个号码位置，这就出现了"抢号"。

例如，19 名参赛者选择 16 为号码位置数，有 3 名参赛者没有比赛的号码位置，就必须有 6 名参赛者先进行 3 场预选赛，争夺 3 个号码位置，负者淘汰，胜者"抢"得号码位置，进入正式比赛。"抢号"比赛不算入比赛轮次。

抢号场数=参赛者数-号码位置数。

抢号的位置就是轮空的位置，抢号位置也可以查轮空表获得。

例如，上例中的3个抢号位置数查表可得，是2、15、10。实际上，抢号等于轮空。

（3）"种子优先、序号在前的种子优先"轮空

采用"种子优先、序号在前的种子优先"轮空的方法，其轮空的位置与查"轮空位置表"是一致的。例如，有4个轮空位置，那么第1个轮空位置应在上半区顶部1号种子旁边的2号位置，第2个轮空位置应在下半区底部2号种子旁边的15号位置，第3个轮空位置应在下半区顶部3号种子旁边的10号位置，第4个轮空位置应在上半区底部4号种子旁边的7号位置。如有更多的轮空，则按"跟种子定位"的种子顺序在相应的种子旁边确定轮空的位置。

5.抽签的方法

抽签是确定参赛者在淘汰赛中各自号码位置的一种方法。抽签的原则是：把种子与种子合理分开，把同一单位的种子合理分开；把同一单位的参赛者均匀分布在各个区。抽签是组织编排工作中的重要环节之一，在可能的情况下，参赛者自己参加抽签。一般比赛的抽签工作，通常由技术代表、竞赛部门代抽。

在体育竞赛中，因采用不同的竞赛方法，以及竞赛的规模和规格的不同，抽签的具体实施方法也有很大区别。尤其是个人项目竞赛的抽签，不但在理论上较复杂，而且在实践中也是一项难度很大的工作。要做好淘汰赛个人竞赛项目的抽签工作，不但要熟悉抽签的理论，还要通盘熟知抽签的各项准备工作和具体实施方法。

（1）拟定抽签方案

竞赛规程中对竞赛办法的规定和各参赛单位的报名情况，是研究抽签方案的两个重要依据。因此，在接受报名和审核报名单的基础上，开始进行以下的工作：

①在对参赛者进行资格审查后，统计出各个比赛项目的参赛者有多少，以供确定具体的编排方案和抽签方法。

②确定比赛的号码位置数和"轮空"或"抢号"的位置。

③确定种子数量和名单。

④研究分区方案和抽签顺序、方法。根据参赛者数目情况，制定出相应的分区控制表，然后可依各参赛单位在竞赛规程中的排列顺序、报名时间的先后、种子数目的多少、参赛者的多少、单位字头的拼音顺序或笔画数等方法，确定抽签的顺序。

（2）准备抽签所需的用具

①抽签用的"签卡"：包括"号签"，上面书写位置号或组号；"名签"上面书写参赛者姓名、单位及在队内的技术序号；"区签"，包括上、下半区，1/4区和1/8区，该签在抽区时可反复使用。但"号签"和"名签"应每位选手一张。

②抽签记录表：种子抽签和非种子抽签定位时，应将抽签结果当场记录在抽签记录表上，它是进行编排赛序的依据，也是核对抽签结果的唯一凭证。

③分区控制表：每个项目都有其单独使用的分区控制表，正式抽签前应将分区控制表事先填好，便于根据参赛人数依次抽签。

④其他：存放签卡的小盒和盘子等。

（3）抽签人员分工

①主签员：抽签的主要负责人，负责实施抽签，一般由裁判长担任。

②号签员：与主签员配合进行具体抽签，掌握各种区签、名签与号签。

③复核员：掌握抽签控制表，记录种子抽签进位和非种子进区情况，负责向主签员提示对一些选手需要进行的不同控制。

④记录员：记录各项抽签结果。

⑤公告员：负责当场的宣告和公告工作。

注：上述抽签工作人员，可根据竞赛规模大小而定。

（4）抽签和实施方法

①种子的抽签与进位：按种子的号码位置抽签进人，也可以按种子实力水平排列顺序，直接将全部种子定位。

②非种子的抽签与定位：按抽签方案确定的顺序，将各单位参赛者先分区，后定位。

各单位的参赛者要分批进行抽签：如先抽该单位 1、2 号运动员，分别进入上、下半区的一个 1/4 区；再抽该单位的 3、4 号运动员，分别进入没有 1、2 号运动员的另外两个 1/4 区；再将 5—8 号运动员分别抽入没有 1—4 号运动员的另外四个 1/8 区，以此类推。

③控制平衡与复核检查：为使各单位的运动员都能合理分开，抽签时需要进行必要的控制来保持平衡；抽签后要检查种子是否合理分开，同单位运动员是否合理分开。

6. 附加赛

单淘汰赛最后的胜者为冠军，负者为亚军，两场半决赛的负者为并列第 3 名，四场 1/4 决赛的负者为并列第 5 名。当有的比赛需要决出第 3 名，有的比赛甚至要决出 1—8 名时，就需要进行附加赛。附加赛是单淘汰赛的延伸，以便扩大录取优胜名次的范围。

附加赛场次的增加，是根据比赛所需决定名次的多少来决定的。一般决出 1—8 名的单淘汰比赛，增加附加赛。

增加附加赛时，并不增加比赛的轮数。采用单淘汰赛增加附加赛时，比赛场数的计算是：比赛场数＝轮数×参赛者数÷2＝轮数×首轮场数。

（二）双淘汰赛

参赛者失败两次，即退出比赛，比赛直至产生最后获胜者的竞赛方法，称作双淘汰赛。双淘汰赛有多种形式，常用的有冠亚军淘汰赛、两败淘汰赛。

1. 场数和轮数的计算

双淘汰赛的场数是：2×参赛者数−3。

双淘汰比赛的轮数是：胜方轮次与单淘汰相同，即比赛所选择的号码位置数 2 的乘方数的指数；负方轮次是 2 的乘方数的指数×2−2。

例如，8 个人进行双淘汰赛时，胜方需比赛 3 轮，负方需比赛 4 轮，共比赛 13 场。

2.冠亚军淘汰赛

冠亚军淘汰赛，即比赛的全胜者为冠军，负一场者为亚军。

3.两败淘汰赛

指在冠亚军淘汰赛的基础上，安排全胜者与负一场者再比赛一场。若全胜者获胜，则比赛结束；若负一场者获胜，则还需要再加赛一场，直至其中一人两败被淘汰。

以上双淘汰的比赛秩序采用不交叉排列法，是为了遵循上下半区的运动员不跨区比赛，直到决赛才相遇的原则和解决同单位运动员不要过早相遇的问题。国内很多体育书籍中介绍有一种双淘汰赛交叉排列法（见图11-7），这种方法没有很好地解决上述的两个问题。

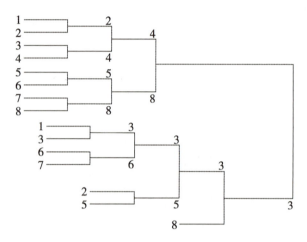

图11-7　双淘汰赛交叉排列法

在荷球竞赛中，不论采用哪一种双淘汰赛方法，都要在竞赛规程里写清楚，以避免在比赛进行中或者确定冠、亚军时出现争议。

（三）交叉淘汰赛

将上一阶段比赛中不同名次的选手互相交叉进行比赛，胜者继续比赛，负者即被淘汰，称作交叉淘汰赛。

常见于第一阶段比赛将参赛者分成 A、B 两组进行单循环赛，决出小组全部名次；第二阶段 A、B 组的前 2 名进行交叉比赛，即 A 组第 1 名对 B 组第 2 名，B 组第 1 名对 A 组第 2 名进行交叉比赛，两场比赛的胜者决出冠、亚军，负者被淘汰（或者负者决出第 3、4 名）。

三、混合赛制

混合赛制，简称混合赛，是循环赛制与淘汰赛制、佩奇赛制等在赛中交叉使用的竞赛方法。比赛分两个或多个阶段进行，每一阶段所采用的赛制有所不同。

（一）混合赛制的特点

混合赛综合了循环赛和淘汰赛的优点，弥补了两者的不足，有利于参赛者相互交流，最大限度地减少比赛胜负的偶然性。同时，随着比赛的进程，比赛逐渐进入高潮，精彩激烈。

（二）先循环赛后淘汰赛

先采用循环赛，然后再采用淘汰赛是球类竞赛中最常用的一种混合赛竞赛方法。由于参赛者较多，考虑到比赛结果的合理性和时间、场地等实际情况，首先安排参赛者进行分组循环赛，排定各小组的比赛名次，然后再根据竞赛规程的要求，录取规定的小组名次进入下一阶段的淘汰赛，决出全部比赛最后的名次。

例如：世界杯足球赛决赛阶段的比赛，第一阶段32支队分成8个小组进行单循环赛，然后录取每组的前2名，共16支队进入第二阶段的淘汰赛，最后决出全部比赛的1—4名。

（三）混合赛决赛阶段的竞赛方法

混合赛最后阶段的比赛为决赛，经常采用的方法有以下几种。

1. 同名次赛

如上一阶段比赛分成两组，则由两组的第1名相互比赛，决出第1、2名；由两组的第2名相互比赛，决出第3、4名；以此类推，决出其他的名次。这种同名次赛也可采用"佩奇赛制"。

如上一阶段比赛分成四组（或更多组），则由四组的第1名采用单循环赛或其他竞赛方法进行比赛，决出第1—4名。

2. 交叉赛

如上一阶段比赛分成A、B两组，则每组的前2名进行交叉比赛，即A组第1名对B组第2名，B组第1名对A组第2名进行比赛，两场胜者决出第1、2名，两场负者决出第3、4名；每组的第3、4名，第5、6名也按照上述方法相互进行交叉比赛，决出其余的名次。

如上一阶段比赛分成四组（或更多组），则要在竞赛规程中明确规定相互交叉比赛的对手和位置。当上一阶段比赛结束，进入决赛阶段的参赛者即进入规程中所指定的位置进行比赛，最后决出比赛名次。有的比赛规定了一定的位置，由取得相关名次的参赛者抽签进入。

3. 分段赛

将上一阶段各组比赛的第1、2名（或第1、2、3名）分成一组进行比赛，决出所有名次；也可以将各组其他名次分段进行分组比赛，决出其余的名次。

四、佩奇赛制

佩奇赛制简称佩奇制，是一种应用于整个竞赛的某一阶段（往往用于决赛阶段）的

小范围内的具体竞赛方法。佩奇制一般只涉及 4 个队的名次，不可用来组织一次完整的比赛。

（一）佩奇制的特点

①激励参赛者在前一阶段比赛中力争第一，以便使自己在佩奇制的比赛中处于有利的位置，争取最后比赛的好名次，对避免消极比赛有一定的意义。

②进入佩奇制比赛的参赛队，都有 1～2 次争取冠军的机会，减少了比赛结果的偶然性。

（二）佩奇制的运用

1. 异组比赛

第一阶段参赛队分成 A、B 两个小组进行比赛，确定小组名次；第二阶段由 A、B 两个小组的第 1、2 名，共 4 支队伍采用佩奇制，决出全部比赛的第 1—4 名。

2. 同组比赛

第一阶段参赛者为一组进行比赛，确定小组名次。第二阶段由小组赛的前 4 名采用佩奇制，决出全部比赛的最后名次。

【教学指导】抽签工作结束后，要对全部比赛的场次进行编排，即确定全部比赛的日期、时间和场地，这是一项十分重要和细致的工作。如何在规定的时间内，科学合理地在一定数量的场地上，按一定的秩序进行比赛，是需要经过认真考虑的。淘汰赛在编排时要注意：

①无论是单淘汰赛或双淘汰赛，比赛都应逐轮进行，以保持比赛进度一致。当遇到有"抢号"场次时，应提早安排；遇到"轮空"场次时，则"轮空"后的一场比赛可适当推后一些进行，这样可以保证运动员有足够的间隙时间休息。

②安排好比赛的"决赛"。球类竞赛的"决赛"是比赛的最高潮，应安排在观众最多的时间段单独进行。为了确保比赛的效果，决赛的具体时间可以在决赛前再确定，不一定在赛前就排定，要尽量保证有更多的观众观看比赛。

③编排时应考虑到比赛的强度和极限量。注意不能突破规则和规程规定的该项目比赛的极限量。对于在一段时间中，可能进行 2 场或更多场次比赛的竞赛项目，选手在相邻两场比赛之间，应保证得到不少于规定时间的休息时间，同时也要避免过长的休息时间。

第五节　裁判方法

裁判方法简称裁判法。作为一名合格的裁判员，先要有清楚的认识，每支球队的风格打法不同，所以每场比赛的状况也不一样。每位裁判对规则的理解不同，站位角度不同，执裁风格迥异，所以每一位裁判员要根据自己现场的判断，恰到好处地掌控比赛场面，切勿一味地模仿。只有熟悉规则、理解精神、体能充沛、跑动积极、提前预判，让每一次判罚都发生在眼前，才更有说服力。所谓技巧，就是熟练。

一、裁判员职责

裁判员负责掌控整场比赛。

（一）确认场地是否适合比赛

①球柱置放位置。
②罚点球点的位置。
③罚点球、自由球区。
④场地是否湿滑。
⑤四周是否有障碍物。
⑥球的大小、气压。

（二）执行比赛规则

①裁判员处罚违规的事项，若判决不利于非违规队时，裁判员可运用利益原则对此违规不予判罚。
②裁判员可在比赛期间任何时刻判罚违规事项，即使在比赛中断时亦可判罚。
③裁判须检查选手服装，是否佩戴耳环、手脚环、无框眼镜、戒指、项链等足以伤害其他选手的危险物品。
④裁判应要求场上队长佩戴袖标。
⑤裁判应佩戴手表、旗及振动器。

（三）采用规定手势明示判决

详见荷球规则裁判员规定手势。

（四）对场外发生不公平的行为及时采取措施

可以判罚行为不当的教练、替补球员、球队职员；可以请队长帮助安抚观众，必要时可以结束比赛。

（五）利用哨音控制整场比赛的开始或暂停

当球员完成发球准备及符合发球所需规定，裁判员应立刻鸣笛指示比赛开始或重新开始。出现下列情况时，应中断比赛：
①投篮得分时。
②违规而必须判罚时。
③不公平获得利益时。
④当球员受伤或流血时。

⑤比赛开始、暂停、换人、结束时。

⑥记录台需要技术暂停时。

⑦因场地、器材或球员人数改变、行为不当、外界干扰而必须采取行动时。

二、裁判员应具备的个人品质

裁判员需要对荷球运动有浓厚兴趣。兴趣，可以使他们更加积极愉快地从事裁判活动，但仅有兴趣是不够的，还要对裁判工作的性质有正确的认识，并将其作为个人的事业投入更多的工作热情。它关系到荷球技术、战术水平的提高，关系到荷球运动的存在与发展，关系到运动员优良的体育道德作风的养成，关系到亿万人民的身体健康，关系到国家的声望和荣誉。

裁判员是纠纷与利益交织斗争中的法官，会受到来自各方面的干扰和压力。因此，裁判员队伍需要一支思想端正、敬业爱岗、公正准确的裁判队伍，他们热爱和忠诚裁判工作，并能够在执裁过程中廉正齐平，禁暴止过。

（一）良好的职业道德

热爱荷球事业，忠诚裁判工作。裁判员的言行、仪表、判罚、态度、情感在场上都能体现出职业道德水平，要注意自己的言行，严于律己。

（二）良好的文化修养

裁判员在场上是教育者，要不断加强自身的文化修养，扩大知识面，提高政治素质。要自重、自尊、自强、自立，不断提高自身的思想文化和修养水平。

（三）良好的工作作风

执法严谨，跑动积极，任劳任怨。执法中要全面准确地执行规则精神和条文，"严"才能防患于未然。

（四）严肃认真

对工作认真负责、满腔热忱，对技术要精益求精。不受任何干扰，不谋私利，不感情用事，以规则为准绳执行工作。

三、裁判员需具备的能力要求

（一）良好的社交能力

尊重教练员及球员，并与其保持良好的沟通互动关系。

（二）相信自己的能力

对自己充满自信，自信来源于对规则的理解、对球队的了解以及临场的裁判经历。

面对棘手的判决、偶发事件以及观众的干扰，都不会影响自己的判断能力。

（三）承受并转化压力的能力

裁判员要承受：

①人员的压力（自己、其他裁判、球员、教练、观众）；

②赛制的压力（关键场次或无关场次）；

③球队的压力（实力接近或实力差距过大）。

裁判员要提高抗压泄压的能力：

①每场比赛做好充足的准备；

②熟悉规则；

③熟悉并研究球队的风格打法；

④明确与助理裁判员的责任分工；

⑤裁判员与球员之间的学习交流、总结临场的经验等。

（四）保持长久的专注力

公平公正是前提，以荷球规则和荷球理念作为标尺，以充沛的体能做保障，整场比赛要集中注意力，心无杂念，不被误判、漏判，球员和教练的情绪、语言干扰，客观公正判罚。

（五）保持轻松愉悦的心态

热爱裁判工作，不计个人的得失，敢于面对困难，接受挑战，勇于承担错误，时刻提醒自己面带微笑，以饱满的热情和负责的态度对待每一场比赛。

（六）完整过程，标准统一

①整场比赛，不管是前期或是后期，不管是 A 队或是 B 队，相同的情况要做出相同的判罚，千万不要用一个错误去弥补另一个错误，也不能前松后紧，尺度不一。

②面对球员、教练、观众的反对或激烈情绪，仍能做出正确的判断，切记不要对任何一个教练或球员产生偏见。

（七）判罚果断坚定

在赛场上出现问题，判罚越迅速越好。正确、果断、坚定的判罚来自对规则的熟悉程度、裁判场上的专注度以及积极迅速的跑位、赛前的准备。赛后一定要认真总结，不断进取。

（八）英语表达能力

在国际比赛中，英语是国际荷联规定的官方语言。因此，荷球裁判员，特别是国际级裁判员应将英语作为必修科目。

（九）耐力

荷球比赛 4 节共 40 分钟，移动快、争夺激烈，需要裁判员快速奔跑。如果耐力不足，特别是速度耐力不足，就会身体疲劳，反应迟钝，跟不上比赛的速度、节奏。因此，耐力对裁判员保持和提高工作效率是不可缺少的。

四、裁判员临场执裁方法

（一）赛前准备工作

①通过观察交流，分析场上两支队伍的比赛风格、技术特点、战术打法以及主力球员自身的技术特点、活动区域和易犯错误等。对其经常出现的犯规做到心中有数。

②在思想上要重视每一场比赛，赛前要保持体能充沛，并在开赛前积极地做准备活动，使身体充分预热，调节肌肉、韧带、关节达到最佳状态，保证比赛需求。

③赛前和助理裁判做好沟通，责任划分明确，明确跑动路线、状况提示以及突发状况的应急方案。通常状况是主裁判关注球和球柱下的状况，助理裁判负责远离球的、靠近自己的球员、边线及走步、投篮后的犯规等情况。

④检查装备：服装、鞋子、哨、红黄牌、手表、耳麦、边旗和振动器。

⑤检查球员服装，是否佩戴耳环、手脚环、无框眼镜、戒指、项链等足以伤害其他选手的危险物品。

⑥要求场上队长佩戴袖标。

（二）裁判员跑位

①主裁判的跑位：主裁判在不干扰球员的前提下，做好预判，任意跑动。通常是在靠近记录台的一侧跑"8"字形路线［见图 11-8（a）］。跑位的视野始终保持可以观测持球球员和球柱附近的抢篮下球球员，并与球、球柱保持"三角形"站位［见图 11-8（b）］。

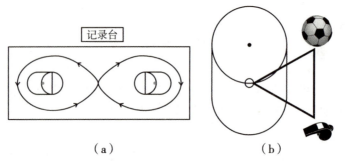

图 11-8　主裁判跑位

②助理裁判的跑位：助理裁判沿记录台对面边线内（外）"U"形或"W"形路线移动，并始终在主裁判的视野内，尽可能与主裁判、球柱保持三点一线。（见图 11-9）

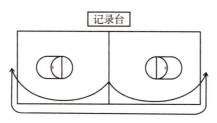

图 11-9　助理裁判跑位

③裁判跑位的配合：在场赛上，要做到球动人动，且靠近球或球员。要看得见、看得清，做好预判，使每一次的判罚都发生在眼前，力争做到"柱、我、球"的三角形；球由后场向前场移动时，靠近中线的裁判先行向前场移动；球始终在主裁判的视野之内。

④自由球和罚点球站位：主裁判应站在执行球员的右后方。主要观察持球球员和双方球员是否犯规、踩线。助理裁判站在球柱后方 2.5～3 米，与主裁判相对的位置，并在主裁判的视野之内。主要观察靠近球柱附近及远离球柱的其他无球球员。（见图 11-10）

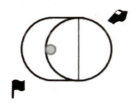

图 11-10　主裁判与助理裁判自由球及罚点球站位

（三）球场上的沟通

①态度：这里的态度不是指语言，而是通过坚毅的眼神、果断的判罚、保持微笑等肢体语言表现出来的。

②哨音：利用哨音的高低、强弱、长短的变化表达裁判对违规动作的态度和犯规的严重程度，一味地使用重哨音或哨音太低都不足以表达裁判员的态度。

③语言：语言沟通的对象是场上队员，主要是提醒、口头警告、简要说明等，有声的语言是裁判员态度和哨音的补充。

④手势：清晰、标准的裁判手势，不但要让场上球员清楚进攻的方向、犯规的性质和发球地点，也要让场外的教练员、替补球员和观众了解裁判员的判罚。因此，裁判手势要率先给出进攻方向，再指出犯规性质和人员，动作要清晰、标准、稳定、舒展大方，尽可能稍慢一点。

⑤裁判之间的沟通：按照赛前商定的沟通方式，在配合跑位的前提下，多以眼神、手势交流。

⑥比赛注意事项：放松心情，融入比赛；记得每场开球的方向；跑位的路线要有变化，手势要正确；尽量靠近容易发生犯规的地方，观察球员动作的意图，是否获利；指出正确的进攻方向和犯规地点，并在犯规的地点重发球；赛后与教练、球员探讨，自我总结分析；对每一个犯规都鸣笛并不是重点，重点是必要时一定要鸣笛（根据比赛的层

荷　球

次，判罚的尺度要拿捏好，比赛的流畅也很重要）。

（四）判罚尺度

为了限制球场上的危险动作，荷球规则中严格限制球员身体的过分接触，最大程度使球员在和谐理性的氛围中参与比赛，减少运动的伤害。（见表11-9）

①开赛5分钟左右，要让球员知道你的执裁尺度，即什么动作可以做，什么动作不能做。

②对于恶意犯规或身体接触具有危险性动作的判罚必须严谨。对于双方都有犯规动作，裁判要秉持公平公正的态度掌控比赛。在有效进球下犯规，应判罚得分有效。

③规则是客观存在的，裁判必须正确理解和学习规则，体会规则的精神，对习惯动作获利和有意接触对方获利要判罚准确。

表11-9　技术犯规判罚简表

技术动作	防守犯规	判罚	进攻犯规	判罚
重发球	2.5米之内防守	重发球	4秒违例	重发球
			踩线	重发球
			2.5米之内接球	重发球
			直接投篮得分	重发球
罚点球	提前进入/踩线2次	点球	提前进入/踩线	重发球
	干扰	点球	踩罚点球线	重发球
	提前进入/踩线	自由球	两个4秒违例	重发球
	二次违例	点球	彼此之间距离小于2.5米/踩线	重发球
自由球	交叉站位	提醒	未靠近罚点球点	重发球
	推人/拉人/打手	点球	球飞行不足1米	重发球
	过度阻碍对手	点球	站在球柱两侧	重发球
	投篮后犯规	自由球	合理防守投篮	重发球
投篮	推人/打人/撞人	点球	先走步、再投篮	重发球
	过度阻碍对手	点球	合理防守	重发球
	球出手后犯规	自由球		
	出手前犯规（撞人）	自由球		
	异性防守	点球		
	二防一	自由球/点球		

续表 11-9

技术动作	防守犯规	判罚	进攻犯规	判罚
切入上篮	打掉球	点球	挡拆后投篮	重发球
	阻碍对手（躯干）	点球	推人、接球后投篮	重发球
			以危险方式比赛，先走步、再突破	重发球
传球	过度阻碍对手	自由球	推人传球	重发球
	打掉球	自由球	走步	重发球
	异性防守	点球		
	二防一	点球		
抢篮下球	推人、抱人	自由球	推人、顶人	重发球
	跳起落地后撞人	自由球	跳起落地后撞人	重发球
	打掉球	重发球/自由球	打掉球	重发球
	摇晃球柱	点球	阻碍对手挡拆后投篮	重发球
助攻	推人、抱人	自由球	阻碍对手	重发球
	打掉球	自由球/点球	挡拆后投篮	重发球
	阻碍对手	自由球/点球		

【小提示】要做好裁判工作应经常参与实践，每月翻看一遍规则。每次执裁后应对自己每个判罚的细节了如指掌。临场执裁时，应以事实为依据，以规则为准绳，从规则的角度评判运动员在比赛中的动作和行为。因此，裁判员必须对荷球技术、战术方面的知识及技术动作是否合理和必要有清晰的认识。还要有预见性，提前预判可能出现的问题，抓住主要矛盾和矛盾的主要方面。

【教学指导】裁判员应对每个位置可能出现的犯规了如指掌，这样才能够在运动员将要出现犯规或可能出现犯规时做到抓判有据。要提高荷球裁判临场执裁能力，就必须清楚地认识到影响裁判临场执裁的各种因素，而裁判员执裁能力的提高又并非一朝一夕的事情，只有经过长期学习、钻研、反复实践，并在学习与实践中总结经验、吸取教训、精益求精，只有不断地要求进步，才能成长为一名优秀的裁判员。

整场比赛要集中注意力，心无杂念，不误判、不漏判，不被球员和教练的情绪、语言干扰，客观公正地判罚。不管哪支队伍，相同的情况要做出相同的判罚，尤其是最后几分钟，要做到尺度统一。不要用一个错误去弥补另一个错误，不要对某一球员或教练存有偏见。

荷 球

本章回顾

　　本章主要介绍了荷球运动竞赛的组织方法、竞赛规程的制定方法、竞赛制度、编排方法、裁判法以及计分和名次评定的具体方法等。编写本章的目的是希望加快我国荷球竞赛的组织与管理，进一步提升荷球裁判员的执裁能力。

思考题

1. 比赛的场数和轮次怎么计算？
2. 简述单淘汰赛编排方法。
3. 简述双循环赛编排方法。
4. 编排16支参赛队伍8天的单循环竞赛日程。
5. 编写16支参赛队伍8天的全国荷球锦标赛的竞赛规程。
6. 编写全国荷球锦标赛的成绩册。
7. 图示裁判员的跑位路线和站位。
8. 裁判员应具备的个人品质有哪些？
9. 一对一切入进攻（防守）球员有哪些犯规或违例。

附录 荷球技、战术基本术语英汉对照表

人员

Coach	教练员
Assistant coach	助理教练员
Referee	裁判
Assistant referee	助理裁判
Jury assists referee	记录台协助裁判
Captain	队长
Female athletes（player）	女运动员
Male Athletes（player）	男运动员
Recorder	记录员
Substitutions of players	替补球员
Rebounder	卡位者
Assistor	助攻者
Main attacker	第一主攻
Assistant attacker	第二主攻
Bear	熊（卡位者）
Wolf	狼（助攻者）
Tiger	虎（第一主攻）
Panther	豹（第二主攻）
Attacker	进攻者
Defender	防守者
Team's medical staff	医护人员
Injured player	受伤球员
Timekeeper	计时员
Shot clock operator	25 秒计时器操作员
Scorekeeper	计分员

荷　球

场地器材

Korfball	荷球
Post	球柱
Korf	球筐
Ball	球
Match	比赛
Competition team	比赛队伍
Field of play	比赛区域
Player bench	球员席
Sideline	边线
Centreline	中线
Endline	底线
The rules of korfball	比赛规则
Playing time	比赛时间
Golden goal	黄金球
Attack zone	进攻区域
Defend zone	防守区域
Penalty spot	罚球点
Free pass area	自由球区域
Substitution spot	换人区域
Jury Table	记录台
Scoreboard	记分牌
Red card	红牌
Yellow card	黄牌
Whistle	哨
Flag	旗（助理裁判执裁时用的旗）
Shot clock	25 秒计时器

比赛

Athlete admission	双方运动员入场
Referee admission	裁判入场
Take Photos	合影留念

附录 荷球技、战术基本术语英汉对照表

Exchange the pennants and gifts	交换队旗、礼物
The first half	上半场
The second half	下半场
The end of the first half	上半场结束
The end of the second half	下半场结束
Intermission	中场休息
Attack area	进攻区域
Defensive area	防守区域
Start of the game/match	比赛开始
End of the game/match	比赛结束
Korfball tactical	荷球战术
Attack formation	进攻阵形
Defensive position	防守位置
Line-up	首发阵容
Assists position	助攻位置
Goal	进球
Scored	得分
Time-out	暂停
Shooting	投篮
Re-start	重发球
Zone changes	换区
Passing	传球
Rebounding ball	反弹球
Turn around	转身
Same sex	同性
Advantage	利益原则
Unfair advantage	不公平获利

规则

Substitutions	换人
Free pass	自由球
Penalty	罚球
Incomplete teams	人员不足
Sending off	罚下
Interruption	中断（指由于死球而造成的）

Misbehaviour	行为不当
Warning	警告
Infringements of the rules	犯规
Goal not allowed	得分无效
Infringement by attacker	进攻方犯规
Infringement by defender	防守方犯规
Run with the ball	带球走
Play the ball with leg/foot	脚触球
Cutting	挡拆后投篮
Passive play	消极比赛／延误比赛
Pushing	推人
Scoring chance	得分机会
Loss scoring chance	丧失得分机会
Hit the ball	以拳击球
Jumping	跳起
Solo play	单打独斗
To hand the ball to another player of one's own team	手递球
Free movement	自由移动
Hinder an opponent excessively	过度阻挡
Play outside owner'zone	越界比赛
Hinder the opposite sex	异性防守
Hinder the being hindered player	2 防 1
Trying to block the ball	试图封阻球
Defending position	防守位置
Collide	撞人
Touch or hold the post	手扶球柱
Play in a dangerous manner	以危险行为比赛
Out-ball	球出界
Four seconds	4 秒违例
Close distance	距离过近
Invalid goal	进球无效
Shot clock violation	25 秒违例

技、战术

4-0 formation	"4-0" 阵形

3-1 formation	"3-1" 阵形
2-1-1 formation	"2-1-1" 阵形
2-2 formation	"2-2" 阵形
Back-step	后撤步
Moving left	向左移动
Moving right	向右移动
Free passing	自由传球
Passing and catching	传接球
Long passing	长传球
One-hand catching	单手接球
Two-hand catching	双手接球
Two-hand passing	双手传球
One-hand passing	单手传球
Re-bounce passing	击地传球
Defensive the running in	防守切入
Former defensive	在前防守
Back defensive	在后防守
Moving shooting	移动投篮
Standing shooting	原地投篮
Near shooting	近距离投篮
Long shooting	远距离投篮
Middle shooting	中距离投篮
Running in shooting	切入上篮
V-shooting	"V" 投
L-shooting	"L" 投
Back-step shooting	后撤步投篮
Cooperation	配合
Jump	跳
Run	跑
Suddenly stop	急停
Start	启动